정신역동적 부모교육

崔 庚 姬 著

이문출판사

시작하면서

자식 기르는 많은 부모들의 한결같은 바람은 '자식농사'를 잘 짓는 일이다. '농사'라는 말로 표현되는 '자식 기르기'는, 그 때와 시기, 양과 질이 적절하지 않으면 제대로 된 농사를 지을 수 없는 것과 너무나 일치한다. 넘치지도 않아야 하고 모자라지도 않아야 하는 '자식 기르기' 과정은 보람 있기도 하지만 어려운 여정임에는 틀림없다. 자식을 기르다보면, 하루하루 시시때때로 어떤 사건이 발생한다. 끊임없이 발생되는 외부의 사건, 상황, 갈등이 생길 때마다 부모들은 고민한다. '어떻게 하면 적절한 대처방식을 사용할까, 어떻게 하는 것이 자식에게 도움이 되는 방향일까, 도대체 이럴 경우에는 어떻게 해야 하는 것이 적절할까!' 등등… 거기에 부부사이의 갈등, 고부간의 문제, 친가 및 외가 쪽과의 관계 갈등, 경제적 문제, 사회적 여건 등이 가미되면 매우 복잡다단한 외부요인들이 자녀 기르기에 영향을 미치게 되기도 한다.

모든 인간관계나 일상생활도 마찬가지겠지만, 자녀양육 시의 여러 가지 외부 상황들의 발생은 너무나 당연하다. 어느 누구도 외부에서 발생되는 사건이나 상황들을 막을 수는 없다. 우리는 그 상황에 대한 원망과 속상함을 표현하기도 하지만, 사실상 문제의 핵심은 그 상황에 대한 것이 아니라, 그 상황에 대한 나의 감정양식과 그로 인한 나의 반응양식인 것이다.

어떤 일이 발생하였을 때, 나의 내면의 감정상태, 감정적 양식, 감정적 세력, 마음의 작용들은 공통적인 것도 있지만, 나만의 특별한 감정양식도 있다. 언뜻 생각하기로는 '지금-현재 이러이러한 일이 발생하였으므로 나의 마음상태가 이러이러할 수밖에 없다'라고 생각할지는 모르나, 똑같은 상황이 발생하더라도 다른 사람은 다른 감정양식을 가질 수도 있는 것이며, 그에 따른 또 다른 반응양식이 나올 수도 있는 것이다.

모든 사람들은 내면의 감정적 양식이 형성되어 있다. 그중에서도 우리의 감정적 양식이 현실에서 누구라도 공통적으로 상식적으로 느낄 수 있는 감정이 아닌, 나만의 특별한 양식에 의하여 외부상황에 대하여 확대해석하거나 축소된 감정양식을 느낄 가능성도 있다.

이러한 감정양식은 하루아침에 형성된 것이 아니라, 아주 어린 시절(0-1세, 0-3세, 0-6세)부터 주요양육자를 둘러 싼 주변인의 대우, 선천적인 욕구와 동기, 경험하였던 사건들에 대한 정서 등등의 영향으로 인하여 우리 내면에 '특수한 감정적 세력들'이 형성된 것이다.

이러한 우리 내면에 흐르는 '감정적 세력들'을 '정신역동(psychodynamic)'이라고 한다. 특히 핵심적으로 유·아동기시절에 작용했던 역동을 '핵심역동(core-psychodynamic)'이라고 한다. 말하자면, 자녀에게 어떤 일이 발생하더라도, 부모의 '정신역동'에 따라서 발생된 상황에 대한 반응양식은 달라질 수 있다는 것이다.

우리는 대부분의 문제 초점을 '자녀의 문제행동'에 맞추기가 쉬우나, 그것은 사실상 원인진단에서 오해를 불러일으킬 수 있다. 초점은 '자녀의 문제행동'이 아니라, 그 아이의 선천적 욕구와 동기, 혹은 그 아이를 다루는 방식을 재점검해야 할 필요가 있다는 것이다. 즉, 문제행동을 유발시킨 '부모의 양육태도', '그 양육태도를 야기 시킨 부모의 핵심역동'을 정확하게 진단하며 그런 핵심역동으로 인한 반응양식을 통찰(insight)하게 하여, 재교육시키고, 반복적인 훈련과정을 겪는 훈습과정이 필요하다는 것이다. 바로 이러한 과정을 다룬 것이 '정신역동적 부모교육 프로그램 (psychodynamic parents-education program)'의 전체 과정인 것이다.

부모의 핵심역동에 대한 통찰, 재교육, 훈습과정 없이, 자녀의 문제행동에만 초점을 맞춘다면, 그 문제의 악순환은 증상만 달리할 뿐 계속 될 우려를 가지고 있다. 특히 '자기'에 대한 통찰이 되어있지 않을 경우, 아이에게 직접 간접으로 정서적 영향을 미치는 주변의 제반 인간관계의 문제들(배우자, 고부간, 등등)에 대한 성찰도 되지 않기 쉽다. 다시 말하면, 부모가 자신에 대한 '역동'통찰이 되어있지 않으면, 아이 주변의 정서적 갈등들이 잠수하여 아이에게 영향을 미쳐서, 아이는 지속적으로 부정적인 영향을 받고 있는 문제점도 또한 생각해 보아야 하는 점인 것이다.

부모가 자신에 대한 내면의 통찰(지적, 정서적)과, 새로운 방식의 교정된 자식 기르기 교육, 그리고 반복적인 연습과정을 겪는다면, 아마도 우리는 암담하였던 여러 가지 점들이 풀려가는 경험을 하게 될 것이고, 또 성숙된 인간으로 발전되는 자기모습에 대하여서도 저절로 감사하게 될 것이다.
자녀를 통하여 '자신'뿐만 아니라, 주변 사람들과의 인간관계가 얼마나 성숙된 모습으로 발전될 수 있는가를 저절로 경험하게 될 것이다.

정신역동적 부모교육 프로그램은 아동과 부모자신에 대한 심리상태를 지적인 수준에서 학습하는 과정, 마음으로 학습된 내용을 느끼는 과정, 새로운 방식의 교정과 반복적 연습과정으로써, 전 과정을 3단계로 분류하였다. 즉 기초과정, 심화과정, 훈습과정으로 정리하여 지적통찰의 경험, 정서적 통찰의 경험, 재교육의 연습과정으로 학습하게 하였다. 이 책은 기초과정과 심화과정의 내용이 수록되어 있다.

필자는 이 프로그램 개발을 위하여, 1994년부터 약 4년여 간 시험연구를 위한 프로그램 실시 경험을 가졌으며, 그 경험을 토대로 1999년 '정신역동적 상담이론을 시험적으로 적용한 '부모교육 프로그램 개발을 위한 연구'가 박사과정 학위 취득논문으로 정리되었다. 그리고 기초과정과 심화과정의 '워크북'을 제작하면서 '동방 심리상담 부모교육 연구소'의 핵심 프로그램으로 사용하게 되었다. 그 이후 지금까지 기초, 심화, 훈습과정은 꾸준하게 실시되었으며, 약 20여명의 전문강사가 배출되면서 서울, 대구, 부산 등에서도 실시되고 있는 중이다. 프로그램 개발 후 약 10여 년간 실시된 '정신역동적 부모교육 프로그램'은 2007년 5월 현재를 기준으로 하여, 기초과정의 기수는 총 114기, 심화과정의 기수는 총 66기, 훈습과정의 기수는 총 53기이다.

이 과정을 통하여, 많은 부모들은 인간의 심리상태에 대한 이해를 하게 되는 일반적 심리교육에서부터, 구체적이고 병리적인 심리상태에 대한 통찰에 이르기까지 많은 도움을 받고 있는 중이다. 교육과정에서 알게 된 치료해야 할 부분은, 그 이후의 과정을(개인치료, 집단치료, 놀이치료,… 등등) 경험하게끔 도와주고 있다. 또한 아동의 문제를 직접적으로 도움을 받고자 하는 분들에게는 본 연구소에서 '정신역동적 접근의 놀이치료'를 임상적으로 실시하면서, 일반적인 놀이치료보다 그 원인진단이 명확하고, 대응전략이 세밀하며, 부모의 도움을 받을 수 있는 근거가 확실하여 많은 도움이 되고 있는 실정이기도 하다.

이 교재는 1994년 시험 실시부터 지금까지의 여러 가지 노력에 의하여 약 13년 만에 발간된 것으로써, 이 책이 나오기까지 학문적으로, 임상적으로 도움을 주신 전 대구가톨릭대 안형관, 정방자, 손병환 교수님들, 울산대학교 박외숙 교수님께 감사드린다. 곁에서 물심양면으로 그림자처럼 손발이 되어 도와준 부산예수성심전교수녀회 홍영미(기쁨)수녀, .김은주(뿌리), 김영혜(언젠가), 김은하(은하수), 이경숙(새순), 김혜정(달) 조교들께도 감사드린다. 교정작업을 담당하였던 신위숙(사탕)님께도 이 지면을 통하여 감사드린다. 그리고 늘 나의 심장이 되어주는 사랑하는 가족 김종현(빼빼), 동욱, 잔디에게도 감사드린다.

필자의 부족한 저작을 쾌히 출판해 주시는 이문출판사 지경원사장님을 비롯한 수고하시는 분들께도 감사드린다.

2007. 6.

언양, 가지산 자락이 잘 보이는

'東方 심리상담 부모교육 연구소' 개인연구실에서…

최 경 희 (隨順)

추 천 사

내가 '정신역동적 부모교육'을 접하게 된 것은 내 인생에서 지극한 행운이라고 믿어 의심치 않는다. 지금 생각하면 하늘이 나에게 주신 도움의 손길인 것 같다. 내가 부모로서의 역할을 어떻게 해야 할지 잘 모르고 고민할 때에 너무나 우연히 東方 심리상담 부모교육 연구소 원장님이신 최경희(隨順) 선생님을 만나게 되었고, 그 후 여러 해 동안 연구소의 '정신역동적 부모교육' 프로그램을 꾸준히 공부하였다. 처음 몇 년간은 나 자신의 문제에만 몰두하였고, 최근 몇 년간은 집단 상담에서 보조자 훈련 과정을 통하여 다른 사람들의 문제해결을 위해 노력하고 있다.

나의 경험에서 정신역동적 부모교육 프로그램 공부를 시작한 초기 단계는 부모 자녀 관계에서 나의 심리 상태를 파악하기 위한 지적인 학습과 자기 분석의 기초 과정이었다. 그 이후에는 나의 정서적 세력들이 주변 인물들과 어떻게 부딪치고 후유증을 가져오고 있는지에 대한 통찰과 간접 체험으로 연결 되는 심화 및 훈습과정이었다. 요즈음은 '동방' 프로그램의 마지막 단계인 생활수행 과정으로서 일상생활 속에서 일어나는 나 자신의 모습을 통찰하고 상황에 적절하게 대처 할 수 있도록 자신을 조절해 가는 생활수행 훈련을 하고 있다.

돌이켜 보면 나는 정신역동적 부모교육 프로그램의 기초과정과 심화과정을 공부하면서 내안에 깊숙이 자리 잡고 있으면서 숙명처럼 나를 조정하고 움직이는 내 안의 핵심역동을 진지하게 보게 되었다. 이 핵심역동에 대한 깨달음과 이것으로 인한 주변 사람들과의 인과 관계에 대한 인식은 나의 내면세계에 대한 대 발견이었으며, 또한 많은 파급효과를 나에게 가져다주었다. 이 과정에서 얻은 수확들은 첫째는 나 스스로 나의 정서와 태도, 행동을 이해하고, 존중하게 되었으며, 새로운 나를 발견하고, 나를 사랑할 수 있는 길을 알게 되었다. 둘째는 나의 내면세계를 보게 된 이 후에, 나는 다른 사람의 내면세계가 감지되어졌고, 다른 사람에 대한 이해가 커지면서 갈등의 소지가 줄어드는 것을 발견하였다. 그리고 자연스럽게 다른 사람에 대한 수용과 대응이 용이하게 되었다. 이러한 자연스러운 변화는 가족과 주변 사람들에 대한 갈등 해결의 열쇠가 언제나 나에게 있음을 깨닫게 해 주었고. 이것은 무언가 나에게 놀랍고도 큰 희망을 안겨 주는 사실로 다가왔다.

기초과정이후 심화과정에서 나의 내면의 변화는 가족들 눈에 띄게 드러났다. 나의 변화를 감지한 가족들은 나를 격려하면서, 자신들도 이 프로그램에 참여하길 원했다. 프로그램 참여 기간은 가족마다의 형편에 따라 많은 차이가 있었지만, 현재 우리 가족은 서로간의 대화에서 마음을 나누고 격려하며, 큰 갈등의 소지가 없어지게 되었다. 이제는 오히려 서로를 깊이 이해하고 격려 할 수 있다는 확신이 가족 간에 형성되어 있고, 소중한 가족이 옆에 있음을 서로 든든하게 느끼며 힘이 되어주고 있다.

현재 東方 연구소의 '정신역동적 부모교육' 과정의 집단교육 프로그램/'집단상담' 프로그램은 그 대상이 연령적으로 매우 광범위한 편이다. 다양한 연령의 성인은 물론 청소년과 유아 아동(학령기)에 이르기까지 개인 상담과 집단 상담에서의 파급효과는 눈에 보이게 드러나고 있다. 성인들은 이 프로그램의 기초과정에서 개개인이 가지고 있는 문제와 내면적인 특성에 따라, 저마다 조금씩 자신을 알아간다. 그리고 심화과정과 훈습과정을 거치면서 다른 사람을 이해할 수 있는 역량을 쌓아가며 많은 내적변화와 가족관계의 변화를 경험한다. 그리고 많은 가족들이 부모 자녀들이 함께 참여하면서 가족 전체의 변화를 체험하고 있다.

청소년과 아동들도 집단 프로그램에 참여하여, 부모와의 갈등을 이해하고 자신의 내면의 요구를 이해하는 힘을 발휘하며, 그 힘은 성인 못지않은 잠재력이 있음을 알 수 있다. 더욱이 아동과 부모의 공동 참여 프로그램에서는 청소년 및 아동과 부모가 가정생활에서 일상적으로 발생되는 갈등을 가지고 집단가족으로 만나게 되어, 전문가의 도움을 받으면서, 평소의 갈등과 억압을 점차적으로 해소 할 수 있다. 이러한 과정은 부모 자녀 간에 서로 다른 인격으로서 서로를 새롭게 이해하고 부모자녀의 신뢰관계를 회복 할 수 있는 소중한 기회이다. 이러한 경험을 거친 청소년과 아동들은 부모, 형제와의 관계뿐만 아니라 주변 친구들과의 대인관계에서도 변화를 경험하게 된다.

우리들은 부단히 자신의 긍정적 인성 변화와 가족의 긍정적 변화를 염원하면서 갈등 없이 살아가고자 노력하고 있다. 그러나 비전문가인 일반인들로서는 어떤 심리적 원리가 나를 지배하고 다른 사람에게 영향을 주며, 갈등상황에서 어떻게 대처해야 할 것인가를 터득하기란 그리 쉽지 않다. 이에 대한 좋은 해답의 한 모델로서 '정신 역동적 부모교육' 프로그램은 부모와 자녀가 쉽게 시도해 볼 수 있는 좋은 학습의 기회이다. 왜냐하면 '정신역동적 부모교육'을 통하여, 우리가 살아가는 데에 꼭 필요한 인간 내면의 원리를 가르쳐 주며, 실제로 그 방법을 사용해서 지금보다 더 건강하게 즐겁게 인격의 균형을 이루며 살아가도록 도와주는 것이 확실하기 때문이다.

특히, 자녀와의 갈등관계가 잘 해결되지 않는 부모들에게 한 번쯤 이 프로그램을 시도하여 볼 것을 권하고 싶다. 많은 부모와 아이들이 이 프로그램을 통하여 자신을 움직이는 내면세계를 선명하게 터득하고 이로써 부모자녀 갈등 관계를 지혜롭게 해결할 수 있을 것이다. 이 프로그램을 체험한 후, 그 효과를 확신 하였을 때의 기쁨은 인생의 소중한 보물을 발견한 것만큼이나 귀하게 느껴진다. 이 소중한 체험은 나의 사랑하는 가족과 주변 사람들에게 기쁨을 주고, 소중한 존재로서 서로의 관계를 나누게 되며, 새로운 인생이 시작 될 수 있다는 희망을 주기까지 한다.

본 책자 '정신역동적 부모교육'은 13년간의 수고와 정성이 쌓여서 만들어진 책자이다. 그 동안 수없이 많은 상담자들을 상담치유 하였고, 그 많은 과정의 사례와 효과들이 이 책자에 집약되어 있다. 해마다 연구소의 많은 상담 및 교육 활동들은 다수의 사례 연구 논문, 그리고 좋은 사례경험 책자로 꾸준히 출판되어왔다. 그리고 이 결과물들의 지식과 경험의 축적이 오늘 한 권의 책자로 결집되어 빛을 보게 된 것이다. 본 책자의 출판은 더없이 값지고 축하할 일이다. 이것은 東方 연구소의 기본 철학인 '자기를 이롭게 함으로써 또한 남을 이롭게 한다'는 기본 정신이 그대로 드러나는 것 이기도하다.

본 책자를 가지고 운영되는 '정신역동적 부모교육 프로그램'은 프로그램을 체험 하는 부모와 자녀들에게 더욱 건강한 인성을 재창조하도록 할 것이며, 이로 인해 우리사회는 바람직한 가족과 자녀들이 스스로와 서로에게 유익함을 주는 성숙한 사회로 변화되어 갈 것으로 기대한다.

마지막으로 그동안 혼신의 노력으로 '東方 심리 상담 부모교육 연구소'를 현재의 위치까지 발전시킨 최경희(隨順) 선생님과 도반님들에게 더없는 경의를 표한다.

2007. 5. 16.
울산과학대학 간호과 교수
원 대 영

차 례

제 I 부

서론 및 개관

제1장 정신역동적 부모교육

1. 지금까지의 부모교육

한국은 옛날부터 자식교육을 '자식농사'라는 표현을 통해서 그 중요성을 강조할 만큼 열의가 높다. 전통사회의 태교에 대한 관심은 고려시대 정몽주의 어머니 이씨가 쓴 '태중훈문(胎中訓文)', 조선조 시대의 사주당(師主堂) 이씨의 '태교신기(胎敎新記)' 등에서 세심한 지도와 관여를 보여주고 있고, 태교와 자녀양육에 관련된 지침으로서 빙허각(憑虛閣) 이씨의 '규합총서(閨閤叢書)', '계녀서(戒女書)', '규범(閨範)' 그리고 의학대전인 '동의보감(東醫寶鑑)'도 자녀양육에 관한 방법들을 소개하고 있다. 조직적인 부모교육이 시작된 것은 1914년 미국선교사 Brownles의 유치원 '자모회', '국민학교의 사친회(PTA; Parent teacher association)'라는 학부형 후원회, 1960년대 이후의 아동교육기관의 적극적인 참여, 1982년 유아교육진흥법이 제정되면서 부모교육에 대한 관심과 부모교육 프로그램의 개발과 실시가 본격화되기 시작하였다.

현재 우리나라에서는 부모교육관련 정부정책으로 문화관광부 산하의 한국청소년상담원에서 자체 개발한 5종 프로그램을 시행하고 있으며, 교육인적자원부에서는 부모교육을 통하여 학부모의 올바른 자녀교육관의 정립과 학교교육에 대한 바른 이해를 증진하도록 권장하고 있고, 청소년 보호 위원회에서는 청소년보호에 있어서 가정의 역할에 대한 중요성을 인식하여 2000년부터 '신가정교육운동'을 실시하고 있다. 또한 각종 공공단체나 시민단체 등의 특강, 여성관련기관과 상담단체 등의 강연, TV, 라디오, PC 등을 통한 대중적인 형태로부터 STEP(Systematic Training for Effective Parenting), PET(Parent Effectiveness Training), APT(Active Parenting Today) 등과 청소년대화의 광장, 지역사회협의회, 기타 단체의 소집단형태의 부모교육 프로그램 등이 각 시·도의 청소년 종합상담실, 상담관련 연구소, 사회교육기관 등에서 활발하게 이루어지고 있는 실정이다.

전자의 대중적인 형태의 부모교육은 주로 강의 중심적인 고전적인 형태를 취하는 반면, 후자의 소집단형태의 부모교육은 10-20명 정도의 인원으로 비디오, 챠트, 워크북, 각종 프린트 등을 활용하여 강의와 역할연습 등의 적극적 문제해결 또는 상호토론 중심적인 형태를 취하고 있다.

본 절에서는 위의 각종 부모교육 중 국내·외의 비교적 많이 알려진 몇몇 프로그램에 관한 선행연구를 중심으로 그 내용을 간략하게 살펴보고, 그들의 연구결과에 따라 정신역동적 상담이론을 적용한 부모교육 프로그램 개발을 위한 시사점을 제시하고자 한다.

행동주의 심리학을 기초로 하여 개발된 부모훈련의 대표적인 프로그램은 Becker(1971)를 중심으로 연구되었다. 부모교육의 행동수정 기법(Behavior modification approach) 모델에서의 기본가정은, 첫째 부모와 자녀의 대부분 행위는 학습된다는 것, 둘째, 행위가 학습된다면 재학습을 통하여 행동을 변화시킨다는 것이다(Lamb & Lamb, 1978). 이 훈련은 기본적인 행동에 관한 개념들의 개관, 사회적·비사회적 강화자의 사용, 행동형성 관찰 및 기록절차, 그리고 바람직하지 못한 행동의 약화 및 바람직한 행동의 강화를 위한 기술을 포함하고 있다(연미희, 1994).

구체적으로 부모가 훈련받는 기술은 4가지로 분류할 수 있다(Becker, 1971). 즉, 첫째, 관찰 및 측정 가능한 행동은 명확하게 한정하여 결정하는 것. 둘째, 그 표적행위가 결정되면 행위측정을 위한 절차를 계획하는 것. 셋째, 구체적 행위의 사건을 기록하는 것으로, 즉 기초선이 되는 표적행위의 빈도, 비율, 지속시간, 강도에 대한 측정을 정확하게 하는 기법을 훈련받는 것이며, 넷째, 행위개선을 위해 강화나 벌의 체계적 조작을 활용하는 것으로 분류하고 있다.

실제적인 프로그램으로 정박아 부모를 위한 프로그램인 READ 프로젝트

(Becker, Brightman, Heifetz, & Murphy Project; Beck, 1971), 반응적 부모훈련 프로그램(The Responsive Parenting Program; Hall, 1976), 아동관리: 부모를 위한 프로그램(Child management: A Program for parents; Smith & Smith, 1966) 등이 있다.

선행연구로는 소거원리를 이용한 Williams(1959)는 21개월 아동이 잠자리에서 투정부리는 행동을 부모의 강화에 의해 중단시켰다는 연구와, Allen & Harris(1966)는 자해하는 5세 여아의 어머니에게 토큰 경제체제를 사용하여 자해행위의 감소를 가져왔다는 보고, 그리고 Aragona, Cassady & Drabman(1975)의 체중감량 프로그램의 효과에 대한 연구를 제시하고 있다.

그들의 연구에서 약 9개월 후 사후검사에서는 그 전과 차이가 없었다는 것과, 단기간의 효과를 보았다 하더라도 계속적인 훈련이 이루어져야 자기강화가 일어나 지속적인 효과를 기대할 수 있다고 제언하였다. 또한 행동수정 프로그램은 집단형태를 활용하여 부모들이 구체적인 행동기법을 익혀서 적용하는 것에 초점을 두기 때문에 언제나 지도자 중심으로 이끌어나간다는 점과 서구의 사례나 전달방법에 한국 실정에는 한계점을 지니고 있다는 점(이영분, 1990)이 제시되기도 하였다.

인본주의 심리학을 기초로 하여 개발된 대표적인 부모교육 프로그램은 Gordon(1970)에 의해 개발된 효과적인 부모 역할 훈련(PET; Parent Effectiveness Training) 프로그램이다. 이 훈련 프로그램은 Rogers의 인간관을 바탕으로 인본주의적 가치, 효과적인 의사소통 전략의 명확한 제시, 상호 만족스러운 인간관계 유형의 증진을 목적으로 하고 있다(Gordon, 1970). 이러한 목적은 네 가지 목표로 구체화되는데(Linda, 1989), 첫째, 아이들이 스스로 자신의 문제를 해결하도록 도와주기 위한 것. 둘째, 부모가 아이들의 비수용적인 행동에 대처하기 위한 것. 셋째, 부모-자녀간의 욕구 갈등을 해결하기 위한 것. 넷째, 부모-자녀간의 가치관 대립을 해결하기 위한 것 등이다.

그러한 목적을 달성하기 위한 구체적인 주요 내용(Gordon, 1975)을 요약하면 다음과 같다.

첫째, 문제를 소유한 사람이 누구냐에 따른 기술적용하기(문제소유 가리기)

둘째, 도움을 주려는 노력이 오히려 방해가 되는 요소가 되는 의사소통의 걸림돌 인식하기

셋째, 자녀가 문제를 소유했을 때 전달하는 방법인 수동적 경청(passive listening)과 반영적 경청(active listening)하기

넷째, 부모자신이 문제를 소유했을 때 사용하는 기존의 너-전달법(You-message)이 아닌 나-전달법(I-message) 사용하기

다섯째, 민주적인 갈등해결방법을 위하여 기존의 제 1 방법(권위주의적인 방법)과 제 2 방법(허용주의적인 방법)이 아닌 제 3 방법(무패방법) 사용하기

여섯째, 부모-자녀간의 가치관 대립이 발생했을 때 해결하기 위한 방법 즉 모방학습, 의논상대자가 되어주기, 자기수정 등이다.

우리나라에서 가장 많이 대중화되었다고 볼 수 있는 이 프로그램은 초기에 미 8군내에서 일부 행해지던 것이 1989년부터 현재까지 한국심리상담연구소에서 본격적인 각 지역의 강사배출(약 240명)과 함께 많은 부모들이 입문강의(약 85만 명)와 정규강의(약 6만 명)를 경험하게 되었다(한국심리상담연구소 제공, 98. 10.기준). 선행연구를 보면 Gordon(1970)은 부모의 태도 및 행동, 어린이의 부모에 대한 인식, 자녀의 자존감 향상에 대해서, Hanley(1974), Schofield(1976) 등은 가정생활의 자질과 상호작용의 양상을 촉진시키는 부모 태도 변화에 대해서, Dickie & Gerber (1980), Metzl(1981)은 자녀에게 도움이 되는 자극을 많이 주고 자녀의 요구에 민감하게 반응했다는 연구 결과들이 있었다. 그 외에도 가족 간의 결속력의 증가, 의사소통 유형의 변화, 권위주의적 태도의 변화에 기여했다는 보고도 있으며(Pinkser & Geoffery, 1981; 이영분, 1990; 연미희, 1994 등), 부모 자신의 자아개념, 자아존중감의 긍정적인 변화를 보고한 연구결과들도 있다(Lally & Honing, 1977; 박혜정 외, 1985). 이들 대부분의 연구를 종합하여 보면 PET프로그램은 어머니의 의사소통기술에 긍정적

인 영향을 미칠 것으로 기대된다.

그러나 대부분의 연구가 질문지를 이용한 어머니의 자기보고식 조사로 진행되어 질문지를 이용한 연구가 대부분이며, 관찰을 병행하여 실시함으로서 태도와 행동의 변화를 비교한 연구는 아직 찾아볼 수 없는 실정이다(연미희, 1994). 또한 이 프로그램은 상황설정, 사례 등이 우리나라 실정에 맞지 않고 효과성의 검증 도구가 어머니들에게 이해되지 않는 상황설정이 많았다는 평가도 있으며, 실제적인 경험에서 기본적 이론이나 개념을 기존의 서구의 것을 빌어서 활용함이 가능하나 구체적 사례나 전달매개체는 각 집단 성원의 특성에 따라 달라져야 함을 보고하고 있다(이영분, 1983).

이 점은 교육내용 상에서, 생활훈련에서 나타나는 주제와 사례 등이 수정되어야 하고, 전달매개체의 수정이 필요하다고 언급하고 있는 점(이은주, 1989)과 일치한다. 또한 이영분(1983)은 자신의 경험에 비추어 소수의 성원만이 장시간 집단진행에 개입하는 문제점과 소극적인 성원은 참여율이 낮아 교육수준에 따른 프로그램의 진행이 필요함을 제시하였으며, 우리 사회 문화적 특성을 고려하여 좀 더 종합적인 프로그램의 구성이 필연적임을 강조하였다. 또한 최경희(1996)는 부모자신의 무의식적인 감정양식에 대한 통찰 없는 기술의 습득과 방법의 인지는 시간이 지남에 따라 반복적인 어려움을 야기 시켰으며, 오히려 부모교육을 받았던 자신의 상태에 대한 죄책감을 유발시키는 부분에도 영향을 미쳤으므로 부모자신의 내면의 감정세력 간의 힘 즉 정신역동에 대한 교육 및 정서적 통찰을 할 수 있는 작업이 필요하다는 것을 참여자의 경험보고서와 몇몇 강사의 의견을 종합하여 보고하고 있다.

Adler의 개인주의 심리학을 기초로 하여 개발된 부모교육 프로그램 중 대표적인 것은 Dinkmeyer & Mckay(1976)에 개발된 STEP(Systematic Training for Effective Parenting) 프로그램이다. 이 프로그램은 Adler의 인간 그 자체로서 통합된, 즉 총체적인 존재로 보는 이론(Hjelle & Ziegler, 1981)에 근거하여 부모와 자녀간의 평등성을 강조하는 내용과 적절한 상호관계 유형을 발견하도록 돕는 것을 목적으로 하는 민주적 부모교육 이론의 대표적 프로그램으로서 많이 알려져 있다.

Dinkmeyer & Mckay(1983)는 부모교육에서 평등은 허용의 개념으로 오해되어서는 안 되며, 민주는 질서가 있는 자유로 특징 지워지는 것이므로 안전과 책임성 있는 양육의 영역 안에서 자녀를 위한 학습 경험을 유발시키도록 활용될 수 있는 내용을 제공하는 것이 중요하다고 강조하였다. 그 전략으로는 자녀에 대한 격려와 동기화를 강조하며(이영분, 1990), 그 구체적 내용은 부모에게 민주적인 양육원리, 유아의 잘못된 행동의 의도를 이해하는 것, 협동적인 가정환경 조성, 그리고 행동통제를 위해 자연적, 논리적인 방법을 사용하는 것에 초점을 두었다(Fine, 1988; 류지후, 1996).

선행연구로서 부모의 아동행동 평가척도(Adreian Parental Assessment of Child Behavior Scale)로 측정한 결과 아동행동의 부모지각에 유의미한 차이를 발견하였다는 연구(Dinkmeyer, 1979)와, 부모의 양육태도에서 민주적인 태도의 변화를 가져왔다는 보고(Summerlin & Ward, 1978)가 있다. 황옥자(1987)는 'STEP 프로그램에 대한 한국적용가능성 탐색연구'에서 어머니의 자아개념에 부분적인 효과를, 어머니의 양육태도에 긍정적인 변화를 보여 한국의 부모교육의 기조를 이루는 데 도움이 된다고 보고하였으며, 양영희(1987)도 유아의 문제행동이 개선되었다고 보고하였다.

한편, 빈곤층 어머니를 대상으로 실시한 한성심(1984)은 부모들의 요구가 반영되어야 하며, 대상에 따라 다양하게 실시 할 프로그램이 수정, 개발되어야 한다고 제언하고 있다.

다양한 심리학적 이론을 기초로 하여 부모교육 프로그램을 만든 것 중에서 비교적 많이 알려진 것 중의 하나는 Popkin(1983)에 의해 개발되고 1995년 한국심리교육센터에서 국내에 소개된 적극적 부모역할 훈련(APT: Active Parenting Training) 프로그램이다. 이 프로그램은 Dreikurs의 심리적 욕구와 행동의 목적에 관한 이론, Adler의 개인심리학 이론과 가족구도, Gordon의 부모효율성 이론 그리고 Ellis의 합리적 정서적 상담이론(Rational Emotional Theory ; RET)의 A (Activating event or experience) - B (Belief, thought, thinking) - C (Consequence) 관계와 생각하기-느끼기-행동하기 회로이론을 바탕으로 개발되었다.

Popkin(1983)은 대부분의 부모는 충분한 사랑과 부모역할 수행에 헌신하고자 하는 태도를 가지고 있지만 기술과 지지를 부여받지 못하고 있다고 가정하고, 이 프로그램에서 지도자는 기술, 정보 및 지지를 제공하기 위하여 시청각자료(비디오 활용)를 사용하여 효과를 꾀하려는 노력을 시도하였다. 그 구체적인 내용은 적극적 부모 되기, 자녀의 행동이해, 민주적 가정, 용기와 자기존중감 불어넣기, 책임감 발전시키기, 의사소통을 통한 협동심 구하기, 10대의 약물복용 예방을 위한 부모역할 그리고 10대의 성 심리와 부모역할 등이 제시되고 있다(홍경자 외, 1996).

선행연구로서, Popkin(1989)은 양육태도, 자아존중감, 문제해결력, 유아행동 등에 유의미한 차이를 보였다고 밝혔고, 국내에서는 어머니의 양육태도나 그에 대한 자녀의 지각과 자아존중감에 효과가 있었다고 보고하였다(류지후, 1996).

일부 연구자들은 위의 각 프로그램(STEP, PET, APT, 행동수정 프로그램) 간의 비교연구를 실시하였다. 그 구체적 내용은 다음과 같다(연미희, 1994).

Noble(1976)은 PET 프로그램과 현재의 APT 프로그램의 이전 명칭인 Adler 프로그램의 효과를 비교하여 본 결과, 두 프로그램이 공통적으로 부모의 통제기술(controlling techniques)의 사용에 대한 태도에서만 변화가 있었으며 그 외의 부모의 양육태도 측면(PARI; Parental Attitude Research Instrument 사용)에서는 의미 있는 효과가 나타나지 않았다고 보고하면서 두 프로그램의 기본원리에서 공통점이 많았다고 밝혔다.

Anchor & Thomason (1977)은 PET 프로그램과 행동수정 프로그램을 비교한 결과 부모의 양육태도에서 두 프로그램 모두 유의미한 차이를 보이지 않았다고 보고하였다. 그 이유는 피험자의 높은 교육수준을 지적하기도 하였다.

Kowalewski(1976)도 부모의 양육태도 검사(PAS; Parent Attitude Survey)에서 두 프로그램 간에 어떤 유의미한 차이도 발견되지 않았다고 밝혔다.

PET 프로그램과 STEP 프로그램을 비교한 연구(Noller & Taylor, 1989)에서는 연구자가 제작한 프로그램 효율성에 대한 부모들의 평가(PRPE; Parents' Raings of Program Effectiveness)를 사용하여 프로그램의 전체적 효율성, 부모-자녀 및 부부관계에 미치는 효과를 측정하였는데 두 프로그램에서 동일하게 효과가 나타났다. 즉, 두 프로그램 간에는 효과가 발견되지 않았으며 실제로 두 프로그램의 내용은 공통적인 부분이 많은 것으로 보고 있다.

PET 프로그램, Adler 프로그램 그리고 행동수정 프로그램의 세 가지의 효과를 비교한 Schultz, Nystul & Law(1980)의 연구에서는 세 가지 모두 자녀의 자유에 대한 개방적인 태도 변화와 함께 부모의 양육태도(PARI)가 교육 전보다 민주적으로 유의미하게 변화한 것으로 나타났지만 가족갈등에 대처하는 것은 PET 집단만이 유의미한 것으로 나타났다. 또한 이 세 프로그램에서 어머니-자녀간의 상호작용 행동의 변화를 조사한 Schltz & Nystul(1980)의 연구에서는 PET 프로그램과 행동수정 프로그램을 받은 어머니들이 자녀와의 상호작용에서 자녀의 독립심을 격려하는 행동을 보였다고 한다.

기타 각종 프로그램의 비교연구들(Miles, 1974; Schofield, 1976; Pinsker, 1977; 오세덕, 1993)이 이루어졌는데, Dembo, Sweitzer & Lauritzen(1985)은 이들의 비교연구에 대한 종합적인 분석을 통하여 각각의 프로그램은 다른 목적과 목표를 가지고 있기 때문에 가장 효과적인 부모교육 프로그램에 대한 탐색은 무의미하여, 그 효율성은 상이한 부모와 자녀 모집단의 구체적인 욕구에 달려있다고 언급하였다.

그 외 대상과 목적에 따라서 다양한 부모교육 프로그램이 등장하였는데, 그 개략적인 내용을 보면 다음과 같다.

청소년 대화의 광장(1996)에서 개발된 '자녀의 힘을 북돋우는 부모'는 번역된 프로그램이 아니라는 점에 의의를 두고 있다. 그 내용은 자녀의 힘을 북돋우는 부모(1993), 자녀의 힘을 북돋우는 대화(1994), 바른 행동의 길 다지기(1994), 생활의 기틀 잡기(1995), 어울려 사는 지혜 기르기(1995) 등으로 되어 있다. 현재까지 배출된 강사는 247명이며, 이 교육의 참가자는 약 7만 명으로 집계되어 있다(청소년 대화의 광장 제공, 98. 10. 기준).

특히 비행청소년 부모교육 프로그램은 생태학적 요인과 부모라는 환경적 변인에 중점을 두고 부모와 비행청소년들의 관계회복을 목적으로, 제 1부는 프로그램의 취지를 설명하고 제 2부는 가족의 특징 즉 적응성, 응집성, 대화 그리고 역할구조라는 측면을 살펴보며 제 3부는 청소년들에 대한 이해를 돕는 발달적 특징들과 시대변화 속에서의 청소년과 부모의 역할에 대해서 언급되고, 제 4부는 역기능적인 가족과 부모의 기대와 관련 및 청소년 비행과의 관계에 대하여 살펴보며, 제 5부에서는 결론을 짓도록 하고 있다(청소년대화의 광장, 1997). 그러나 이에 대한 선행연구는 활발하지 못한 편이다.

또한 한국 지역사회 교육협의회의 '부모에게 약이 되는 프로그램'은 1995년 이후 매년 1회의 강사배출을 하였으며 현재 96명으로서 참가자는 약 5,000명이다(한국 지역사회 교육협의회 제공, 98. 12. 기준). 이 프로그램은 부모-자녀와의 대화기법, 자녀교육관 정립, 자녀의 학습관리, 자녀의 진로지도, 유아교육과 같은 5개로 구성되어 있으며 아직 효과검증에 대한 연구는 활발하지 않는 편이다. 그 외 Edqard Zigler의 Head Start 프로그램에서는 가족들을 훈련시켜서 아동들의 발달과 적응을 돕고 있고(청소년대화의 광장, 1997), Judge Baker 아동상담소에서도 가족들과 관련된 상담을 실시해 오고 있으며(Cross et al., 1996), 그 중에서도 가장 핵심적인 활동은 부모를 교육시키고 훈련시키는 일이라고 하였다.

유아용 부모교육 프로그램으로는 Gordon의 플로리다 유아 부모교육 프로그램(Forida Parent Education Infant and Toddler Program), Karnes의 가정에서의 교육적 중재 프로그램(Educational Intervention at Home Program), Levenstein의 모자가정 프로그램(Mother-child Home Program)이 있다.

또한 유아와 부모를 동시에 교육대상으로 하는 프로그램으로는 이스라엘의 유아기 가정교수 프로그램(Home Instruction Program for Preschool Youngsters: HIPPY)과 미주리주 교육위원회(1986)의 임신말기에서 3세까지의 어머니와 유아를 대상으로 한 가정방문 부모교육프로그램(New Prents as teachers Project: NPTP)이 있다(오영희, 1993). 이들 프로그램과 아울러 유아만을 교육대상으로 한 Schaefer의 가정교육 프로그램(Infant Education Research Project)이 있는데, Schaefer(1969)는 유아만을 대상으로 한 프로그램은 장기적 효과가 없었고, 부모의 적극적인 교육태도나 가족대상 프로그램이 되어야 효율적인 교육이 될 수 있다고 하였다. 이에 대해 Bronfenbrenner 역시 적극적인 참여자로서의 가족의 개입 프로그램의 성공도가 매우 중요하다고 보았으며, 가족의 참여 없는 교육은 프로그램이 끝나면서 사라지며, 가족의 참여는 프로그램 진행 시 교육효과를 강화시키고, 종료 후에도 유지한다고 강조하였다(Robinson, 1980).

예비 부모교육 프로그램은 미국 매사추세주 캠브리지 교육개발센터가 중 · 고생을 대상으로 '아동기 탐색(exploring childhood) 프로그램'을 그 대표적인 것으로 들고 있다(Education Development Center, 1982). 내용구성은 1단계에서 3단계에 걸쳐, 학생들이 유아들과 함께 생활하는 경험, 아동성장 및 발달이론에 대한 학습, 가족과 환경 지역사회 사회적 가치와 관련한 아동과의 상호작용 측면으로 이루어져 있으며, 미국 전역에서 약 2,500개교 이상의 중·고등학교와 약 400개교 이상의 대학 및 약 500여 개의 지역사회단체에서 실시하고 있다고 보고하고 있다 (Behavior Associates, 1977; National Institute of Mental Health, 1978). 그리고 현재까지 사용되어 오고 있는 예비부모교육 프로그램은 미건강복지국(Roy Littlejohn Associates, Inc. 1978)이 개발한 '부모역할 탐색(Exploring Parenting)'으로서, 자녀이해, 의사결정 등의 자녀양육방법에 대하여 구성되어 있고, Ludin & Strazicich(1985)는 인간의 발달영역에서 부모기를 위한 교육과정의 수업모형을 제시하고 있다(신혜영, 1996).

위와 같은 부모교육의 선행연구를 통해서 정신역동적 부모교육과 관련된 시사점을 다음과 같이 몇 가지로 종합하여 정리해 볼 수 있다.

첫째, 대부분의 부모교육의 내용에서 행동적, 인지적 변화를 다루고 있으며, 감정적인 변화를 통한 행동변화에 초점을 직접적으로 맞추고 있지는 않다는 점이다.

둘째, 각 프로그램들이 비슷한 이론적 배경과 학습방법을 갖추고 유사한 효과검증의 실험방법을 사용하고 있는 관계로 그 평가가 유사하다는 점이다.

셋째, 부모의 정서적 양식에 대한 진단, 분석, 탐색 등의 활동이 중점적으로 이루어지지 못하다는 점이다.

넷째, 심리학의 주류를 이루고 있는 정신분석, 인간중심, 행동주의 상담이론 중 정신분석적인 접근이 미흡하다는 것이다.

따라서 필자는 한편으로는 기존의 부모교육 프로그램에 대한 의의를 충분히 인정하면서, 또 다른 한편으로는 부모-자녀 관계 향상을 위한 장기적인 효과와 반복적인 부모자신의 양식에 대한 감정적인 통찰을 위한 교육내용도 매우 중요하다고 본다. 그러므로 정신분석의 현대적 흐름인 정신역동적 상담이론을 적용한 부모교육 프로그램이 개발된다면 부모의 감정적 성숙을 통한 부모역할 수행측면에서 의의를 찾아볼 수 있을 것이다. 아울러 정서적 양식의 중요성을 강조하기 때문에 효과검증을 위한 실험에서 기존의 사전·사후 설문지를 통한 검증뿐만 아니라, 수업과정 중에 발생하는 참가자의 경험과 참관자의 관찰, 교육회기에 대한 평가, 지도자에 대한 평가 등을 통한 다양한 측면의 평가분석도 함께 이루어질 것으로 본다.

2. 정신역동적 부모교육의 필요성

현대사회의 산업화, 도시화 및 핵가족화 등과 같은 사회구조적 변동에 따라 가정교육의 방향은 가치관, 행동양식, 도덕성, 감정표현 등의 방법에서 서서히 변화하고 있다. '자녀의 성숙한 행동의 본보기는 부모로부터 출발 한다'라는 기본가정은 옛날이나 지금이나 그 맥락을 같이 하고 있으나 좀 더 효율적인 자녀지도를 위한 관심이 고조되면서 부모교육의 필요성과 그 실천적인 방법들이 구체적으로 대두되고 있다. 즉, 근래 대부분의 부모는 날로 심각해지고 있는 청소년 문제의 예방차원, 부모의 인간발달에 대한 이해차원, 부모자신의 가치관과 양육태도의 변화차원, 사회의 변화와 병행할 수 있는 정보차원, 그리고 부부 또는 자녀와의 대화차원 등에서 자녀지도를 위한 교육의 필요성을 한층 더 절감하고 있다.

부모역할의 중요성은 17C Comenius의 무릎학교를 시초로 하여 19C의 Rousseau, Pestalozzi, Froebel 등에 의해 주장되어져 오면서 20C의 Watson, Freud, Erikson, Adler, Saul, Klein 등에 의해 보다 과학적이고 이론적인 근거를 제공하였다 (Honing, 1972; White, 1978). 이 근거의 바탕 하에 1960대 후반부터 Ginott, Gordon, Berne, Dreikurs 등의 부모교육 이론과 그 실제적인 방법이 나타나게 되었다. 즉, 행동주의적, 실존주의적, 인본주의적 입장에서 Parents are Teachers (PAT), Parent Effectiveness Training (PET), Child Study Association of America(CSAA), Systematic Training for Effective Parenting(STEP), Active Parenting Today (APT) 등의 부모교육 프로그램이 등장하였다. 특히 이들 프로그램은 부모역할을 성공적으로 수행하기 위한 요구의 인식에 힘입어 1970년대 미국에서부터 확산되기 시작하였으며, 그 시기에 가장 흔히 사용된 기법이 행동수정기법 (Behavior modification approach)과 부모효율성훈련(Parent Effectiveness Training)이다(Noller & Taylor, 1989).

우리나라에서는 1980년대 이전의 소극적인 가정통신, 강연회 등의 대중적인 방법에서 1980년대 이후의 각종 사회봉사단체 또는 유아교육기관, 상담연구소 등을 통한 보다 적극적인 프로그램으로 발전하게 되었다. 예컨대 PET 프로그램은 1989년 이후 한국심리상담연구소를 중심으로 활발하게 움직이고 있는 실정이며, 그 외 1980년 후반의 STEP 프로그램, 1993년 이후의 청소년대화의 광장의 '자녀의 힘을 북돋우는 부모', 지역사회교육 중앙협의회의 '부모에게 약이 되는 프로그램', 1995년 이후의 한국심리교육센터의 APT 프로그램, 그리고 부모교육 관련기관 자체의 소집단교육과 같은 독자적인 프로그램이 나타나게 되었다. 이들 프로그램은 의사소통수준, 양육태도, 자녀의 자아존중감, 자아개념, 유아행동지각 및 어머니의 부모역할에 대한 인식, 가족 내의 심리적인 관계, 청소년의 문제행동, 자녀의 성취동기, 부모에 대한 자녀의 지각태도 등 자녀의 지적, 정서적, 사회적, 성격적 측면에 긍정적인 영향을 미친다고 활발하게 보고되고 있다(Washington, 1977; Summerlin & Ward, 1978; Pinsker & Geoffray, 1981; 한성심, 1983; 박혜정 외, 1985; 황옥자, 1987; 박성연 외, 1991; 홍경자 외, 1996; 이혜란, 1997 등).

한편 일부 연구자들은 부모-자녀라는 특수한 인간관계는 기술적인 측면으로 되는 것이 아니라 감정적인 측면이며, 특히 어머니에 대한 아이의 의존성, 사랑에 대한 욕구와 같은 기본적인 인간 동기에 초점을 맞추어야 한다고 주장하고 있다(Brenner, 1974; Saul, 1977; Rinn & Markle, 1977; Doherty & Ryder, 1980). 또한 한국현실에 적용시키고자 할 때 사회적 문화적 차이에 따르는 변수를 충분히 고려하여야 하는 문제점과 아울러 부모자신의 개인적 성장에 따른 부모-자녀간의 정서적 관계의 영향인식과 긍정적 변화를 위한 새로운 프로그램 개발과 평가가 요청되기도 하였다(이영분, 1983,1990; 한성심, 1983; 박성연 외, 1991; 연미희, 1994; 최경희, 1996). 이 점은 부모교육 경험자들을 대상으로 하는 추후 피드백 내용에 '교육이 끝난 후 습관적인 힘의 사용이 불가피해졌다' '감정이 정리되지 않을 때는 어떤 기술적인 방법도 행해지지 않았다' '후속교육이 아쉬웠다' 등의 요구사정 내용과, 그로 인해 오히려 부정적인 결과들이 보고된 경우와도 맥락을 같이한다(Knight, 1975; Bergin & Lambert, 1978; Strupp, 1980).

또한 유아교육 분야에서도 부모교육에 대한 관심을 보여주고 있다. 즉, 1990

년대 들어서면서 교육부에서 유치원과 가정과의 연계성을 강조하는 책자인 '이렇게 키웁시다(1990)', '우리는 어떤 부모인가요(1993)' 등을 유아교육 기관에 배포하고 있으나, 교육내용이나 교육방법에 있어서 일관성 있는 프로그램에 따라 체계적으로 부모교육이 실시되고 있지 못한 실정이다(연미희, 1994). 결국, 부정적인 결과의 특수한 예가 아니라 할지라도 다수의 부모들이 일정기간 후 자녀에게 다시 투사되는 자신의 문제점에 대해 많은 어려움을 겪고 있다는 것과 부모교육에 대한 요구에 상응하면서 우리나라의 사회 문화에 적합한 프로그램의 개발이 시급하다는 것을 시사 하여준다.

이와 같이 새로운 부모교육 프로그램 개발에 대한 실증적인 요구와 아울러, 대다수의 상담 및 심리치료 전문가들과 부모교육 강사들은 그들의 임상사례에서 부모내면의 감정적 상호작용의 흐름, 즉 정신역동이 자녀의 성장에 얼마나 중요하며, 부모-자녀 관계의 악순환이 다음 세대로 연결되는 문제점에 대한 인식을 경험적으로 지니고 있다. 그러나 현재까지 무의식적인 부모자신의 감정양식이 일상생활 속에서 자녀와 다른 가족구성원들에게 어떻게 투사되어 왔으며, 자신의 핵심역동에 대한 인식에 바탕을 두어 자신의 양육태도를 어떻게 수정해야 할 것인가를 다루는 내용을 중심으로 한 부모교육 프로그램은 실시되지 않았다. 즉, 기존의 프로그램의 내용에서는 전통적인 부모들이 행하였던 자녀의 문제행동에 역점을 두어 그 문제를 어떻게 정의하고 어떤 해결방법을 취하며, 자녀지도의 기술적 방법을 어떻게 모색할 것인가에 초점을 두었다고 볼 수 있다. 이 점은 부모자신의 조건화된 감정양식으로 인하여 무의식적으로 반복하여 나타나는 부모자신과 자녀의 문제행동을 분석하여 통찰하고, 새로운 현실적인 대처방식을 찾아보고자 노력해 보는 과정은 미흡하였다는 것을 의미한다.

물론 부모교육을 받는 동안의 자신 또는 자녀에 대한 통찰은 그것 자체만으로도 매우 유의미한 일이지만 자기이해와 관련되는 무의식적인 감정과 기억들이 경험되지 않는 통찰은 정서적인 통찰이 아닌 지적인 통찰에 그치기 쉬우므로(Corey, 1986), 일정기간이 지나면 자신의 문제가 자녀에게 다시 투사되어 옛날의 방식을 그대로 답습하게 되는 악순환을 가져오기 쉽다(정방자 외, 1995). 특히 Saul(1977)은 자녀를 기르는 과정에서의 부모의 감정양식은 대부분 부모자신의 성장과정동안 그들의 부모로부터 훈련받았던 방식 그대로 자녀에게 전하는 경향이 있다고 보고 있다. 따라서 내담자의 현재문제를 해결하기 위해 아동기의 역동을 탐색하여 무의식을 의식화하는 작업을 행함으로써, 의식의 힘을 점진적으로 증대시켜 비합리적인 충동의 힘을 의식의 통제영역으로 가져 와 왜곡된 관계방식을 교정해 주는 역할을 하는 정신역동적 상담이론(Winnicott, 1958; Dewald, 1969; Kernberg, 1975; Saul, 1977; Corey, 1986; McLoughlin, 1995)이 부모교육에 적용된다면 부모-자녀 관계의 문제점을 해결하는데 유용한 자료를 제공하게 될 것으로 본다.

이러한 시사점은 제반 상담이론의 기초적인 뿌리를 제공한 정신분석적 입장을 확대하고 발전시킨 정신역동적 상담이론을 통하여 부모자신의 문제행동 진단을 위한 핵심역동에 대한 이해와 교정적 사후교육이 우선될 때 비로소 자신과 자녀에 대한 바른 이해가 이루어진다는 것을 적극적으로 제시하고 있다. 즉, 자녀에 대한 시각은 바로 부모 자신을 투사한 것이므로, 핵심역동에 대한 인식에 바탕을 둔 부모교육은 기존교육의 부분적인 한계를 극복하는 한 방안이 될 수 있음을 암시하고 있다.

그러므로 영아의 최초의 대상 특히 부모와의 관계가 앞으로의 자녀의 발달에 지대한 영향을 미친다고 보는 대상관계이론(Klein, 1961,1975; Kernberg, 1976; Hedges, 1983; Winnicott, 1987, 1990; 이재훈 역, 1997) 등을 포함한, 아동기 정서적 양식(0-6세)이 그 후 한 개인의 인격의 핵심을 이룬다고 강조한 정신역동적 접근의 상담이론(Freud, 1940; Dewald, 1969, 1978; 이동식, 1974; Saul, 1977)을 활용한 부모교육은 부모의 무의식적인 감정양식이 자녀에게 어떻게 상호 관계되었으며, 앞으로도 어떤 예후가 가능한지에 대한 시사점을 적극적으로 제시하는 한 방안이 될 것이다.

3. 심리·사회적 요구

1) 심리적 요구

앞에서 정신역동적인 상담접근을 부모교육의 장면에 적용함에 있어서 이론적 근거를 제시하였다. 본 절에서는 그러한 배경을 기초한 심리적 요구가 무엇인지 그 개략적인 내용을 살펴보도록 한다.

첫째, 자녀의 생애초기의 중요인물 특히 부모와의 관계파악은 자녀의 대인관계 및 성격적인 특징에 많은 영향을 미치므로, 본 프로그램은 자녀의 현재행동에 대한 정확한 진단을 위하여 출생 시부터 현재까지의 부모-자녀 관계파악을 위한 내용과 활동으로 구성될 필요가 있다.

모든 인간에게 있어서 인생초기의 경험은 매우 중요하다. 그 경험 가운데서 부모와의 신뢰로운 접촉은 미래의 대인관계에서 친밀감을 느끼면서 자신감을 갖고 주위 환경과의 문제를 자유롭게 탐구하며, 다음 발달단계를 맞이할 터전을 굳히게 된다(Erikson, 1963). 즉, 부모는 자녀의 유아기에는 양육자의 역할 또는 인생전반을 거의 결정짓는 중요한 정신체계를 이루게 하는 역할을 담당한 후(Saul, 1972), 학령기에 접어들면서 지지 · 격려자의 역할을 통하여 건강한 자아개념을 형성시키는 역할을 한다(Coopersmith, 1967). 사춘기에는 근면성과 초기 정체감의 발달을 초래하면서(Erikson, 1963) 부모의 역할이 불안정하게 되므로 부모는 좋은 의논상대자 즉, 상담자 역할이 적절한 것이다(Gordon, 1970). 특히 청년기의 정체감 확립은 아동기까지의 모든 발달과제들이 재통합됨으로써 형성되는 통합적인 자아상의 정립을 의미한다.

인간은 자아에 대한 정체감을 확립하기 이전 시기에는 무의식적 수준에서의 행동을 하지만, 점차적으로 현실적인 문제를 접하고 자아인식의 범위가 넓어짐에 따라 의식적으로 자신의 행동을 조절할 수 있게 된다. 따라서 자녀성장기의 부모와의 만남은 무의식적인 수준의 행동이 만들어지는 뿌리가 형성되기도 하고, 인간 행동에 대한 통제와 조절에 대한 의식적인 수준을 가하게도 되므로 부모-자녀관계 파악의 분석과 진단이 필요한 것이다.

둘째, 부모의 자녀에 대한 정서적 반응양식은 부모자신의 아동기 양식과 깊은 관련이 있기 때문에, 본 프로그램은 자동적인 무의식적 반응으로 표출되는 부모의 아동기 전이감정 및 대상관계 파악을 위한 내용과 활동으로 구성될 필요가 있다.

부모의 양육태도는 자녀에게 있어서 자기와 타인, 그리고 세계에 대한 태도를 형성하도록 할 뿐만 아니라 감정이나 분노의 통제·조절 능력에 심각한 영향을 미친다. 즉, 부모의 태도는 자녀의 미성숙한 자아를 성숙한 자아로 발달해 나가도록 돕기도 하고, 미성숙한 채로 머물게도 한다. 생애초기의 양육의 특질이 자녀의 성격발달에 미치는 영향을 설명하고 있는 고전적 정신분석이론의 바탕 위에 발달된 대상관계이론과 자아심리학 등을 포함하는 정신역동 이론에서는 부모자신의 아동기 감정 양식, 즉 핵심역동의 발견이 부모-자녀관계에서 발생 가능한 갈등의 뿌리를 통찰·분석하는 데 중요한 열쇠가 된다고 보았다(Saul, 1977). 즉, 무의식적으로 자동화되어 반복되는 부모의 아동기 양식은 자신뿐만 아니라 가족 모두에게 전이되어 투사되는 악순환을 야기 시키게 된다는 뜻이다.

특히 현대의 대상관계론적 관점에서는 어머니와의 관계에서 일어나는 상호작용을 통해서 아동은 자기와 어머니의 이미지를 내면화한다고 보았다. 내면화된 정신적 표상은 바로 아동의 인간관계를 조정·통제하고 미래의 인간관계를 안내하는 기능을 하게 된다는 것이다(Horner, 1984). 예컨대 부모의 양육방식과 비행과의 관련성은 심리학자들뿐만 아니라 사회학자들에게도 비행을 설명하는 중요한 이론적 근거가 된다. 즉, 양육과정상에서 일어나는 문제점은 기초적인 사회적 유대인 부모-자녀간의 관계의 약화를 초래함으로써 대부분의 청소년의 비행의 원인이 되고 있으며 더 나아가 정신병을 유발시키기까지 한다(김병석, 1999).

셋째, 부모자신의 생활사를 통해서 나타나는 핵심역동은 자녀에 대한 인지체계에 영향을 미치고 있기 때문에, 본 프로그램은 합리적이고 객관적인 인지체계의 재구성을 위해 교정적 사후경험 즉, 기존의 왜곡된 대처방식에서 새로운 대처방식으로의 전환에 대한 내용과 활동으로 구성될 필요가 있다.

정신역동 이론은 무의식적으로 억압된 기억의 회복을 통하여 의식화시키는 작업을 확대한다는 Freud의 초기이론에서, 과거의 비뚤어진 감정양식을 교정하는 사후교육 즉 교정적 정서경험으로 발전을 거듭하여 왔으며(Alexander, 1948, 1963), Saul(1971)은 이것을 자아 재교육이라 불렀다. 그러므로 자녀지도를 위한 부모교육 측면에서 무의식적인 측면과 의식적인 현실교육의 적용이 가능하다고 본다. 예컨대 부모는 사후교육 중에서 부모-자녀간의 의사소통능력의 향상을 위하여 공감적인 이해와 수용, 존중의 태도를 취하는 방법, 나를 적절하게 표현할 수 있는 방법, 자녀의 핵심 잠재력을 부각시키는 방법, 그리고 서로 다른 성격에 대한 이해를 돕기 위한 객관적인 검사를 권하는 등 다양한 구체적인 기술 및 지식 습득이 요구된다. 그러므로 부모는 자녀의 발달 상태에 따라 양육자, 지지자, 의논상대자 등이 되어야 하므로 본 프로그램에서는 그 기본적인 방법에 대한 내용과 활동이 제시될 필요가 있다.

넷째, 기본적 기술습득 시 이를 저해하는 내부적인 방어적 힘과 장애를 일으키게 하는 부모의 정신역동에 대한 탐색활동이 요구된다.

부모교육장면에서 만약 기술사용을 저해하는 내부적인 방어적 힘과 심리적 장애에 대한 역동적 탐색이 기술습득과 함께 이루어지지 않으면 사실상 일정시간의 경과 후 기존의 방식으로 되돌아가는 악순환을 경험하기 쉽다. 또한 인간의 선천적으로 서로 다른 성격경향성에 대한 이해(Myers & Myeres, 1980) 뿐만 아니라 성격장애의 역동적 이해(Mahler, 1968; Masterson, 1981)가 필요하다. Freud 이후의 자아심리학자들의 자아발달에 뒤이어 대상관계이론가들은 심각하게 문제가 되는 부모의 방어적 힘 또는 심리장애는 자녀로 하여금 어릴 때의 주의력 결핍 및 과잉행동장애, 행동장애, 반항적 거부 장애 등을 유발하고, 이런 문제들은 청소년기와 성인기에 걸쳐 반사회적 성격장애, 경계선 성격장애로 연결될 수 있다고 한다. 따라서 부모자신이 내부적인 감정적 양식으로 인한 방어적인 역동을 살펴보는 내용과 활동이 제시되어야만 자녀를 대하는 기술적인 습득이 가능하다고 본다.

다섯째, 심화학습을 통하여 기본과정에서의 지적인 통찰수준을 정서적인 통찰수준으로 변화시키는 훈습과정이 구성될 필요가 있다.

부모는 기본적인 탐색과정을 통하여 자신에 대한 통찰과 새로운 대처방식을 사용한다 할지라도 일반적인 인간관계가 아닌 가족관계에서는 뿌리 깊은 기존의 방식을 떨쳐버리기가 쉽지 않다. 이것은 '요구사정'에서의 경험자의 피드백에서도 나타나고 있으며, 본 연구자의 지도자 경험에서도 대다수의 경우에서 반복되는 사례이다. Kaplan(1980), 정방자(1985) 등도 효과적인 행동의 변화를 위해서 지적통찰 후 그에 적절한 정서적 경험이 수반되어야 함을 강조했고, 이동식(1974)도 지속적인 통찰 없는 감정표현 등의 기술습득은 오히려 충동의 조절 통제를 약화시켜 치료를 방해한다고 하였다. 그러므로 지적통찰을 기반으로 끊임없이 부모자신의 행동과 태도를 변경시키고자 노력하는 정서적 통찰의 과정이 뒤따라야 만이 비로소 무의식적 역동을 타파할 수 있는 의식적인 힘이 강하게 되어 점진적인 행동변화를 기대할 수 있다.

2) 사회적 요구

정신역동적 상담을 적용한 부모교육 프로그램 개발의 사회적 요구 조사를 실시한 결과는 다음과 같으며, 상세한 내용은 <부록 1>에 실려 있다.

첫째, 정서적인 발달, 즉 감정을 인식하고 감정을 조절할 수 있는 능력에 대한 것이 가장 높은 순위를 나타냈으며, 그 다음으로 의사소통개선, 부모의 왜곡된 시각에서 객관적인 시각으로의 전환, 기존의 대처방식에서 새로운 대처방식으로의 전환 등이 나타났다.

둘째, 부모교육 프로그램 내용에 대한 부모의 요구는 '지속적인 훈습교육', '감정수용력과 표현력 증진을 위한 활동'이 높게 나타났으며, '왜곡된 대처방식에서 새로운 대처방식의 전환', '고유한 개인영역', '부모-자녀 내면의 힘 증진을 위한 활동', '나와 가족과의 관계방식 이해', '부모의 통찰의 중요성 인식활동' 등에도 높은 반응을 보였다.

셋째, 부모교육 프로그램의 실행방법에 대한 부모의 요구를 살펴보면, 프로그램 참여를 위한 안내자료 배포에는 88.2%가 찬성, 11.8%는 반대하였으며, 만약 프로그램에 초대한다면 참여하겠다는 의사는 경험자나 미경험자 모두 약 95.5%, 87.9%의 높은 찬성률을 나타냈다.

지도자에 대한 자격문제에 대하여는 복수응답을 하도록 하였는데, 결혼여부는 86.3%가 기혼자를 원하였으며 '상관없음'도 13.7% 정도였다. 성별로는 '남녀 상관없음'이 49.0%에 해당되었으며, 여자는 44.1%이었으나 남자는 불과 6.9%에 해당되었다. 나이는 40-45세가 46.1%이었으며, 35-39세는 30.4%에 해당되었으므로 적어도 35세 이상, 가능하면 40세 이상의 교육자를 선호하였다. 결국 지도자는 남녀 누구나 상관없이 자녀를 둔 40세 이상의 석사과정 이상인 전문 수련자를 원한다고 볼 수 있다.

교육시간은 오전 10시-오후 1시에 응답한 자가 42.0%로서 가장 많았으며 오후 6시 이후도 약 20%나 되었다. 교육시간 배당에 있어서는 기초과정은 총 30시간을 1주 1회 3시간씩 42%가 원하였으며 1주 2회 6시간씩 원하는 사람도 31.7%나 되었다. 심화과정은 총 36시간을 1주 1회 2시간씩 36.8%가 원하였으며, 1주 1회 3시간씩 원하는 사람도 31.4%나 되었다. 후속교육에 해당하는 심화과정 교육을 원하는 사람은 77.5%나 되었으며, 반대하는 사람은 22.5%에 해당되었다. 이 점은 지적인 통찰이 온 후에도 정서적 통찰이 지속되는 과정이 필요하며, 그것을 바탕으로 끊임없이 훈습하는 자세라야 만이 진정한 부모의 역할이 가능하다는 것을 거의 대부분의 사람들이 인식하고 있다는 것을 보여준다.

넷째, 기존 부모교육 프로그램에 대한 경험자의 의견분포는 응답자 44명 중 PET 정규 혹은 소개강좌를 받은 인원수가 25명으로 가장 많았으며, 지역사회 협의회에서 실시하는 '자녀에게 약이 되는 부모교육'은 3명, 기타 기관교육(청소년 대화의 광장, 청소년 상담실, 강연 등)도 15명이나 되었다. 기존 프로그램 참석에서 긍정적인 측면은 자녀지도방법, 자녀의 성격이해, 기타 여러 측면에서 골고루 도움을 받은 것으로 나타났고, 부정적인 측면에서 부모의 감정조절・통제에 실패했다는 응답이 29%에 해당되었고, 후속의 연습시간이 부족한 점도 27.5%에 해당되었으며, 무의식적인 습관적 행위의 반복이 25.2%인 것으로 나타났다. 즉 경험자들 역시 부모의 내부 정서적 요인으로 인하여 무의식적으로 작용되는 습관적 행위에 대한 어려움을 호소하는 것을 알 수 있다. 이 점은 정신역동적 상담을 적용할 경우 추구하는 부모교육 프로그램의 목표를 뒷받침 해 주는 자료로 활용할 수 있다.

효과의 지속성 측면에서는 '약간 오래'가 44명 중 24명이 응답하였으며(54.5%), '짧게' 14명(31.9%), '매우 오래' 5명(11.4%), '교육마친 즉시' 1명(2.3%)으로 분포되었다. 이것은 비교적 많은 부모들이(65.9%) 기존 부모교육을 통한 효과가 있었다는 것을 보여주지만 그 지속성에 대한 것은 아쉬움을 표현해 주고 있다. 또한 거의 1단계 과정만으로 종결되는 기존 프로그램으로서는 충분히 예측될 수 있는 지속정도로서, 심화과정 또는 그 뒤의 훈습 과정 등 후속 교육의 필요성을 시사하고 있다.

제2장 정신역동적 부모교육의 이론적 토대

1. 정신역동적 상담이론

정신역동적 상담이론은 Freud에 의해서 개척된 정신분석적 전통에서 발전하였으며 일반적으로는 심리치료의 중요이론에 해당한다(Alexander, 1948; Ackerman, 1958; Jacobs, 1988; McLoughlin, 1990, 1995). 그러므로 이 이론은 초기에는 인생의 초기시점에서의 '심리 내적'인 본능적인 역동을 분석하는 범주에서 차츰 변화하여 '상호작용'의 관점인 '관계의 질' 특히 '정서적인 관계의 질'에 역점을 두는 것으로 흐름이 확대되었다(Freud, 1923; Saul, 1971). 이것은 뚜렷이 의식할 수 없었던 인생초기의 중요인물과의 감정적인 관계의 질을 살펴봄으로써 현실의 갈등을 해소하고자 하는 노력을 뜻한다.

따라서 정신역동적 상담 및 심리치료 장면에서는 생후 초기 약 6년간의 중요한 인물(key figure)과의 정서적 상호관계가 그 후 성격의 핵심을 이룬다는 점을 강조한다(Freud, 1935; Saul, 1977; 이동식, 1974). Saul(1971)은 한 인간의 인격형성은 선천적 경향성이나 개인의 생활 그 자체로만 결정되는 것이 아니라 초기 아동기 동안 그가 누구와 감정적으로 유의미한 상호관계를 맺어서 본래 지니고 있었던 개인적인 요인들이 최소화되거나 극대화되었는가가 중요하다고 보았다. 이러한 감정의 상호작용을 Freud(1923)는 'psycho-dynamic(정신역동)'이라 불렀으며, 열·전기 역학과 같은 개념으로서 이해할 수 있다고 하였다.

Gabbard(1994)에 의하면 현대의 정신역동 이론은 크게 세 가지로 분류할 수 있다고 한다. 그 중 하나는 Freud의 고전이론에 충실하며 그의 딸 Freud A.와 Hartmann이 발달시킨 자아심리학(Ego Psychology)이고, 또 하나는 Klein을 중심으로 한 영국학파에서 나온 대상관계이론(Object Relations Theory)이며, 나머지는 Sullivan의 전통에서 나와 Kohut이 발달시킨 자기심리학(Self Psychology)이다. Hedges(1983)는 정신역동적 이론을 자아심리학과 대상관계 이론으로 구분하기도 하였다. 그 준거체제는 '자아의 근원 및 전환 그리고 구조적 기능' '다른 사람들과 상반되는 경험' '자아와 다른 사람과의 분리와 통합' '후의 발달에 영향을 주는 어린 시절의 발달에서 결정적인 요인' 등이며, 이들 내용의 핵심은 한 인간의 어린 시절의 경험에서 자아와 대상간의 유형이 성립되면 그것은 후의 인간관계에 영향을 미친다는 것이다(Hedges, 1983; Hamilton, 1994).

자아심리학은 Freud의 초기기억 모델(무의식, 전의식, 의식)을 버리고 자아(ego), 원욕(id), 초자아(superego)의 삼원적 구조모형이 소개된 후(Freud, 1923), Freud A.에 의해 발전한 자아의 기능에 대한 이론이라 할 수 있다. 즉, 이 이론은 정신 내적 세계를 정신기제들 간의 갈등으로 개념화하고 있다. 다시 말하면 성성(sexuality)과 공격성이 표현되려고 할 때 세 정신구조(id, ego, superego)는 갈등을 겪게 되고, 그로 인해 불안이 일어나며, 이 불안은 방어기제를 발동시키고 이 방어는 적절한 타협을 유도한다(Gabbard, 1994).

이 이론에서는 아동기에 있어서 현실원리의 발달이나 자아의 통합적이고 종합적인 기능, 자아의 보조적 지각과정, 기억작용, 사고작용과 자아의 방어기제 같은 문제뿐만 아니라, 더욱 중요한 것은 자아의 자율성이라고 강조하였다. 따라서 이 이론의 핵심은 Freud와는 달리 원욕과 자아가 형성되는 인생초기에 어떤 미분화단계가 있음을 가정하고, 자아가 선천적인 원욕에서 출현된 것이 아니라 각 체계는 유전적인 경향에 그 근원을 갖고 있으며 각자는 그 자체의 독립된 발달과정을 갖고 있다는 점이다(Corey, 1986). 즉, 인간발달이란 바로 이런 경험에서 대상으로부터 자아가 분화되어 가는 개인의 진화방식으로 본 것이다.

Kohut(1984)에 의해 태동된 자기심리학은 '자기애성 혼란상태'에 있는 외래 환자들을 연구하는 과정에서 생긴 이론으로서 외적인 관계가 자기내부의 자존심과 결속을 유지하기 위하여 어떻게 역동적으로 작용하는가를 강조한다. 자기애, 즉 리비도가 자기에게 집중된 상태란 자아로부터 자기를 개념적으로 분리하고 있다는 뜻이다. Kohut(1984)의 '자기애적 성격분석'에서 주로 다루어진 '자기'라는 개념은 시간 안에서의 계속성, 지속성, 그리고 마음의 구조 내에서의 본능적 에너지를 지니고 있다는 점에서 정신기구의 내용을 지칭하는 것이다. 이 점은 정신적 기능들 중의 하나가 아니라는 점에서 '자아'라는 개념과 구분되고 있다.

자기심리학에서는 아기를 양육하는 사람에 따라 '자기'에 대한 결함이 생긴다고 보고 있다(Gabbard, 1994). 즉, Winnicott의 '충분히 좋은 엄마역할(good enough mothering)' 개념과 상반된 Balint의 '근원적인 상실감(basic fault)'이라는 개념과도 관련이 있다고 볼 수 있다.

대상관계이론은 최근에 국내에서도 각종 번역서의 출간과 워크샵 등 관련 전문기관 및 전문가를 통하여 활발한 연구가 이루어지고 있다(이재훈 역, 1997, 1998; 상담 및 심리치료 학회 영남분회, 1999; 아동·청소년 상담연구회, 1999 등). 대표적인 대상관계이론가(Fairbairn, 1952, 1954; Winnicott, 1958, 1987, 1990; Mahler, 1968; Kohut, 1971; Klein, 1975; Kernberg, 1975, 1976; Masterson, 1981; Hamilton, 1994)를 중심으로 다음과 같이 그 내용을 제시하고자 한다.

최초의 부모-자녀 관계, 즉 영아와 그 대상과의 관계의 중요성을 강조한 Klein(1975)은 인간의 신경증의 근원을 생의 첫 해에 두고, 생의 최초 1년 동안 생득적으로 가지는 어려움이 양가감정이라고 하였다. 이는 모든 유아는 애정대상에게 무한한 애정을 받기를 원하면서도 그 대상을 잃을까 두려워하는 양측면의 감정을 가진다는 뜻으로, 이 때 유아는 사랑의 갈망과 두려움이라는 '우울한 위치'를 적절하게 타협할 때 안정된 내적 영상을 갖게 된다고 하였다.

분열증적 성격(schizoid personality)에 관한 공헌을 한 Fairbairn(1952)은

Freud의 본능/욕동이론을 공격하면서 쾌락원리는 대상에 대한 욕구에 종속된다고 표방하였다. 그는(1954) 아이의 초기관계에서 엄마가 아이를 현실적으로 다루지 못한 결과로 인하여 발생한 약하고 미발달된 자기에 대해 논하였다. 이 시기에 아이가 훗날 건강한 기초로서 사용해야 하는 애정을 내면화할 수 없게 되면, 아이는 자신에 대해 확신하지 못하고 자기과시 상태에 빠지거나, 영구적인 상실감이나 자기 공허감을 느끼기 때문에 대인관계에서도 두려움을 느끼게 되어 성인이 되어서는 겉으로는 아주 성공적인 것처럼 보이나 실제로는 사람들과 관계할 수 없는 고독하고 베풀지 못하며 철수(撤收)적인 사람이 되기 쉽다고 주장하였다.

Winnicott(1958)는 유아의 초기에는 엄마를 전능하게 느끼도록 허용하다가 아이가 자기의 욕구좌절과 대상(엄마)에서의 분리경험을 참을 수 있게 되면 이러한 환상을 점차 포기하게 하는 것이 좋은 역할임을 강조하였다. 분리경험을 맞이하는 아이는 자기의 욕구와 동기에 대한 주장을 하게 되는데, 소위 말하는 자기감의 출현이 되는 바, 이 때 너무 간섭을 많이 하는 엄마는 아이의 주도성을 방해하고 자기감의 발달을 저해시키며, 또 거리감이 너무 심한 엄마는 유아의 마음속에 엄마에 대한 내적 표상이 사라지게 되어 외적환경의 요구에 순응만 하는 사람이 되기 쉽다고 강조했다. 이것은 이동식(1974)이 '부모가 자녀와의 관계에서 허용과 사랑이 가장 중요하다고 하지만, 어느 정도의 통제는 앞으로 아이가 성장하면서 여러 곳에서 겪게 될 심한 자극에 대비해서 정신적인 예방주사를 맞는 것'이라고 주장한 점과 일치한다.

Mahler(1968)는 아동이 부모와 맺는 관계의 성격을 기준하여 자아의 발달단계를 세 단계로 구분하였다. 즉, 첫 단계는 생후 3-4주로서 '정상적인 유아자폐증(normal infantile autism)'이라고 명명하면서, 유아는 심리적 과정보다 생리적 긴장에 보다 잘 반응하는 시기로 이 시기는 어머니로부터 자신을 분화시킬 수 없는 단계라고 하였다. 또한 두 번째 단계는 '공생(symbiosis)'단계로서 약 3-8개월에 해당하는 시기인데, 이 때에 첫 번째의 도움을 제공하는 사람은 그 유아의 미래의 인생에서 결코 바꿀 수 없는 존재라고 보았다. 심각한 심리장애의 하나인 정신분열증이나 '경계선 증상(borderline)'은 이 시기에 뿌리를 둔 것이라고 하였다. 세 번째 단계는 4-5개월에서 시작하여 두 번째 단계를 뛰어 넘기도 하는데, 이 단계를 '분리/개별화과정(separation/ individuation)' 이라고 명명하였다. 이 시기는 공생의 형태에서 차츰 멀어져 중요한 타인과 분리를 경험하여 즐기기도, 고통스럽기도 하는 양가감정을 나타낸다고 하였다. 이 경우 대상(타인)은 유아의 자아감각의 발달을 칭찬해 주는 거울로 지각되는 데, 만약 자신을 자랑스럽게 생각하는 반면에 대상을 이상화할 기저를 갖지 못하게 되면 후에 나르시즘적인 성격장애와 자아존중감의 문제로 고통 받게 된다(Kernberg, 1975).

그 외에도 정신병리적인 차원에서의 대상관계를 설명한 Kernberg(1976), 자립심과 애착을 대상으로부터 느낄 때 개인은 가장 건강하다는 견해를 가진 Kohut(1971), 그리고 Mahler(1968)의 발달적 대상관계론을 통합하여 개발시킨 Masterson(1981) 등의 이론 역시 정신역동적 부모교육에 직접적인 시사점을 제공할 것으로 보아, 그 구체적 내용은 다음 절 '부모교육에의 시사점'에서 제시할 것이다.

이러한 이론의 바탕 위에 정신역동적 상담은 Freud의 공헌인 정신분석에서의 단지 억압된 기억을 회복하고 무의식을 의식화시키는 작업 이상으로 확대되면서, 과거의 비뚤어진 영향들이 무엇이며, 그것이 어떻게 작용하며, 이러한 감정양식을 교정하는 데 무엇이 필요한가를 이해하는 데 초점을 맞추어 나가는 사후교육 또는 교정적 정서경험을 뜻하는 발전을 거듭하게 되었다(Alexander, 1948, 1963).

이 접근법에서의 관심은 내담자의 문제되는 부분을 파악하고 그를 진단하기 위해 초기면담에서 내담자의 역동적 진단에 초점을 맞추고 병리적 역동을 이해하는 것이다(Saul, 1977; Dewald, 1978; 정방자, 1998). 병리적 역동이란 간단히 말하면 감정교류의 아동기양식 가운데 충격적이라고 입증되는 부분으로서 대략적으로 정신증과 심각한 장애의 원천은 0-2세, 0-3세에서 찾아볼 수 있으며, 신경증과 보다 가벼운 장애의 원천은 0-6세에서 찾아 볼 수 있다(Saul, 1977). 그러므로 이러한 아동기 때 발생된 병리적인 부분이 얼마나 집중적으로 또는 확산적으로 성인의 마음에 영향을 주었는가를 알아야 하며, 단일증상과 같은 보다 세부적인 것으로부터 인격장애와 같은 보다 일반적으로 광범위하게 확산된 부분에 이르기까지 그 전체적인 영향을 살펴보아야 된다는 뜻이다(Saul, 1977).

그러므로 정신역동적 상담은 내담자의 현재 문제원인이 되고 있는 핵심이 아동기의 정서적 작용에서의 어떤 역동에서 상호 관련되는가를 파악하고 내담자가 지닌 건강한 부분을 상담자의 도움과 힘을 합하여 병리적인 역동을 전체성격에서 제거하는 노력을 말한다(정방자, 1998). 결국 상담장면에서는 무의식적으로 작용하는 자신의 행동양식이 상대방과의 관계에서 어떻게 작용하는가를 의식하여 조절·통제의 노력을 하게 되면, 문제가 되는 자신의 대처방식을 바꿀 수 있다는 것을 의미한다.

이러한 배경은 갈등과 혼란의 형성에 무의식이 그 역할을 담당하고 있었기 때문에 상담자와 내담자간의 치료적 관계를 신중하게 전개해 나간다면, 갈등과 혼란을 해결할 수 있을 것이라는 믿음에서 출발하고 있다(McLoughlin, 1995). 이것을 달성하기 위하여 상담자는 내담자와의 관계에서 진실하고 안정된 상태를 유지하게 해 주어 지금까지의 방어벽을 무너뜨리고 자신의 모든 것을 편안하게 표현할 수 있는 계기를 만들어 주는 것이다(Dewald, 1978). 즉, 내담자의 무의식을 상담 장면의 상담자-내담자의 관계를 도구로 하여 자유연상, 꿈의 분석, 전이의 분석, 저항의 분석, 생활사 피력, 해석 등의 방법을 통하여 내담자의 수준에 따라 의식화시켜가면서, 내담자로 하여금 통찰하고 훈습하도록 이끌어 나가는 것이 제반 상담의 기법 중 정신역동적인 상담방법인 것으로 정리될 수 있다.

정신역동적 부모교육의 목표는 정신역동적 상담에서 추구하고자 하는 점과 밀접한 관련성이 있다. 즉, 자녀를 기르는 부모가 상담자로서의 역할을 하기 위해서는 억압된 기억을 의식화시켜 과거의 왜곡된 영향을 통찰하는 것과, 그를 통한 사후교육 실시를 통하여 부모자신의 감정적 성숙이 이루어질 때 비로소 진정한 의미의 부모역할수행이 이루어 질 것이라는 측면과 연결될 수 있다. 그 구체적인 내용은 다음절의 실제적 영역에 해당하는 '기법'과 '부모교육에의 시사점'에서 밝히도록 한다.

2. 정신역동적 상담의 실제

정신역동적인 상담은 실제적인 장면에서 역동진단, 자유연상, 꿈의 해석, 전이감정 등 대부분이 정신분석 혹은 정신치료 이론을 적용하고 있다. 그러므로 아래에서 언급되는 치료적인 입장은 상담의 방향으로 재고될 수 있으므로 분석가 또는 치료자는 상담자로, 환자는 내담자로 적용 가능하다는 것을 밝히는 바이다. 다음 내용에서는 가능하면 본래의 정확한 개념을 전달하기 위하여 그 각각의 기법에 따른 일반적인 용어를 원문 그대로 제시하였다. 정신역동적 상담이론에서의 실제적 영역 중 정신역동적 부모교육 장면에 투입 가능한 대표적인 상담기법 또는 주요 개념을 소개하고자 한다.

1) 핵심역동진단

Tarachow(1963), Dewald(1969) 등은 내담자의 생활사에서의 인간관계의 신뢰로운 경험, 다양한 인간과의 경험 등이 상담 또는 치료의 적응력을 결정하는데 중요한 단서라고 언급하였다. 구체적으로 Saul(1977)은 내담자의 핵심역동을 이해하기 위한 자료로서, 첫째, 주 호소 및 증상과 그 시작, 전형적인 24시간의 습관, 수태에서 성장하기까지의 감정적 대인관계 및 의학적 병력을 포함하는 회상 가능한 자료들. 둘째, 과거와 현재 타인에 대한 태도, 자신을 이해하는 태도, 미래관, 통상적인 정신상태, 성욕, 의존심, 적개심 등 인격내의 주된 감정적 힘들 즉 정신역동과 긍정적인 면 등을 포함하는 의식적 감정적 태도들. 셋째, 초기기억, 아동기의 반복적인 꿈, 치료시작 전의 꿈, 의식적인 공상, 백일몽, 표정, 전이, 역전이 등을 포함하는 무의식적 연상적 자료를 들고 있다.

이들 자료를 통한 전반적인 파악이 있어야 되는데, 우선 역동적 진단을 위해서는 무엇보다도 아동기의 감정패턴을 이해하는 것이 가장 좋으며 Saul(1977)은 이것을 '0-6세 검토'라고 하면서, 가능한 한 빨리, 정확히, 철저히 내담자의 현재 정서생활과 그 정서가 과거, 특히 인격형성에 가장 중요한 시기인 유·아동기 동안의 감정적 양식을 이해하고 이를 내담자에게 이해시키는 것이 중요하다고 주장했다.

정신역동적 심리치료자들(Alexander, 1948; Dewald, 1969; Saul, 1977; Jacobs, 1988; McLoughlin, 1990, 1995)은 그들의 오랜 경험상 첫 면담에서 약 85%의 내담자들로부터 핵심역동을 알아낼 수 있었다고 하며, 과거 정신분석적 방법으로는 150여 시간의 자유연상 후에야 파악될 수 있었던 핵심역동을 첫 면담에서 단시간 내에 파악함으로써 치료시간을 단축시키고 치료의 방향을 빨리 설정할 수 있다고 했다. 아동기 동안 가장 핵심적인 감정에 해당되는 양식은 상담이 수개월 경과 후에 재검토 해 보는 것도 통찰과 치료를 위하여 가치가 있으며, 특히 상담이 잘 진행되지 않을 때는 내담자를 처음 대하는 자세로 새롭게 검토해 보는 것이 바람직하다고 보았다.

이와 같은 핵심역동 진단은 부모교육 장면에서 부모의 아동기 동안 발생했던 정서적 경험 중 핵심역동으로 인하여 발생되는 자녀와의 갈등을 예측하고 진단해 주는 중요한 근거를 제공한다고 볼 수 있다. 본 프로그램에서는 부모의 역동진단 작업을 위하여 기초과정의 7회기, 심화과정 2-4회기 동안 부모 자신의 중요 핵심역동에 대한 기초적인 이해, 진단, 통찰 등이 이루어졌으며. 특히 심화과정의 11-12회기에서는 부모-자녀관계에서 발생하는 핵심역동 중 앞 절에서 제시한 부모 자신이 자각하는 수준의 병리적 역동에 초점을 맞추어 진행되고 있다.

2) 자유연상

자유연상은 주로 개인치료에서 사용되었으나, 최근 고전적인 입장을 넘어서 집단정신치료의 방향으로 발전하면서, 그 임상적 적당성, 효율성, 독특성에 대해 논의되고 검증되고 있다(Yalom, 1985). 자유연상이란 정신분석적 방법의 본질과 핵심 그 자체이다. 자유연상에 대한 Freud의 견해는 계속 변화되었으나 그 기본적 원리는 내담자가 어떤 기억을 회상하는데 실패하였을 때, 무엇이든지 생각나는 대로 혹은 원하는 대로 말하도록 하는 것이다(Corey, 1986). 즉, 전통적인 입장에서의 자유연상은 단순히 '생각하면서 말하는 것'이라고 표현되어 왔다(Freud 1923). 그러나 이 방법은 그날의 사건들에 대한 사실적 설명, 과거 자료에 대한 집착, 조증에서 보이는 사고비약, 이런저런 일들에 대한 불평, 끝없는 질문, 감정 기복에 따른 격렬함, 세련된 지식화 등으로서, 마치 미개척된 심리적 정글과 같은 것으로 발전되어 왔다(Freud, 1940). Freud(1940)는 이 점을 '아직 노출되지 않은 내부 연결은 연상의 인접성-시간적 접근-에 의해 드러나게 될 것이다'라고 지적하였다.

자유연상 방법의 핵심은 연상들 사이의 내적 연결을 경청하는 데 있다(Corey, 1986). 즉 개인역동, 내용, 그리고 동기가 되는 정서적 힘과 내담자가 그러한 것을 표현하는데 사용된 아이디어 등을 명백하게 구분하면서 그들을 연결시키는 데 관심을 가져야 한다는 뜻이다. 만약 상담자가 자신이 선호하는 소수의 연상에 초점을 맞추거나 친숙한 것만을 느끼려는 등 연상에 대한 편파성을 보인다면 어떤 이유에서건 좋은 치료가 될 수 없다는 뜻으로 볼 수 있다.

Foulkers & Anthony(1965), Wolf(1969) 등은 집단 내에 활용할 수 있는 자유연상으로 '자유 집단연상'이라 하여 집단 내에서 떠오르는 생각이나 감정을 자유롭게 토의하도록 하는 것이라 하였고, Wolf & Schwartz(1962)는 '돌림 차례법(go-around technique)'이라고 하여 집단원에게 순서대로 한 사람씩 타 집단원을 볼 때 마음에 연상되는 무엇이든지 표현하게 하여 통찰을 얻게 하는 방법도 제시하였다.

따라서 자유연상은 정신역동적 부모교육의 심화과정과 같은 비구조적인 집단장면에서 집단정신치료의 한 방법으로 이용될 수 있다. 즉 전체적인 교육장면 내에서 부모 내면에서 일어나는 연상들이 부모-자녀 관계에서 발생하는 반복적인 문제행동과 어떤 관련성이 있는가를 알 수 있는 매개체 역할을 제공하는 것이 자유연상이라고 볼 수 있다. 구체적으로 정신역동적 부모교육에서는 집단자유연상을 이용하여 심화과정 5-6회 동안의 억압된 기억의 회상과 직면, 7-10회 동안의 무의식적 병리적 역동의 발견 등의 작업을 하고 있다.

3) 꿈의 해석

Freud(1917)는 무의식을 이해하는 근본적 원리의 기초는 꿈의 해석이라고 보았다. 즉, 핵심역동과 치료적 방향은 보통 초기의 꿈들에 반영되고 치료적 경과는 일련의 꿈에서 관찰된다는 뜻이다. 우리나라에서도 Freud 이후 Jung학파, 신 Freud학파, 실존주의 학파 등의 정신분석학 입장뿐만 아니라, 꿈 자체를 탐색하고 이해하기 위한 연구가 끊임없이 계속되어 왔으며, 최근에는 꿈이 정신역동과 성격기능을 표현한다는 가설에 관한 실험적 연구가 증가되고 있다(이죽내, 1983; 강석헌, 1984; 박병탁, 1987). 또한 꿈이 한 개인의 인격이나 현실상태에서의 경험을 얼마나 잘 반영하는가에 대한 연구도 이루어졌으며(Kramer et al., 1971), 꿈을 치료의 지표로 사용할 수 있는가에 대한 연구도 있었다(Saul & Sheppare, 1956; Corriere et al., 1980).

전통적 Freud의 꿈 해석의 기본원리는 현재몽(manifest dream)으로부터 꿈단편에 대한 자유연상을 통해 잠재몽(latent dream)에 도달하도록 하는 것인데,

1950년대 이후의 연구들은 내담자의 꿈을 보고할 때 사용하는 어감이나 감정 표현 등에 관심을 기울여야 함을 강조하고 있기도 하다(Saul, 1972; Brenner, 1976). 만약 치료가 충분히 잘 진전되지 않거나 혹은 역동의 핵심, 즉 핵심적인 정서들을 이해하기 어렵다면, 분석 초기의 10개의 꿈들과 다른 자료에서의 일련의 꿈들을 재고해 봄으로써 초점과 전체 조망을 얻게 될 수 있다(Saul, 1940). Pulver(1987)는 발현몽을 '환자가 말하는 꿈의 내용' 이라고 정의하고, 치료를 위해 꿈을 사용함에 있어서, 가장 완전한 이해에 도달하고 최대한의 치료적 효과를 얻기 위해서는 연상을 매우 성실하게 얻어내는 것이 필수적이라고 하였다. 사실 일반적인 분석가에게 발현몽은 상당히 명백한 것처럼 보이고, 즉시 해석하고 싶어지는 경향이 있지만, 만약 분석가가 해석을 하기 전에 상세한 연상을 얻게 된다면 예상치 않은 자료와 통찰을 얻게 될 것이고, 이 연상작업을 통해 스스로 좀 더 빠르고 안전하게 치료작업이 진행될 것이다(Freud, 1917; 이죽내, 1984).

그러나 실제적인 치료에 있어서 중요한 것은 꿈을 어떻게 이해하느냐의 문제인데, Saul(1972)은 무의식의 내용을 이해하는 14가지 지침을 소개하면서 다음과 같이 꿈을 소개하고 있다. 그 중 정신역동적 부모교육과 관련된 3가지만 소개하면, 첫째, 꿈 자료 자체에 충실하여야 한다. 이는 꿈에 대한 치료자의 자세와 관련되는 것으로서 꿈을 어떤 이론이나 편견으로 접근해서는 안 된다는 것이다. 둘째, 꿈의 의미는 내담자의 아동기 양식, 지금 여기에서의 현실, 전이, 그리고 꿈의 내용의 상징성 등의 제 측면에서 이해되어야 한다. 셋째, 꿈 해석은 내담자의 개인연상과 집단연상 및 치료자가 이해하고 있는 앞서 말한 제 측면을 기초로 하여 내담자가 받아들일 수 있고 공감할 수 있게 이루어져야 한다는 내용이다.

정신역동적 부모교육의 기초과정에서는 꿈의 작용, 연상 등에 대한 교육이 이루어지고, 탐색을 하도록 하여 잊혀지지 않는 꿈과 반복적인 꿈 등 의미 있는 것을 중심으로 자신의 감정포착을 하는데 연결시키며, 심화과정에서는 교육 중에 발생하는 꿈의 작용에 대한 연상을 통하여 자신의 정신역동과 관련시키고 있다. 또한 그러한 역동의 흐름들이 가족관계의 감정 상호작용에서 어떤 영향을 미치는지에 대해서 중요한 단서를 제공하여 줄 것이라고 본다.

4) 전이와 역전이

일반적으로 전이(transference)란 반복강박의 하나의 표시로서 한 인간이 과거에 경험했던 감정, 반응, 갈등, 태도, 욕망, 기대 등을 현재 상황에서 반복하려는 경향을 말한다(Dewald, 1978). 즉, 전이반응이란 옛날의 자기 주변의 중요인물과 관계했었을 당시로서는 현실적이고 적절했던 심리적 반응이었으나 그것을 지금 현재 상황에서 반복하는 경우로서, 지금-여기의 상황을 바로 직면하지 못하고 과거의 내적 동기나 요인에 의해서 지금의 행동이 결정되는 그런 심리적 반응을 두고 말하는 것이다. 이것을 치료 상황에서는 환자와 치료자와의 관계에서 과거의 기대, 반응, 감정, 욕구를 간직하고 있는 환자가 치료자에게 자신내부의 기대나 감정을 투사하기 시작하는 현상을 말한다(Nunberg, 1951). 치료관계에서는 이러한 비현실적인 전이관계가 있으므로 통찰치료에서는 이것을 주로 해석을 통해서 자각시킨다고 Tarachow(1963)는 기술하고 있다. 이 점에 대하여 Saul(1958)은 “전이는 모든 사람의 기본역동의 특수한 한 방향이며, 이 기본역동들은 어린 시절 중요인물과의 관계에서 형성된 것이다. 이들 기본역동들은 내담자의 현실관계에도 작용하고 치료자에게도 전이 된다”라고 피력하고 있다.

Tarachow(1963)는 전이의 상대개념인 역전이(counter transference)의 개념을 크게 2가지로 대별하였다. 그 중 하나는 고전적 개념으로서 역전이를 환자의 전이에 대한 분석가의 무의식적 반응으로 정의하며, 다른 하나는 전체적 개념으로서 역전이를 치료 상황에서 분석가가 환자에 대해서 일으키는 모든 전반적인 정서적 반응으로 구별하였다. 환언하면, 내담자가 상담자의 무의식적 감정에 끼치는 영향 때문에 상담자에게 일어나는 반응 즉, 상담자 자신의 초기 인생경험 및 인간관계에서 경험한 것을 내담자에게 환치해서 반응하는 것을 말한다(Jacobs, 1988). 역전이는 모든 치료자에게서 일어날 수 있다(Tarachow, 1963). 예컨대, 만약 내담자가 상담자를 미워하고 화를 내면 같이 화가 나고, 좋아하고 인정해 주면 기분이 좋아지거나, 내담자가 슬퍼하면 동정하고 괴로워하면 위로하는 경우이다. 이러한 현상은 일반적인 대인관계에서는 자연스럽게 일어나는 것으로 모두 전이욕구(유아적 욕구)와 감정을 충족시켜 주는 것이므로 서로가 상대방의 대상이 되어주게 된다.

만약 치료관계에서 치료자가 이와 같은 역할을 하면 내담자는 자신을 관찰할 기회를 갖지 못하게 되는데, 그 이유는 치료자와 내담자는 서로가 동일시하고 융합하여 대상욕구를 충족하게 되기 때문이다(Nunberg, 1951). 즉 치료자는 관찰자의 역할과 거울의 역할을 할 수 없고 아울러 내담자의 자아기능을 분리시키지 못한다는 뜻이다. 다시 말하면 내담자는 경험적인 자아와 관찰적인 자아로 분리되지 않으면 자신의 행동을 관찰하고 판단할 능력을 키울 수 없게 되는데, 관찰적인 자아기능은 치료자의 역할(관찰자, 거울)을 통해서만 형성될 수 있기 때문이다(정방자, 1979). 이 점을 이동식(1974)은 치료자가 내담자의 어떠한 요구와 감정에도 동요됨이 없이 경치를 구경하는 것과 같은 마음이 될 때 비로소 성숙한 치료자라고 피력하였다.

부모-자녀관계에서의 전이감정은 가장 빈번하게 일어날 수 있는 문제라고 볼 수 있다. 물론 초기 정신분석에서는 전이를 주로 방해물 또는 저항으로서만 보았는데(Freud, 1923), 그 후 긍정적인 전이와 부정적인 전이의 구분이 생기기도 하였다(Dewald, 1978). 특히 부모역할에서는 거의 대부분의 부모의 감정은 그것이 긍정적이든 부정적이든 간에 전이에 의해서 발생되고, 동시에 부모-자녀 간 상호 역전이로 인한 방어적인 힘 또는 투사되는 감정은 대다수의 상담사례 발표에서도 지속적으로 제시되고 있는 부분이다. 따라서 부모교육의 장면에서 부모-자녀 간에 발생하는 전이감정에 대한 이해가 분명해야 하고, 그에 따른 통찰이 이루어질 때 비로소 부모로서의 객관적인 기능을 수행할 수 있다고 본다.

정신역동적 부모교육에서는 기초과정의 3, 4, 5회기에 해당하는 부모자녀간의 전이감정과 역동, 기존의 대처방식에 대한 이해, 감정의 수용과 표현에서의 전이감정의 인식 등이 이에 해당되고, 심화과정 7-10회 동안의 자유연상을 통한 부모-자녀간의 '전이감정 다루기'도 이러한 근거에서 제시된 것이다.

5) 치료동맹과 치료장벽

정신분석에서는 환자와 분석가의 관계를 고유의 전이 및 또 다른 관계, 즉 치료적 동맹, 작업동맹 혹은 치료동맹(treatment alliance) 등으로 구분하여 왔다(Freud, 1940). 치료적 동맹은 분석상황을 의도적으로 수행하려 하는 합리적, 이성적인 환자의 치료자에 대한 관계를 말한다. 즉 치료자의 분석하는 자아와 환자의 자아 중 건강하고 관찰하는 합리적인 부분간의 동맹을 뜻한다. 환언하면 내담자의 성격 중 건강한 부분과 상담자의 역할이 서로 협력해서 치료를 성공시키고자 노력하는 것을 말한다(Dewald, 1978).

이와 반대로 치료장벽(therapeutic barrier)은 치료동맹을 통하여 충족해 오던 대상욕구를 상담자의 태도로서 적절히 좌절시키는 것을 말한다(Tarachow, 1963). 즉, 상담자는 내담자의 요구에 대해 중립적 태도와 해석을 가함으로써 내담자의 전이가 비현실적이라는 것을 체험하게 하고 그것을 조절하는 능력을 기르게 해 주는 것이라고 볼 수 있다(Dewald, 1978).

부모교육 장면에서 치료동맹은 매우 유의미한 단서를 제공한다고 볼 수 있다. 즉, 대부분의 부모는 자녀의 문제행동을 수정하기 위하여 그 문제행동 자체를 다루려고 하지만 실패하는 경우가 허다하다. 이 때 부모는 자신의 성숙한 자아를 통하여 자녀의 건강한 성격적인 부분을 발견하고 존중하는 방법으로 동맹관계를 형성하게 되면, 자녀가 문제행동 자체를 직면하고 극복해 나갈 수 있도록 점진적으로 도와주는 기본 조건이 된다고 볼 수 있다. 교육장면에서도 지도자 역시 분석적이고 합리적인 부분을 부모의 건강한 부분과 동맹을 맺어 부모자신의 무의식적으로 반복되는 병리적인 부분을 의식화시켜 소멸시켜 주는 구실을 할 수 있다는 뜻이다. 또한 때때로 자신을 객관적으로 관찰시키기 위하여 치료장벽과 같은, 즉 충족을 적절히 좌절시키는 작업도 중요한 자료가 될 수 있다. 이러한 내용은 기초과정 6회기에 중점적으로 다루었으며, 심화과정의 전 과정에서는 정서적인 측면에서 이런 내용이 적용 가능할 것이다.

6) 저항

Freud(1940), Saul(1972) 등은 분석(통찰)치료는 처음부터 끝까지 전이와 저항을 다루는 치료라고 언급하고 있다. 그들은 전이관계가 계속되는 동안에도 내담자는 이 욕구와 감정을 숨기기 위해서 저항을 한다고 보았다. 특히 내담자는 한편으로는 신경증 증상에서 오는 고통과 무능력에서 벗어나고 싶어 하면서도 다른 한편에서는 계속 신경증에 의존해서 자신의 본심을 숨기기를 원하는데, 그 이유는 신경증은 내담자가 어린 시절 정서적 갈등을 해결하기 위해서 어렵게 획득한 방법이며 살아남기 위해서 택한 최선의 방법이기 때문이라고 하였다. 따라서 이것을 포기하면 내면의 무의식적인 갈등에 직면하게 되고 거기에 수반된 고통과 불안을 회피하기는 힘들게 되므로 저항을 하게 되는 큰 이유가 되며, 환경이 변해서 더 이상 이 방식(신경증)을 사용할 필요가 없는데도 불구하고 계속 강박적으로 되풀이하기 쉽다는 것이다(정방자, 1979).

또한 저항은 상담과정에서 나타나는 중요한 또 하나의 분석자료로서, 부정적인 문제행동에서 벗어나고자 하는 마음은 의식적이며, 한편으로는 저항을 통하여 오히려 그것을 지속하려는 무의식적인 작용이 일어나는 경우가 많고, 때로는 내담자 자신도 이 같은 저항이 존재하고 있다는 것을 의식하고 있을 때도 있다(Saul, 1972). 예를 들면 환자가 어떤 비밀을 간직하고 있다든지, 어떤 일을 누설하기를 두려워하거나 창피하게 여기고 있다든지, 화제를 의도적으로 바꾼다든지, 어떤 화제를 일부러 피한다든지 등의 경우가 그기에 해당한다고 볼 수 있다. 그리고 그런 저항은 더욱 더 섬세 미묘한 형태로 표시되고, 또 치료자에게만 그것이 보이거나 또는 그 결과가 나타난 후에 알 수 있게 되는 경우가 많다(정방자, 1979).

저항을 전부 다 열거하기란 불가능한 일인데, 그 이유는 어떤 형태의 행동이라도 정신적 갈등의 어느 요소를 회피한다는 작용을 할 수 있기 때문이다(Freud, 1935). 예를 들면 심지어 언제나 협조를 잘하고 언제나 잘 받아들이는 환자의 행동도 그런 작용이 가능하다. 이런 환자는 절대로 치료자와 언쟁을 벌인다든지 치료자의 말에 찬성하지 않는 일은 하지 않지만, 바로 그 같은 행동형태를 빌어서 경쟁이나 언쟁이나 독립적 진취성에 대한 자신의 두려움을 직면하는 데 저항하고 있을 때가 있기 때문이다.

부모-자녀 관계에서의 자녀의 저항은 상당히 의식적이며 직접적인 경우도 있고, 무의식적인 경우도 많다. 특히 감정의 표출과 수용의 작업에서 일어나는 내면을 포착하여 보면 부모의 방어적인 힘과 장애가 되는 감정 등을 의식할 수 있으며, 이것은 억압, 투사와 같은 자아에 대한 방어기제를 통해서도 다양하게 나타나게 된다. 이러한 내용은 기초과정 4~5회기에 해당되며, 심화과정 전 회기에 걸쳐 지도자에 대하여, 참가자 서로에 대하여 발생가능하며, 그것 자체가 부모교육의 자료로 활용 가능할 것이다.

7) 통찰과 해석

상담의 목적 중의 하나는 내담자가 보다 큰 자기이해를 통해 자기통제를 달성하도록 돕는 데 있다. 이런 목적을 달성하기 위해서 정신분석에서는 통찰경험을 가장 중요한 것으로 간주하고 있다(Dewald, 1969). 통찰은 내담자가 자신의 정신 내적 갈등과 증상의 전의식적이거나 무의식적인 의미를 더 깊고 넓게

의식해 가는 것(Dewald, 1974; Saul, 1977), 표면적인 사고, 행동, 감정이면에 있는 덜 명확한 의미를 깨닫는 것(Wolberg, 1977), 그리고 과거의 사실을 새로운 관계로 인식함으로서 자기이해와 자기수용을 증가해 가는 것(Rogers, 1951)을 뜻한다.

통찰경험은 치료자의 치료적 태도와 개입에 의하여 유발되는데, 그 중에서도 해석 활동은 가장 중요한 매개체가 된다(Colby, 1951; Sandler et al., 1973; Wolberg, 1977). 해석은 무의식을 의식으로 끌어올리며 내담자의 갈등과 증상의 무의식적인 의미, 원인, 인간관계와 감정, 신념 및 기타 심리적 사건들의 뜻하는 것을 깨닫게 한다(Colby, 1951). Fenichel(1945)에 의하면 '해석은 자아를 관찰적인 부분과 경험적인 부분으로 분리시키고 그렇게 함으로써 관찰적 자아부분은 경험적 자아부분의 비합리적인 성질을 판단하고 이를 반성하게 된다'고 언급하였다.

그러나 해석은 그 사용할 시기, 사용방법, 사용정도(양)가 적절하여야 한다(Sandler et al., 1973; Wolberg, 1977). 아무리 그 해석이 훌륭한 것이라 하더라도 당면한 문제에 적절하지 않을 때는 큰 영향을 미치지 못하며, 시간적으로 너무 이른 시기의 해석은 오히려 불안과 분노를 일으키고 치료를 중단시킬 확률을 높일 수 있다(Dewald, 1969). 충동과 방어가 의식선상에 가까이 있고, 내담자가 이미 이런 충동파생체들을 다루어 왔다면 해석을 할 수 있는 적절한 시기가 된 것이라 할 수 있으며, 이때의 해석은 이해와 안심을 불러일으키고 방어를 이완시키며 충동을 인식하도록 한다(Freud, 1935; Dittmann, 1952; Korchin, 1961). 따라서 상담자는 해석을 하기에 앞서 내담자의 상태에 대한 충분한 이해가 있어야 하며, 이 이해를 바탕으로 무엇을, 언제, 어떻게, 해석할 것인지 알 수 있다는 뜻이다. 즉 여러 분석가들(Fenichel, 1945; Colby, 1951; Tarachow, 1963)의 주장을 종합하여 보면, 해석은 치료초기에는 별로 사용되지 않고, 치료가 진행되어 감에 따라 적절하게 사용되어야 할 것으로 여겨진다.

부모교육의 기초과정의 8회기에서 통찰의 수준과 자녀지도에 대한 지적인 이해가 다루어지고 있으나, 기초과정의 전반부부터 교육내용을 통하여 부모의 개인차(사전의 교육정도, 성향, 지적수준, 감성지수 등)에 따라 각각 다른 수준의 통찰이 일어나고 있다고 간주될 수 있다. 특히 심화과정에서는 지적통찰수준에 머물렀던 기초과정과는 달리 실제 자신의 경험노출을 통하여 정서적 통찰 경험을 전 회기동안 하게 되며, 그 통찰의 수준에 따라 지도자와의 치료동맹이 성숙하게 이루어지면 그때부터 적절한 해석이 가해지게 된다. 그에 따라 불안, 두려움 등으로 인한 방어작용도 사라지면서 교육의 효과가 증진될 수 있을 것으로 기대된다.

8) 교정적 사후교육

정신역동적 부모교육의 이론적 뿌리가 되는 정신분석적 입장은 정신역동적인 개념으로 확대되면서 사후교육을 중요하게 여기게 되었다. 즉 다시 말하면 발전된 정신역동적인 상담이론에서는 고전적인 입장의 분석 및 탐색작업은 그대로 유지하면서, 과거의 비뚤어진 영향이 무엇이고 어떻게 상호작용하며 그 양식을 어떻게 교정할 것인가 하는 후기교육(after education; Freud, 1935), 교정적 정서경험(corrective emotional experience; Alexander, 1948) 혹은 자아재교육(ego reorientation; Saul, 1979)으로 발전되었으며, 사후교육을 통해 인간관계나 일반적인 제반 상황에 대한 대처방식과 가치관이나 사고방식을 교정한다고 보아 '교정적 사후교육'이라고 칭할 수 있다(최경희, 1999).

상담 장면에서 역시 아동기 시기의 중요인물과의 관계에서 발생된 전이감정을 극복하고 대상관계를 교정시키는 것은 고전적 정신분석의 입장을 발전시킨 정신역동적 상담이론의 현실적인 교육방법이라고 볼 수 있다. 즉 상담자는 내담자의 중요대상이 되어 주면서 왜곡된 대처방식을 건강한 대처방식으로 전환시킨다는 뜻이다. 이것은 Freud(1935)가 피력했던 것처럼 "환자가 분석자(치료자)를 자기의 아버지나 어머니의 위치에 두게 되면 치료자는 환자의 초자아 역할을 하게 된다. 왜냐하면 부모는 초자아의 근원이기 때문이다. 이 새로운 초자아(치료자)는 이제 환자에게 후기교육을 행할 기회를 갖게 되고 부모교육의 결점을 교정할 수 있게 된다"는 것을 의미한다. 이 부모(치료자)는 내담자의 무절제한 욕망과 충동을 무제한 충족(과잉충족) 시키지도 않고 또한 심하게 좌절(지나친 결핍) 시키지도 않음으로써, 건강한 대처방식으로의 전환을 점진적으로 도와준다고 볼 수 있다.

따라서 상담자는 중립적 태도를 유지하면서 이 욕구를 적절한 수준으로 충족 또는 좌절시킨다고 볼 수 있다. Freud(1935)는 '자아와 본능'에서 다음과 같이 언급하고 있다. 즉 "치료자는 환자에게 치료자에 대한 감정(적개심)과 기타 주위인물에게 갖고 있는 감정을 안심하고 모두 표현할 수 있도록 분위기를 조성한다"는 것이다. 이 점은 내담자의 충동, 적개심 및 그가 보고한 자료에 대해서 과거에 부모가 비평한 것처럼 비평을 하지 않는 태도를 말한다. 말하자면 내담자는 과거 어릴 때는 억압된 감정과 숨길 수밖에 없었던 자신의 표현방법에 대해서 보상을 받았으나, 이제는 그와 반대로 솔직한 감정을 표현한 것으로 강화를 받게 된다고 볼 수 있다. 이런 과정에서 과거의 왜곡된 대처방식에 대해 자각하게 되며, 상담자에게 향했던 자신의 감정은 아동기 자신의 전이감정이었다는 것을 깨달으면서 현실적이고 객관적인 대처방식으로 서서히 변화를 시도하게 되는 것이다. 즉, 내담자는 보다 성숙한 초자아의 지배를 받게 되고 또 본능에서도 보다 성숙한 동기가 방출되면서, 본능과 초자아의 유아적 모습이 부드러워지고 완화되면 자아는 점차 확장되고 자유로워진다고 볼 수 있다.

따라서 Freud(1935)는 "유·아동기의 충동과 죄의식 및 강박에 의한 지배를 훨씬 덜 받게 되면서, 환자의 자아는 성숙한 모습을 띠게 되며 그 결과 추리력, 적응력 및 현실파악능력이 증가된다. 그와 동시에 전이감정에 압도되지 않고 객관적으로 사태를 사고하는 힘이 강해지면서 미숙한 본능과 초자아가 있던 자리에 성숙한 본능과 초자아가 성숙한 자아와 나란히 공존하게 된다"라고 보았다. 이것은 상담자와 함께 과거의 방식이 아닌 새로운 대처방식의 학습을 반복하는 동안, 즉 훈습하는 과정에서 내담자의 전이욕구와 반응은 점차로 약화되고 조절되면서 대상관계도 현실적 면모를 띠게 된다는 것을 암시한다.

이러한 교정적 사후교육의 경험은 전이감정의 극복과 아울러 서서히 진행되므로, 단 기간의 교육 또는 치료로서는 지적인 수준에 머물게 되므로 사실상의 한계가 있다고 본다. 따라서 정신역동적 부모교육에서는 기초과정의 전반부와 중반부에서는 정신역동적 상담이론과 절차에 대해 지적통찰 경험을 유도하면서, 후반부에 이르러 자동화된 무의식적 행동방식을 파악하게 하면서 왜곡된 대처방식에서 건강한 대처방식으로의 전환을 꾀하는 노력이 가해진다. 이러한 노력은 자칫 단기간에 끝나기 쉽기 때문에 심화과정에서는 전체적으로 교정적 사후교육을 위한 정서적 통찰 경험을 위한 작업을 시도하게 되는 것이다.

9) 지지치료

지금까지의 고전적인 정신분석에 기초한 상담접근법은 주로 분석과 해석을 통하여 내담자의 통찰을 유도하는 통찰치료의 방향이었다. 그러나 Dewald (1969)는 '정신치료: 역동적 접근'에서 정신역동이론을 지지치료에 체계적으로 도입하려고 시도하면서, 꿈, 저항, 전이 등에 대한 분석뿐만 아니라 지지치료 역시 상담자의 중요역할로 꼽기도 하였다. 이는 Saul(1979)이 "결혼생활의 행·불행의 기초적 인자는 어린 시절의 정서적 틀 속 있는 무의식적 동기와 행동반응들이다. 따라서 부부는 그 무의식적 양식들을 다스리기 위하여 키스나 포옹과 같은 애정 표현, 감사하는 마음 혹은 칭찬 등을 통해 서로가 충분히 성숙하도록 도와줘야 한다."라고 언급한 내용과 같은 맥락이다. 결국 Dewald(1969)의 주장에서와 같이 정신역동적 상담은 지지치료와 통찰치료의 두 체계를 가지면서 내담자의 성숙수준에 따라 적절하게 치료의 양면성을 지녀야 한다는 것이다. 정신역동적 상담을 하는 많은 국내·외 임상가들의 사례(Saul, 1971, 1972, 1977, 1979; Jacobs, 1988; McLoughlin, 1990, 1995; 정방자, 1998 등)와 필자의 임상경험에 의하면 대체로 지지적인 상담이 초반에 이루어지면서 차츰 상담자-내담자간의 신뢰감이 형성되고, 내담자가 자신의 문제와 역동을 직면할 수 있을 정도의 힘을 가지고 있을 때 서서히 통찰적인 상담으로 접근해 들어가는 것이 안전하며 효율적이라고 본다. 이러한 점은 정신역동적 상담의 지도감독자들의 공통된 의견으로서 내담자의 수준에 따라 상담이 이루어져야 한다는 것과 동일한 관점이다.

이 점은 정신역동적 부모교육의 기초과정 6회기에서 긍정적인 역동으로 작용되고 있는 부분에 대한 발견, 잠재성, 가능성 등의 내용에 해당되며, 전반적으로 지도자의 모델을 통해서 참가자들의 정신건강의 수준에 따라 지지적인 분위기를 조성하는 등 여러 측면에서 활용될 수 있다. 심화과정에서는 때로는 직면상황을 맞이하지만, 전체적인 분위기는 지지적인 치료적 분위기로 이어지며, 특히 심화과정 7-10회기에서 비구조적인 집단내의 분위기에서 감정의 수용의 경험을 하게 하는 장면에서도 유효하게 적용될 수 있다.

10) 감정의 포착과 억압된 감정의 표출

정신역동적 상담에서 중요한 작업인 핵심역동의 진단은 내담자의 감정을 포착하는 작업이며, 내담자 스스로가 자신의 감정을 자각하도록 도와주는 작업이라고 볼 수 있다. 이 작업은 내담자가 자신의 인생 초기시점에서의 상호작용의 관점인 '관계의 질' 특히 '정서적인 관계의 질'에 역점을 두고 그 흐름을 이해하는 노력으로 볼 수 있다(Freud, 1923; Saul, 1971). 즉 내담자가 먼저 자신의 감정을 포착할 수 없으면 자기내면에 대한 통찰작업이 어렵게 되고, 그것은 결국 자신에 대한 이해가 원만하지 못하게 되면서, 타인의 감정을 수용하고 자신의 감정을 표현한다는 것 역시 어렵게 된다는 것이다.

몇몇 연구에서 밝혀진 바와 같이(Jourard & Lasakow, 1958; 신완수 외, 1980 등) 감정의 포착과 표출이 둔한 사람일수록 세상을 편하게 살아가는 것처럼 보이나, 언어적 접근 즉 자기표현이 원만하지 못하여 비생산적이고 비능률적인 생활을 하며, 남의 감정에도 민감하지 못하여 감정수용이 어렵고 효과적인 대인관계를 하지 못하는 등 다양한 측면에서 정신적으로 건강하지 못한 사람이라고 볼 수 있다.

Jourard & Lasakow(1958)는 자기표출을 '자기 자신을 다른 사람에게 알리는 과정'이라고 하였으며, 특히 그는 과거에 겪은 일이나 느낌, 그리고 현재 겪고 있는 사건보다는 현재 자기 자신이 느끼고 있는 감정을 솔직하게 말할 것을 매우 강조하고 있다. 이 점은 정신역동적 상담이론의 전반적인 기초개념이 사건의 상황은 과거의 것이나 그 감정은 현재에도 살아 움직이고 있는 것이 전이감정이므로, 프로그램의 진행과정에서 지금 이 순간의 감정의 표출은 전이감정을 점검할 수 있는 계기를 만드는 것이고, 아울러 억압된 감정의 표출을 통한 카타르시스를 경험하게 된다는 점에서 본 교육내용에 시사하는 바가 크다고 볼 수 있다.

Gitter & Black은 자기표출에는 자기 자신에 관한 일이나 자신의 느낌을 있는 그대로 솔직하고 당당하게 표현하지 않고 상대방이 듣기 싫어하지 않을까, 또는 자신의 인품이 손상되지 않을까 두려워서 적당히 꾸미거나 바꾸어 말하는 언어적 도금이 포함되어 있으므로 자기 자신에 관한 일이나 자기표출은 상대방이 '있는 그대로의 나'를 이해하고 수용하도록 자기 자신의 느낌을 조금도 꾸밈없이 성실하고 진지하게 털어놓는 것이 중요하다고 제시하였다(신완수 외, 1980).

Dewald(1969), Kaplan et al.(1980)은 자기표현의 핵심은 통찰에 있고, 그 통찰은 감정통제의 무기가 될 수 있어야 한다고 주장하고 있다. 또한 이동식(1974)도 상담 또는 치료장면에서 통찰 없는 자기표현의 조장은 오히려 내담자의 충동통제력을 약화시켜 치료를 방해한다고 하였다. 즉 이러한 주장은 감정표출이 자신의 억압된 기억을 직면하는데 도움이 되고, 카타르시스를 경험하게 함으로써 내면의 억압된 감정으로부터 해방을 점진적으로 할 수 있는 도구가 된다는 점은 매우 중요한 일이나, 그 표출이 감정통제의 무기가 되지 않도록 충분한 의사소통의 방법과 상담이론의 기초교육이 사전에 행해지면서 자신의 역동에 대한 통찰이 밑받침되는 것이 바람직하다는 것을 암시하고 있는 부분이다.

특히 억압은 심리적인 방어기제의 한 종류로서, 방어기제란 불안하거나 붕괴의 위기에 처한 자아를 보호하기 위해 인간이 무의식적으로 사용하는 사고 및 행동수단을 뜻한다. 그 중 억압이란 의식하기에는 현실이 너무나 고통스럽고 충격적이어서, 무의식 속으로 억눌러 버리는 것으로 다른 방어기제(부인, 투사, 고착, 퇴행, 합리화, 치환, 반동형성 등)나 신경증적 증상의 기초가 된다(Freud, 1936).

Dewald(1969)는 내담자의 자아의 성숙도에 따라 억압과 같은 심리적인 방어기제를 오히려 치료 장면에 이용할 수 있다고 하였다. 즉 그(1969, 1978)는 역동적 지지치료에서는 방어를 강화시킴으로써 오히려 의존적 욕구를 충족시켜 내담자가 안정된 역동균형을 수립할 수 있게끔 도와주는 것이고, 통찰치료에서는 해석이나 직면을 통해서 내담자가 그러한 방어를 사용하지 않도록 격려하고, 내적 갈등을 더욱 더 명백하게 의식될 수 있도록 하여, 문제가 되는 갈등에 대해 합리적인 의식적 해결을 시도하도록 도와줘야 한다고 주장하였다.

감정을 포착하는 작업은 그 이후의 감정의 수용, 표현에 직접적인 영향을 미치며, 정신역동적 부모교육의 교육전반에 걸쳐서 이용될 수 있는 우선된 활동이라고 할 수 있다. 따라서 기초과정의 1회기에 감정포착의 내용을 두었으며, 5회기의 감정의 수용과 표현 작업에도 그 배경이 되고 있다. 심화과정 전체적인 흐름이 자신의 감정의 포착, 수용과 표현, 그에 따른 전이감정에 대한 통찰 등으로 이루어져 있다. 특히 심화과정에서는 특히 억압된 감정의 표출을 점진적으로 하도록 유도하고 있으며, 이것은 정신역동적 부모교육의 전 과정에서 시도되고 있다. 즉 기초과정에서 자신에 대한 충분한 탐색을 통한 표면적으로 의식된 부분의 감정포착(1회)과 감정표현의 구체적인 기술(5회), 지지와 격려(6회) 등을 통하여 서서히 자신의 감정표현을 시도하였고, 심화과정에서는 좀 더 깊은 억압된 기억에서의 감정표현(5-6회)을 통한 병리적 역동의 극복을 전반적으로 꾀하고 있다.

11) 전체적인 상담과정 요약

위의 정신역동적 상담이론의 전 과정을 종합하여 보면, 상담의 실제과정을 초기, 중기, 말기 부분으로 나눌 수 있으며(Colby, 1951; Saul, 1973, 1977), 다음의 내용은 정신역동 상담이론가들의 의견과 아울러 필자의 임상경험을 토대로 재정리한 것이다.

상담초기에는 전이감정이 오고가기 전의 상태로서 내담자를 비교적 객관적으로 관찰할 수 있다. 그러므로 상담자는 내담자의 과거양식-특히 그 양식의 형성기간(대체로 유·아동기) 동안 내담자에게 주어진 자극과 그에 따른 대처방식-을 가능한 한 신속하게 이해하기 위하여 임상적 진단과 역동적 진단을 한다. 즉, 아동기의 주요기억들, 그 후의 생활사들, 가족관계, 의미 있다고 여겨지는 꿈, 기타 인간관계 등에 대하여 상담자-내담자간의 대화를 통해서 주요 핵심역동을 파악하고 그것이 현재의 문제와 어떻게 관련성이 있는지를 진단한다. 또한 이러한 역동으로 인하여 생활 속에서의 왜곡된 대처방식과 건강한 힘들이 어떤 것이 있는지 함께 살펴보면서, 그러한 대처방식들이 현재의 주 호소문제와 어떻게 관련되어 있는지를 분석한다. 핵심감정 파악을 위한 이 진단의 기법은 자유연상이 중심이 되면서 꿈, 과거부터 현재까지의 생활사 등 가벼운 정도에서 다룬다.

구체적인 상담 장면에서는, 상담자는 내담자가 자신의 문제와 상담의 분위기에 압도되지 않고 안정감을 갖도록 하기 위해 적극적으로 수용하는 자세를 취하고, 내담자의 긍정적 역동이 자신의 문제를 극복할 수 있게끔 명료화시켜 주면서 지지적인 분위기를 조성한다. 만약 현실적인 긴급한 문제의 해결에 대한 내담자의 요구가 발생하였을 시는 상담자의 판단아래 내담자의 정신건강 수준 혹은 현실적인 조건의 한계 내에서 서로 의논하여 현실적인 도움을 줄 수 있다. 상담자와의 신뢰감 형성이 이루어지면 내담자는 상담자에게 의존되어 올 수 있으며, 그것을 상담과정 안에서 긍정적으로 활용할 수 있다.

특히 상담초기에는 해석과 관련하여 신중을 기하여야 한다고 본다. 즉 상담초기에는 내담자에 대한 이해가 부족하고 사실발견에 역점을 두어야 하므로, 상담자는 경청과 질문, 탐색 등을 주로 사용하며 해석은 보류하게 된다(Colby, 1951; Strupp, 1955; Gomes-Schwartz, 1978). 해석을 할 경우라도 내담자의 의식표면에 가까이 있는 문제만을 해석하는데, 초기의 너무 깊은 해석이나 불안을 자아내는 해석은 저항과 방어를 조장하기 쉽다(Fenichel, 1945). 이러한 해석은 치료동맹이 확고하게 형성된 이후로 미루는 것이 좋다(Dewald, 1978). Freud(1961)는 갈등과 증상의 무의식적 내용에 대한 해석과 내담자에 대한 교육은 치료자와 내담자 사이에 매우 특별한 정서적 유대가 있을 경우에만 가능하다고 하면서 내담자가 치료자에게 긍정적 전이상태에 도달했을 때 해석을 해야 한다고 강조하고 있다(정방자, 1985).

상담중기에 들어가면서 핵심역동이 현재와 과거의 생활사에 어떻게 작용했는가 즉, 전이관계를 명백하게 파악하고 통찰할 수 있도록 적절한 지지와 해석을 가하기도 한다. 이때의 기법은 상담자-내담자 관계에서 나타나는 전이관계의 해석, 꿈 분석, 저항 분석 등이다. 이 시기의 내담자는 지적·정서적 통찰을 하게 되면서 핵심감정을 스스로 의식하는 정도가 깊어지고 현실적인 관계에서 객관적이고 합리적인 생활문제의 변화가 일어나고, 자아개념도 부정적인 데서 긍정적으로 변하며, 현실대처도 소극적인 자세에서 적극적인 자세로 변화된다.

구체적인 상담 장면에서는, 내담자에게 상담자에 대한 느낌을 표출하게 하고, 꿈이나 현실생활사, 주위 인간관계에서 느껴지는 감정들이 자신의 아동기 역동들과 어떻게 관련성이 있는지를 탐색해 나가도록 돕는다. 이러한 전이감정들이 주 호소문제와 연결하여 지금과 같은 왜곡된 대처방식을 취할 수밖에 없었던 이유에 대하여 자각하게 하고 그것을 인정하게끔 도와 새로운 대처방식을 함께 의논한다. 현재의 주요문제와 관련된 과거의 역동에 대해서는 충분히 감정을 표출하고 그것을 수용하고 공감하는 입장을 취해주면서 그 감정에서 풀려나도록 한다. 상담과정에서 발생하는 상담자에 대한 전이감정이나 저항 등에 대하여 세심한 관심을 가지고 분석하여 본인의 역동과 어떤 관련성이 있는지를 풀어나간다. 이를 위해 상담자는 때때로 내담자의 수준에 맞게 지지, 격려, 질문, 직면, 해석해 주면서 생활 속에서 새로운 대처방법을 가지도록 교정적 사후교육을 실시한다.

상담말기에 들어가면서 위와 같은 훈습을 지속적으로 하여 굳혀지면 종결을 시도하게 되는 것이다. 구체적으로, 이 시기에는 초기, 중기에서 통찰된 내용이 생활 속에서의 변화를 가져오는 시간이 길어지게 하기 위해 계속적으로 전이감정, 꿈 등에 연상을 통하여 훈습과정 중에 발생하는 문제들을 다루어 나간다. 이 때 상담자는 효과적인 훈습을 위하여 여러 측면의 현실적인 방법을 권할 수도 있으며, 개인적인 상황에 따라 다양한 방법이 제시될 수 있다. 경우에 따라서 상담의 횟수를 2-3주에 한 번씩 함으로써 상담자에게 향했던 의존심에서 자율적이고 독립적으로 안정적인 생활을 할 수 있도록 도와주면서 서서히 종료시킨다.

특히 상담의 중간과 종결기간은 내담자가 비교적 안정되고, 효과적인 치료동맹을 이룩했을 때부터이며 이 시기에는 본격적으로 해석을 많이 사용하게 된다(Colby, 1951).

전체적으로 정신역동적 부모교육 역시, 기초과정부터 심화과정에 이르는 동안에 집단구조상의 특징과 교육내용의 진행상 1:1의 지도자-참가자간의 전이, 저항 등의 분석이 이루어지지는 않았으나, 집단의 구조적, 비구조적인 수업방식을 통하여 과거의 생활사를 통한 역동진단, 전이관계의 가벼운 해석으로부터 시작하여, 꿈의 연상, 부모-자녀 관계의 전이와 저항의 진단, 심화과정에서의 지도자에 대한 전이, 저항 분석, 훈습 등에 이르기까지 정신역동적 상담과정에서 일어나는 상황이 정신역동적 부모교육의 전 과정에서 제시되었다.

3. 부모교육에의 시사점

위에서도 밝힌 바와 같이 정신역동적 상담이론은 이론적인 영역이나 실제적인 영역에서 부모교육 장면에 적용 가능한 부분이 다양하다고 볼 수 있다. 정신역동적 부모교육의 주제 혹은 교육내용과 관련된 것은 이미 앞 절에서 정신역동적 상담기법을 중심으로 전개하였으며, 여기서는 정신역동적 상담이론을 부모교육 장면에 적용하는 데 있어서 시사하는 점을 구체적으로 크게 다섯 가지 측면으로 나누어 제시하고자 한다. 즉 첫째, 부모자신의 아동기 감정양식에 대한 이해. 둘째, 부모-자녀 관계와 부모의 통찰수준과의 관련성에 대한 이해. 셋째, 대상관계에 대한 이해. 넷째, 부모의 감정적 성숙의 중요성에 대한 이해. 다섯째, 집단 정신분석치료에 대한 이해 측면이며, 그 구체적 내용은 다음과 같다.

1) 부모자신의 아동기 감정양식

앞 절에서 부모자신의 아동기 정서적 양식, 즉 핵심역동의 발견은 부모-자녀 관계에서 발생 가능한 갈등의 뿌리를 통찰, 분석하는 데 중요한 열쇠가 된다는 사실을 제시하였다. 부모교육의 과정에서도 부모의 아동기 감정 양식을 발견하는 것은 부모-자녀의 성숙한 관계 모색을 위해 필수적인 것으로 볼 수 있다.

왜냐하면, 부모자신의 아동기 감정양식에 대한 이해와 통찰은 자녀에게로 향하는 정서적 상호작용을 진단하기 위한 자료로 활용할 수 있는 중요한 기초로 보기 때문이다. 그 이유를 좀 더 구체적으로 살펴보기 위하여 우선 아동기 감정양식의 형성과정을 살펴보도록 한다.

한 인간의 성격 내지는 정서적인 문제 발생에는 다음과 같은 여섯 가지 요인이 있는데, 이들은 아동이 5-6세 될 무렵이면 그 핵심요소가 이미 형성되어 있다고 전제하고 있는 것으로(Corey, 1986), 부모-자녀관계는 곧 부모의 성장과정과 밀접하게 관련되어 있고, 자녀의 성격형성 및 정서적 문제는 부모가 자녀를 어떻게 성장시켰는가 하는 점과 직결되고 있다는 사실을 입증해 주고 있는 부분이다.

Corey(1986)가 제시한 6가지 요인들은, 첫째, 아동은 특정한 선천적인 욕구, 충동, 반응성향을 갖고 태어난다는 것. 둘째, 이러한 선천적인 욕구나 충동은 부모, 형제, 자매 그리고 이들의 대리인 등 아동에게 책임이 있는 주변사람들을 그 대상으로 삼는다는 것. 셋째, 그 결과 가족에 대한 어떤 양식 즉 개인적인 콤플렉스나 형제자매간의 감정과 대처방식 등이 출생 시부터 발달한다는 것. 넷째, 이러한 양식은 그 영향력이 크게 미치는 초기 인격형성기 동안 어린이가 일생동안 간직하게 될 정서와 성격을 형성하게 되는 것인데, 인간의 속성과 삶의 조건은 개인차에 따라 차이가 있으나, 일반적으로 어린이의 발달을 돕는 요소도 있지만 왜곡시키는 요소가 더 많다는 것. 다섯째, 왜곡은 유·아동기의 잘못된 조건화의 결과로서 정신적 장애 혹은 정서적인 장애요소의 핵심으로서 일생동안 지속된다는 것. 여섯째, 삶 속에서 각 성인은 자신이 처한 위치에서 그의 핵심적인 방식에 따라 반응하게 된다는 것 등이다. 예컨대 어머니로부터 배척받았던 아이는 남으로부터 배척받는다는 감정에 민감하게 되고, 성장하여 그의 배우자나 자녀들 혹은 친구들이 그 사람에게 헌신적으로 대해주어도 어린 시절에 느꼈던 외로움, 소외감, 배척감 등을 반복적으로 느끼게 되는 것을 의미한다.

따라서 이렇게 형성된 부모의 아동기 감정양식으로 인한 부모-자녀간의 관계방식의 이해는 부모교육 장면에서 부모가 알아두어야 할 중요한 부분이라고 볼 수 있다. 즉 부모의 아동기 감정양식을 진단해 보는 과정은 바로 부모-자녀간의 관계방식을 이해하는 중요한 자료로 이용될 수 있다는 것을 의미한다.

부모의 아동기 감정양식을 진단하는 구체적인 과정을 다음과 같이 살펴보도록 한다.

Saul(1977)은 상담 장면에서 우선 상담자(지도자)는 초기 몇 회 면담동안 내담자(부모)의 자녀에 대한 고통과 갈등을 야기 시킨 정신병리적 역동(patho-dynamics), 즉 문제가 되는 행동에 초점을 맞추어 체계화시켜야 한다고 하였다. 이는 증상을 기술하는 임상적 진단이 아니라 중심역동에 대한 근사치일지라도 '역동적 진단'이 내려져야 한다는 것을 의미한다. 또한 그(1977)는 내담자 핵심역동의 발견을 위해 과거력 수집, 즉 부모인 내담자가 주 호소를 얘기할 때 이 호소의 발현시기, 경과상황, 그 당시의 주변 환경, 그 당시의 촉진적 상황, 심지어 현재의 정서생활, 인간관계 특히 자녀와의 관계, 직업, 생활양식 등을 알아두는 것이 좋다고 했다. 흔히 이러한 양식은 부모대리자인 배우자에게도 그의 아동기 양식을 보다 정확하게 반복하고 있는 것이므로 부모의 초기 정서적 관계에 대한 탐색은 그 개인의 생활전반에 대한 핵심역동을 제공하는 중요한 부분이 된다고 하였다. 그러므로 상담 장면에서 아주 사소하고 단편적인 흔적과 같은 것일지라도 최초의 기억을 묻게 되는데, 이는 무의식을 해석하는 분석적 기법이 요구되는 내용을 제공한다고 보았다. 또한 꿈에 대한 질문이 자연스럽게 뒤따르는데, 만약 0-6세 양식이 최초의 기억이나 꿈과 잘 들어맞고 이것이 내담자의 양식과 증상을 잘 설명한다면 부모의 핵심역동을 공식화하는 데 도움이 될 것이며, 그 외 저항, 전이 등도 부모의 감정양식을 이해하는 중요한 분석 자료가 될 수 있다고 강조하였다.

따라서 부모의 아동기 감정양식의 이해가 부모교육 프로그램의 주요 내용으로 적용된다면, 지도자의 위와 같은 핵심역동의 진단을 통하여 치료적인 상황뿐만 아니라 생활 속에서의 자녀이해에 의미 있는 도움을 제공하게 될 것이며, 그것을 바탕으로 무의식으로 행하던 방식을 조금씩 의식화시켜감에 따라 통찰수준을 높여 줄 것으로 본다. 즉 교육경험으로부터 얻은 통찰을 일상생활 속에서 사용할 때 부모-자녀관계를 포함한 건강한 인간관계가 이루어진다는 뜻이다.

아동 클리닉을 운영한 경험에서 Saul(1972)은 "부모자신이 자신의 문제에 대한 해결 없이 가족문제, 특히 자녀의 독특한 문제를 다룬다는 것, 즉 각자의 성격과 그들 간의 정서적 상호작용을 이해한다는 것은 매우 어렵다"고 하였다. 이것은 자녀를 '치료'하는 것보다는 부모사이의 갈등의 원천과 원인을 제거하거나 교정하거나 최소한 감소시키는 것이 훨씬 더 중요하다는 것을 암시한다.

결국 정신역동적 접근법에서의 과제는 성격이 발달되던 시기에 일어났던 왜곡을 수정하여 감정적 성숙, 즉 부모에게 의지하는 유아적인 의존성으로부터 상대적으로 독립해 나아가는 발달의 성취과정을 꾀하자는 것이다(Saul, 1971). 이러한 과제는 인간과 인간 특히 부모와 자녀와의 관계에서 추구하는 목표와 동일한 것이다. 즉 부모자신이 자녀로서의 시기에 애착되었던 부모로부터 분리되어 나가는 과정에서 발생했던 대상관계방식, 정서적인 역동을 명료하게 파악하여 현재의 자녀와의 관계에서 기존의 전이된 감정에 의한 대처방식이 아닌 합리적이고 객관적인 대처방식으로의 전환을 점진적으로 행하자는 것이다.

2) 부모-자녀 관계와 부모의 통찰수준

많은 학자들(Ackerman, 1958; Spiegel & Bell, 1959; Lidz et al., 1965)은 자녀의 병적 행동과 문제행동은 부모의 정서적 장애뿐만 아니라 관계방식과도 관련성이 있다고 보았다(홍성화, 1991). 특히 정신역동적인 상담이론이 치료적인 접근에 뿌리를 두고 있는 관계로 부모의 병리적 역동으로 인한 부모자신의 심리장애, 문제행동 뿐만 아니라 그것으로 인한 자녀의 정서적 불안, 문제행동 등을 다루어보는 것이 중요하다고 본다. 몇몇 선행연구들을 통하여 그 내용을 살펴보기로 한다.

Fisher와 그의 동료들(1969)은 부모를 정신분열증적 부모, 신경증적 부모, 정상적 부모로 구분하여 자녀와의 상관을 연구하였다. 그 결과 자녀의 정신분열증은 부모의 병적 상호작용의 결과로 나타났고, 자녀의 병적 상태의 결과는 부조화·부적응된 부-모 관계 양식으로 나타났다. Porter & O'Leary(1980)는 부부의 적개심과 자녀의 정신병리의 관계를 연구한 결과, 부부의 적개심은 아들의 문제행동과는 유의미한 관계가 있으나 딸의 문제행동과는 유의미한 관계가 없다는 것을 발견하였다. 이에 대한 타 연구들도 부모의 부조화와 아들사이의 관계가 부모의 부조화와 딸 사이의 관계보다 크다는 것을 보여주고 있다(Butter, 1970; Lteatherington & Pasre, 1979; Whitehead, 1979). 그러나 그 원인에 대한 구체적인 검증은 미흡한 실정이다. Schuhman(1970)은 정서장애아와 부모간의 관계가 정상아와 부모간의 관계보다 갈등적이라는 것을 발견하였다. 이것은 정서장애아의 부모는 정상아의 부모보다 바람직한 문제해결을 하지 못한다는 것을 의미한다(홍성화, 1991).

Gassner & Murray(1969)는 신경증을 일으키는 자녀의 부모와 정상자녀의 부모에게 지배와 갈등의 양식을 알기 위한 연구에서, 신경증을 일으키는 자녀의 부-모 관계양식은 정상자녀의 부-모 관계양식보다 통제적이라는 것을 발견하였다. Leighton, Stollak & Ferguson(1971)은 정상자녀가 있는 가족과 정서적 장애자녀가 있는 가족을 의사소통수준에서 연구하였다. 가족들의 대화내용을 녹음하여 채점한 형식으로 연구한 이 결과는 부모가 지배적이라는 점이었고, 정상자녀의 가족에서도 부모가 지배적이기는 하였으나 그 정도가 정서적 장애자녀의 가족에 비하여 강하지 않았다.

이상에서의 연구가 주로 부·모 관계 양식과 자녀의 문제행동을 살펴본 것이었는데, 결국 이들 연구들은 부모자신의 정서적 문제가 부-자녀, 모-자녀, 그리고 부모-자녀관계에 직·간접적인 영향을 끼쳐 자녀의 문제행동을 야기 시킨다는 점을 시사하고 있다(홍성화, 1991). 즉, 장애를 보이는 자녀의 부모는 정상적인 자녀의 부모에 비하여 갈등과 지배를 많이 보이며, 부모자신의 내부적인 정서적인 문제를 더 많이 소유하고 있다는 점을 드러낸다.

따라서 건강한 부모-자녀관계를 위해서는 자녀의 행위 자체를 다스리는 것도 중요하지만, 그 보다는 부모자신이 우선적으로 스스로의 행동과 감정에 대한 통찰이 필요하다는 것을 암시한다.

Saul(1977)은 정서적 역동들이 내담자의 아동기, 현실생활 및 전이에서 나타나는 작용을 정확하게 이해하고 해석을 내릴 때 통찰반응이 심화된다고 했다. 통찰은 한꺼번에 모두 일어나는 것이 아니고 단편적으로 하나하나 일어나며, 그 과정에서 지적인 것에서부터 완전한 정서적 자각에 이르기까지 여러 가지 수준과 깊이가 있다(Rogers, 1951).

Dewald(1969)는 통찰의 연속선상에서 볼 때, 지적 통찰은 내담자가 그 전에 막연하게 알았던 자신의 생각을 수용하는 단계이며, 지적인 이해가 점차 깊어지면서 개인적 경험에서 일어나는 새로운 생각이나 개념을 정서적으로 확고하게 이해하는 단계로 발전한다고 했다. 정서적 통찰은 자아가 그 전에 경계하고 있던 방어를 인식하고 수용하게 되는 단계로서 상당한 의미가 있다(Dewald, 1969). 이때 많은 지적 통찰이 축적되어 정서적 통찰의 기초를 이루며, 정서적 통찰은 지적통찰보다 훨씬 생산적이고 강력하기 때문에, 효과적인 행동의 수행을 초래한다(Kaplan et al., 1980). 그러므로 지적 통찰에 적합한 정서반응과 정서경험이 수반되어야 비로소 행동상의 변화가 일어난다고 볼 수 있다.

따라서 부모의 지적 통찰은 자녀지도에 있어서 변화를 기대할 수 없으며 정서적 통찰에 의한 질적인 변화가 비로소 자녀지도에 대한 부모의 행동변화를 수반하면서 훈습이 가능할 것이라는 것을 시사해 주고 있다. 만약 부모자신이 정서적 통찰을 통하여 자신의 핵심역동에 대한 깊은 이해를 가진다면 자녀에게 향하는 자기 자신의 무의식적 태도에 대해 한층 더 깊은 반성을 꾀할 수 있게 될 것이며, 이러한 감정변화를 통하여 부모자신의 문제가 되는 행동에 대해 의식적인 노력을 할 수 있게 되는 것이다. 필자의 부모상담 경험에서도, 대부분의 내담자는 초반에 자신의 아동기 감정양식을 발견하게 되면서 자녀에게 향하고 있는 역동을 인지하게 되는 지적통찰 경험을 얻게 되고, 그것이 축적되어 가면서 정서적 통찰 경험과 훈습과정을 거치며, 점점 질적인 행동변화가 일어나는 것을 흔히 체험한다.

이러한 지적, 정서적 통찰의 변화를 양적인 측면에서 평면적으로 분석하는 것은 유용하지만(Strupp, 1980), 질적인 변화를 분석할 수 없어 정방자(1985)는 Dewald(1969)와 Ellis(1979)의 이론을 근거로 하여 지적수준에서 정서적 수준에 이르는 4가지 통찰수준으로 구성된 분류척도를 작성하였다. 통찰수준과 관련된 선행연구는 통찰수준분석 자체가 양적 연구가 아닌 질적 분석인 관계로 지금까지는 거의 없었으며 정방자(1985)는 연구에서 정신역동적 상담과정에서 '통찰수준 전환기'는 내담자에 따라 차이가 있으나, 전 상담과정이 30회 이상인 경우 1/2 또는 2/3에 해당하는 회기에 나타났다고 보고하였다.

결국, 부모-자녀관계의 향상의 주안점은 부모자신의 '통찰수준의 깊이'로 볼 수 있다. 즉, 감정적 자기표현의 핵심은 깨달음(통찰)에 있고, 깨달음은 감정통제의 무기가 될 수 있어야 한다 (Kaplan et al., 1980). 그렇기 때문에 충동의 행동화와 자기방어에 사용해 왔던 힘을 통찰함으로써 내담자는 자신에 대한 새로운 자기상과 자기개념을 발전시키게 된다(Rogers, 1951; Raimy, 1984).

마찬가지로 부모교육에서도 부모의 감정표현이 그것자체로서 교육적인 의미가 있기는 하나, 자기방어나 충동적 행동에 대해 통찰 없는 감정표현 조성은 오히려 자녀에 대한 더 나아가 자신의 역동에 대한 통찰의 깊이와 내적 통제력을 약화시킬 수 있다는 것을 시사해 주고 있으므로, 부모의 지적인 통찰과 정서적 통찰을 조성시키는 교육과정이 필요하다고 본 것이다.

3) 대상관계

'대상관계'라는 말은 Freud가 대상을 타인이라고 표현한데서 유래되었고 (Greenberg & Michell, 1983), 전통적인 용어로서의 대상은 어린이에게 중요한 존재를 언급하며 성인이 되어 애착을 갖게 되는 존재라고 말했다(Corey, 1986). 즉, Freud는 본능적 충동을 만족시키기 위하여 개인이 선택하는 대상을 기술하기 위해 '대상관계'라는 말을 사용하게 되었는데(Horner, 1984), 그것은 사람이나 물건의 내적 이미지를 뜻하고 있다. 정신분석을 비롯한 제 심리상담의 중요한 목표는 내담자의 왜곡된 대상관계를 교정하는 것이다. 대부분의 대상관계 이론가들(K Fairbairn, 1952, 1954; Winnicott, 1958, 1971, 1987, 1990; Klein, 1961, 1975; Kernberg, 1966, 1975; Mahler, 1968, 1975; Kohut, 1971; Masterson, 1981; Greenberg & Mitchell, 1983; Hamilton, 1994)은 어린 시절(생후 3년간)에 가족과의 관계에서 내적인 욕구를 어떤 식으로 해결했는지에 따라 정신의 심층부분이 형성된다고 하였으며, 이 욕구의 해결과정에서 부모 그 중에서도 특히 어머니와의 관계는 그 후 모든 관계의 기본이 된다고 보았다.

Tarachow(1963)는 인간이 대상관계를 갖게 되는 중요한 원인은 어머니와의 공생관계를 회복하기 위해서라고 보았다. 그는 "대상관계를 시작하는 것은 어머니에게서 공생유대가 깨어지는 불행한 순간부터이며 공생적이고 외상이 없었던 시기로 되돌아가기 위해서 인간은 동일시와 대상관계의 두 기술을 사용한다. 동일시는 내부로부터 공생관계를 회복하는 것이고 대상관계는 외부에서 이 관계를 회복하는 것이다"라고 하였다. 이 두 가지는 인간이 완전히 성숙하여 대상에 집착하지 않을 때까지 계속한다고 보았다. 결국 대상관계이론이란 자기표상과 어머니로 대표되는 타인표상간의 관계의 특질이라고 요약된다(Horner, 1984; Kim, B., 1995).

이런 개념들을 좀 더 구체화시켜 발전시킨 Winnicott(1971)는 중간현상(Transitional Phenomena)으로서의 놀이개념을 '놀이와 현실(Play and Reality)'에서 언급하면서 놀이의 영역은 내적 정신실재도 아니고, 개인의 바깥에 있는 외적세계도 아닌 중간현상이라고 했다(이재훈 역, 1997). 그는 유아의 발달에 있어서 '나-아닌' 대상들을 그의 개인행동 형태에 맞추어 가는 경향성이 나타나는데, 이 때 '나-아닌' 대상을 중간대상이라고 보았다(Bacal & Newman, 1990).

특히 그는(1987) '독립된 개체로서의 첫 시도(First Experiments in Independence)'에서 중간대상의 개념을 설명하면서 "유아들은 처음에는 주먹을 입안에 넣으려다 차츰 그들 나름대로의 양식이 생겨 특정한 손가락에서 다른 손가락으로 행동을 옮기며, 그것이 발전되어 엄마의 일부 또는 종이 귀퉁이, 털실뭉치, 포대기 한 귀퉁이, 머리카락 등을 손에 쥐게 된다. 이때 유아는 두 가지 중요한 일을 하는데 그 중 하나는 자신의 손의 일부로써 엄마의 젖가슴을 대신하려는 욕구와 관련되어 있고, 다른 하나는 애정이 담겨있는 행위와 관련되어 있다. 이 행위는 훗날 주변에 있는 것들과의 관계로 발전시키게 되고, 어떤 의미로는 그것이 유아의 첫 소유가 되는 것이다"라고 하였다.

이러한 것은 유아의 감성발달의 한 증거이며, 이러한 증거들은 대상에 대한 새로운 단계에서 재사용 될 수 있는데 이것을 Winnicott는 '중간대상'이라고 말했다. 즉, 중간대상이란 어머니와 연결된 상태에서 점차 독립되어 분리된 존재로 나아가는 발전과정에서의 유아의 중간상태를 의미한다. 이 때 놀이는 정서발달과의 관계에 있어서 '반복강박' '공상의 현실화' '능동적인 활동전환'의 개념으로서 설명될 수 있다. 즉, 어린이가 유쾌하지 못한 경험을 갑자기 소화해내기 어려울 때 놀이를 반복함으로써 그 강도를 차차 약화시켜가며 내적 긴장을 해결한다는 점에서 중요하다는 뜻이다. 그러므로 Freud에 있어서 놀이는 정화·숙달·치료적 기능을 갖고 있는 것으로 이해되며, 아동의 정신역동적인 면을 볼 수 있는 창문의 기능으로 파악된다(Vandenberg, 1986).

Kernberg(1976) 이론 역시 성격장애와 같은 정신병리는 생후 초기의 대인관계의 경험이 내면화하는 과정에서 왜곡된 대상관계로부터 비롯된다고 보았다. 그는 내면화 과정을 내사(introjection)단계, 확인(identification)단계, 그리고 자아정체(ego identity)단계로 구분하였다(김병석, 1999).

즉 Kernberg(1976)는 첫 단계인 내사단계(생후 10개월 이전)는 꾸며지지 않은 대인관계의 정서적 특질을 반영하는, 주로 엄마를 의미하는 환경과의 상호작용에 대한 기억흔적을 말하는 바, 이 시기의 이미지들은 정서적 특질에 의하여 점차로 안정된 구조를 이루게 되면서, 긍정적·부정적 과정으로 분리된다고 하였다. 확인단계(생후 10개월-2년 정도)에서는 서로의 역할에 대한 기능을 인식하고 변별하는 단계로서 자기와 타인의 표상이 뚜렷하게 분화되며, 변별과 통합의 과정이 성숙되느냐 그렇지 않느냐를 나타내는 단계로서, 이 과정은 그 다음 단계인 자아정체의 성취를 위한 예비과정이라고 보았다. 자아정체단계에서는 자아가 여러 가지 경험을 통합할 수 있는 기능을 지니게 됨으로써 발달된다고 하였다.

결국 아동은 그 나름대로 자기와 타인에 대한 일정한 표상(object constancy)을 형성하게 된다고 보는데 이때 발생된 정서적 매개방식 혹은 반응양식은 훗날 그 아동의 인지체계와 감정양식을 결정짓는 역할을 한다(Kernberg, 1966). 그런데 만약 위와 같은 단계의 시기를 잘 통합하지 못하면 심한 성격장애 특히 경계선 성격장애를 겪게 됨으로써 모든 인간관계나 사회생활에 부정적인 영향을 미치게 된다(Nunberg, 1951).

따라서 이들 과정에서 통합된 자기표상을 형성하기 위해서는 부모가 정서적으로 인지적으로 분리되는 일이 중요하다고 본다. 대부분의 청소년 혹은 부모상담 전문가들은 각각의 단계에서 만약 자녀가 부모나 자기스스로에 대해서 긍정적인 표상과 부정적인 표상을 통합하지 못하면 흑백논리에 지배되거나 억압능력의 결여, 충동의 폭발적 표현, 부정적, 소극적 태도 등을 야기 시키는 행동적, 인지적, 정서적 장애 상태가 되기 쉽다고 보았던 것이다.

Kohut(1971)은 자립심과 애착 모두를 대상으로부터 느낄 때 개인은 가장 건강하고 좋다는 견해를 갖고 있다. 즉, '성숙한 성인은 대상에게 충동적으로 의존하지도 않고 선택에 대한 두려움도 갖지 않는 사람으로서 자유와 자기충족감과 자기존중감을 포함하는 정체감에 근거한 기본적인 안전감을 갖는다'라고 하였다.

그 외 최근 Mahler의 발달적 대상관계이론을 통합하여 개발시킨 Masterson (1981)은 정상적인 자기의 발달에 관한 전반적인 관점을 제시했다. 특히 Mahler가 언급한 재접근 위기동안 어머니와 아동의 관계가 불건강할 때 경계선 성격이 형성된다고 설명하면서, 아동의 부적응적 행동을 '경계선 3요소'의 한 요소인 저항으로 개념화하였다(Masterson, 1981). 즉, 그는 재접근단계에서 아동의 분리-개인화의 노력은 우울한 상태를 초래하고, 그 상태는 다시 저항을 유발하면서 부적응 행동이 발달한다고 설명했다. 결국 저항은 이 우울한 정서를 극복하기 위한 것으로 보았던 것이다.

정신역동적 상담에서는 초기 대상관계의 왜곡으로 인하여 아이는 자신의 욕구가 지나치게 결핍되거나 과잉 충족되면 그들 욕구가 병적으로 고착되는데, 이것은 의존심과 적개심이라는 두 가지 기본 동기를 만들고 일생동안 매달리게 하는 요인이 된다고 보았다(정방자, 1998). Saul(1958)은 "인생초기의 부모에 의해 애정욕구가 심하게 좌절되면 이것을 얻기 위해 대상에게 비참할 정도로 의존한다. 그 결과 열등감이 발생하고 열등감은 다시 적개심을 불러일으킨다. 적개심은 죄의식과 자기징벌적인 자학을 하게 만드는 데 그 이면에는 유아적 욕구좌절이 있는 것이다"라고 강조했다. Freud(1940)는 모든 죄책감과 불안은 적개심에서 나오며, 적개심은 통제하기가 가장 어려운 힘으로서 사회생활과 대상관계에 가장 큰 장애를 일으킨다고 갈파하고 있다.

그러므로 인생초기에 지나치게 과잉보호하거나 익애형인 형태를 취하는 어머니는 아이의 욕구를 적절하게 좌절시키지 못하여 대상관계에서 아이를 의존하게 만들고 고독과 불안을 참기 어렵게 만들기가 쉬운 반면, 지나치게 욕구결핍을 경험하게 만드는 어머니는 아이에게 불신감과 적대감을 조장시켜 대상관계를 정상적으로 발달시키지 못하게 된다는 것을 시사해 준다. 즉, 성장과정에서의 적절한 욕구해결을 아동기의 부모와 같은 중요한 인물과의 관계에서 경험하지 못하면, 애증(愛憎)의 변화가 심하여 세상에 대한 관점이 상당히 굴절되기 쉽다고 볼 수 있다. 또한 그런 자녀는 자신의 유아적인 의존적 욕구를 현실에서 이루기가 불가능하다는 것을 깨닫지 못하여 반사회적이고 비합리적인 인간관계를 하기 쉬우며, 한 대상에서 또 다른 대상으로 끝없이 자신의 욕구해결을 위해 찾아다니면서 집착하는 문제점을 보이게 된다는 뜻이다.

간단하게 요약하면 현재의 부모자신과 자녀의 행동은 발달초기의 대상관계의 유형을 반복하는 것이다(Hedges, 1983). 따라서 자녀의 유·아동기에 중요인물 특히 부모와의 대상관계 방식은 자녀의 현재와 미래의 행동에서 그대로 반복되는 반응양식이므로, 부모교육 장면에서는 부모가 자녀의 양육과정 탐색을 통하여 자신의 무의식적인 반복양식을 통찰하도록 도와야 하며, 대처방식으로의 전환과 훈습 활동을 통하여 정서적으로 안정된 모습이 보여질 수 있도록 점진적으로 노력해야 하는 내용을 시사하고 있다.

4) 부모의 감정적 성숙

필자가 정신역동적 상담이론을 부모교육의 장면에 적용시키고자 시도해 본 가장 중요한 이유는 '부모의 감정적 성숙'이 부모-자녀관계 향상을 위한 효율적인 부모역할수행의 기본이라고 보았기 때문이다. 기존의 많은 부모교육 프로그램이 자녀의 문제행동, 부모가 자녀를 다루는 바람직한 방법, 부모의 사고의 객관성 등에 초점을 맞추고 있으며, 그것 역시 포괄적인 의미의 부모의 감정적 성숙을 도와준다고 볼 수 있다. 그러나 부모의 무의식적인 감정양식에 대한 통찰을 수반하는 부모의 감정적 성숙은 자기이해의 폭이 한층 더 명료해지고 깊어지기 때문에 지금까지 이성으로 통제·조절할 수 없는 부분에 대한 자녀지도의 어려움을 적극적으로 도와주게 되리라 본다.

그러나 감정적 성숙이라는 것과 직접적으로 관련된 선행연구는 필자로서는 찾아보기 어려웠다. 따라서 Saul(1979), Jacobs(1988)의 언급에서와 같이 부모의 감정적 성숙은 부모의 정신건강의 정도와 그에 따른 부모의 태도와 밀접한 관련성이 있다고 보아, 비록 간접적인 연구라 할지라도 바람직한 부모의 역할과 부모의 정신건강에 관한 선행연구들을 중심으로 살펴본다면 부모의 감정적 성숙과 관련된 부모교육에의 시사점을 이끌어낼 수 있다고 본다. 그 구체적인 내용은 다음과 같다.

자녀양육에 있어서 현대의 위기에 처한 부모의 역할을 논한 홍강의(1995)는 가족의 핵가족화와 자녀수의 격감, 직장여성의 증가와 여권신장, 인생관과 가치관의 변화, 양육에 대한 지식과 경험 부족, 그리고 전문가의 엇갈린 조언 등으로 인하여 부모는 자녀양육을 하는 데 큰 어려움을 겪고 있다고 보았다. 특히 청소년문제가 점차 심각해지고 있는 오늘날, 부모가 청소년을 지도·훈육할 수 있는 적절한 방법을 몰라 매를 들게 되고, 청소년 자녀들은 부모의 권위에 대한 도전으로 분노감을 느끼거나 심지어 13-14세에 약물사용을 시작하기에 이르렀다고 하였다.

한편 현대사회의 흐름에 따라 자녀수가 급격히 감소하게 되고 매를 들거나 권위주의적인 방식에 반기를 든 젊은 층의 부모들은 인본주의적 개념이 도입됨에 따라 허용주의적인 방법을 택하게 되면서 진정한 자녀지도에 대한 기성세대의 우려 섞인 걱정 속에 적절한 부모역할을 찾지 못하고 있는 실정이다(청소년 대화의 광장, 1994, 1997).

이러한 위기상황을 극복하고 바람직한 자녀를 길러내기 위해 자녀성장시기에 따른 부모의 역할에 대하여 살펴보면, Freud나 Harlow, Erikson 등과 같은 심리학자 특히 앞 절의 Winnicott, Mahler, Saul, Dewald 등은 생후 1년 혹은 6년까지가 한 인간의 성격형성에 중요한 시기로서, 특히 어머니의 역할이 유아의 성격발달에 커다란 영향을 끼친다고 주장하였으며 심지어 한 세대의 양육태도를 변화시키는데 100여 년의 시간의 필요하다고까지 피력한 바 있다. 이는 부모의 역할이 그들의 선조로부터 대를 이어 내려 온 전통과 관습에 의해서 사회적, 문화적 환경의 영향과 아울러 개인과 그 개인을 둘러싼 인물들과의 성격적인 특성이 어우러져 형성된 것이므로 마음을 먹는다고 해서 쉽게 변화하기란 지극히 어렵다는 뜻이다.

최근 정신분석학의 동향인 자아심리학과 대상관계이론 등의 정신역동적인 접근에서도 자녀가 부모에게 애착된 상태에서 두려움 없이 부모로부터 분화되는, 즉 이상적으로 자율적인 자아로 성숙되는 경험을 가지게 하는 것을 부모역할의 핵심으로 보았다(Corey, 1986).

0-6세까지의 초기경험을 강조하면서 한 개인의 결혼과 자녀양육의 역동적

양식을 연구한 Saul(1979)은 '결혼생활에서의 아동기 감정양식'에서 "성격이 형성되는 초기의 며칠, 몇 주, 몇 달 또는 수년간 자녀들에게 행한 부모의 미성숙한 행동은 자녀의 운명에 너무나 큰 영향을 미친다는 것은 충격적인 일이기도 하고 때로는 터무니없이 부당한 일이기도 하다. 그러나 인간의 운명이 어린 시절 어떻게 양육되었는가에 의해 결정된다는 것은 사실이다. 이런 사실을 직면하지 않는 자녀양육은 세대를 거듭해 가며 적개심이 가득 차고 고통 받는 어른들을 키워낼 것이다. 그리고 그 어른들은 개인적인 결혼문제, 삶의 문제뿐만 아니라 모든 사회생활, 국가적인 문제에까지 감정을 표출하게 된다"고 말하고 있다.

이와 같이 유아기의 부모의 역할은 결국 성숙한 감정의 기초를 다지는 양육자의 역할 또는 인생전반을 거의 결정짓는 중요한 정신체계를 이루게 하는 기초적인 인격형성의 역할이라 볼 수 있다. 결국, 부모는 자녀를 성숙한 인격체로 길러내기 위해 건강한 사랑, 즉 부모의 욕구가 아닌 자녀가 필요로 하는 사랑과 관심을 가져주면서, 자녀의 성장발달에 적절한 양육자 역할, 격려자 역할, 의논상대자 역할의 수행이 이루어져야 한다는 것을 시사한다. 이러한 역할수행은 부모의 사랑을 자녀가 확신할 수 있게 되는 계기가 될 것이며, 그 확신은 바로 자신이 완전히 받아들여진 것으로 간주되어, 이 신뢰감은 부모, 형제, 민족, 인류, 우주로 관심과 사랑이 확대되어 나가게 되는 결정적인 역할이 될 것으로 본다.

이러한 부모의 역할은 부모의 감정적 성숙의 정도로 간주될 수 있는 정신건강과 밀접한 관련성이 있다. 이를 실증적으로 연구한 여러 선행연구들이 있다.

부모의 불건강한 정신으로 인한 양육태도, 즉 애정 없는 양육, 어머니와의 기초적 신뢰감 상실, 통제적·지배적·금지적 태도 등으로 인해 발생하는 자녀의 우울증, 편집증, 강박적·의존적 성격, 소극성, 대인관계에서의 비협조적·공격적 태도, 신경증적 행위 등과 같은 불건강한 행동은 많은 연구에서 밝혀지고 있다(Raskin et al., 1973; Lamont & Goltlieb, 1975). 사회경제적 수준과 관련하여 부모의 통제성과 처벌로 인한 거부적이고 불신감을 갖는 자녀에 대한 연구도 있다(Boldwin, 1945; Scheafer, 1969).

그 외 가정환경과 자녀의 정신건강의 관련성과 그 중요성도 많은 연구에 의하여 밝혀지고 있다(Nye, 1958; Glueck & Glueck, 1962; 이한교, 1975; 황정규, 1979; 이훈구, 1980 등). 예컨대 정상청소년과 비행청소년을 대상으로 부모의 병리, 가정 분위기, 가정결손, 가족 간의 애정, 부모의 범죄, 가사경영의 계획성, 자녀훈육 방법, 모의 직업 여부 등과 관련하여 어떤 유의미한 차이가 있는지를 살펴 본 Glueck & Glueck(1962)은 개인의 심리적, 생리적, 신체적 특징과 환경요인에 있어서 유의미한 차이를 보였으며, 특히 범죄를 저지르는 청소년들의 부모들은 그들 자녀들이 저지르는 범죄와 동일한 범죄를 저지른 경험이 있다고 하였다.

Nye(1958) 등은 부모의 부부관계, 가족과의 관계, 부모-자녀 관계, 가정의 분위기, 가정의 사회·경제적 지위에 따른 가정 문화 등은 개인의 정신건강에 깊이 관여되어 있으며 부모의 결혼 상태에서 재혼, 이혼, 별거 등의 장애 또는 부친상실, 모친상실 등은 정신건강에 심각한 영향력을 준다고 보고하고 있다. 또한 부적절한 부부관계 즉, 부모의 성격적 부조화의 왜곡된 결합으로 인하여 싸우고 때리고 부수는 상호불신과 배타적 태도 등은 자녀들의 정신건강에 직접적인 영향을 준다고 했다.

이와 같이 자녀들은 부모의 양육 상태, 특히 부모자신의 정신건강 상태에 따라 그들의 미래의 인성을 추론해 볼 수 있을 정도로 직접적인 영향을 받고 있다는 사실을 알 수 있다. 특히 부모자신이 자신을 건강하다 건강하지 못 하다라고 느끼는 것도 중요하지만, 부모-자녀 관계에서는 자녀가 부모를 어떻게 지각하느냐 하는 것, 즉 자녀가 지각하는 부모에 대한 내면의 상이 직접적으로 중요한 것이라고 본다.

정신역동적 부모교육의 초점은 부모의 감정적 성숙을 통한 효율적인 부모역할 수행이다. 즉 정신역동적 입장에서 추구하는 근본적인 목표가 '내담자의 감정적 성숙'이므로 결국 부모교육 장면에서는 '부모의 감정적 성숙을 바탕으로 한 부모-자녀간의 좋은 감정의 교류'가 주안점이 되고 있다. 따라서 부모의 감정적 성숙이 바탕이 된 자녀지도가 이루어진다면 부모자신의 정신건강뿐만 아니라 자녀, 그 다음 세대의 예후에도 바람직한 영향을 미칠 것으로 본다.

5) 집단 정신분석 치료

지금까지 정신분석학은 집단상담 및 치료에 활용될 수 없는 이론으로 생각되어 왔다. 왜냐하면 정신분석학은 개인상담 및 심리치료를 위하여 발전된 이론과 기술이라고 생각하였기 때문이다. 그러나 Slavson(1964), Foulkes(1965) 그리고 Wolf(1969) 등은 집단상담 및 심리치료에 대한 정신분석학적 접근에서 집단과정을 통하여 구성원 개개인의 건전한 자아발달을 촉진시키는 것을 근본목적으로 하면서, 자아의 강화 혹은 초자아의 조정이 가능하다고 보았다. 왜냐하면 그러한 강화 혹은 조정작업은 집단과정에서 일어나는 전이, 정화, 해석 및 현실검증을 통하여 과거의 일을 재 경험하게 하므로, 무의식적 갈등을 의식화하게 할 뿐만 아니라 그 갈등을 해소할 수 있는 경험의 기회를 제공하기 때문이라고 강조하였다. 특히 현대의 정신역동이론은 그것이 발전되어 오는 과정에서 사후교육에 대한 발전이 거듭되면서(Dewald, 1969; Saul, 1977) 집단과정에서도 유효한 치료경험이 가능하다고 보고 있다(Yalom, 1985).

Wolf(1969)와 Corey & Corey(1977)는 집단 정신분석치료 과정에서 지도자는 특별한 역할을 하게 된다고 강조하였다. 즉, 집단지도자는 자신에게 향한 집단원들의 전이감정과 행동을 지각하고 잘 처리할 수 있어야 한다는 것이다. 다시 말하면 집단구성원은 지도자를 그들의 과거의 중요인물(부모 혹은 권위자)로 보고 관심이나 칭찬, 적개심을 드러내게 되는데, 이를 능히 감당해야 할 뿐 아니라 오히려 잘 활용하여 집단원의 심층에 깔린 문제점과 자신의 역할을 이해하고 적절히 해석할 줄 알아야 한다고 보았다.

정신역동적 상담 장면에서 상담자의 기능은 이러한 이유로 매우 중요한 위치를 차지하는데, Slavson(1964)은 이런 측면에서 집단지도자의 기능으로 다음과 같이 4가지를 제시하였다. 첫째는 지도적 기능으로서, 집단이 뚜렷한 목적이나 결론도 없이 지나치게 피상적인 대화의 수렁에 빠지지 않도록 하기 위해 그 집단이 해결하려고 노력하고 있는 밑바탕의 숨은 주제를 지적해 주고, 그 주제를 향해서 나아가도록 도와주어야 한다. 둘째는 자극적 기능으로서, 억압, 저항, 정신적 피로, 혹은 흥미상실 등으로 말미암아 그 집단이 무감각 상태에 빠지거나 활기를 상실할 때 지도자는 능동적으로 질문을 한다든지, 앞서의 생각을 재생시키는 등 자극성을 제공할 수 있어야 한다. 셋째는 확충적 기능으로서, 집단의 의사소통이나 상호작용이 한 영역에 고착되어 있을 때, 이를 확장시키는 작업, 예컨대 집단원들의 의식적 자아와 무의식적 자아사이에 관련을 지워주는 역할을 해야 한다는 것이다. 넷째는 해석적 기능으로서, 적절한 시기 즉 집단개인이 억압과 저항을 충분히 해결하였을 때나 통찰을 위한 준비가 되었다고 판단될 경우에 한해서만 해석하여야 한다는 것이다.

정신역동적 부모교육에서는 이러한 배경에 의하여 개인 상담이나 심리치료에 응용된 정신분석적 접근을 집단형태의 정신역동적 접근의 부모교육 장면으로 설정 가능하다고 보았다. 또한 지도자의 자질은 정신역동적 접근의 집단 상담에서는 그 승패를 가리는 정도의 중요성을 띠고 있으므로 상당한 수준의 전문 수련인이 되어야 함을 시사하고 있다. 이 점은 정신역동적 부모교육 프로그램 개발을 위한 요구사정이나 정신역동 상담자들의 공개사례 발표에서의 토론내용, 그리고 필자의 임상경험에 비추어 볼 때도 잘 드러나고 있다. 그러므로 정신역동적 접근의 부모교육 혹은 집단상담의 지도자는 그 자신이 내담자로서의 치료경험이 충분해야 하고, 이론적으로나 실제적으로 수련경험이 전문적인 수준에 이르러야 하며, 자신의 내면의 흐름에 대한 끊임없는 훈습을 행하는 전문가가 적절하리라 본다. 이 점은 정신역동적 부모교육 실행방법의 추후과제로서 좀 더 연구되어야 할 부분으로 사료된다.

제Ⅱ부

정신역동적 부모교육 프로그램의 구성

제3장 정신역동적 부모교육 프로그램의 기본원리와 목표

1. 프로그램의 기본원리

이 프로그램은 인생초기의 무의식적 감정영역을 특별히 중요하게 여긴 정신역동적 상담이론(Freud, 1940; Fairbairn, 1952; Winnicott, 1958; Klein, 1961, 1975; Dewald, 1969; Saul, 1977; Jacobs, 1988)을 근거로 하여 다음과 같은 기본 원리를 설정하였다.

첫째, 부모-자녀간의 관계의 핵심은 기술적인 문제가 아니라 감정적인 문제이다.

상담 장면에서 내담자가 치료의 효과가 증진되고 대인관계가 원활하여 질수록 감정적 자기표현이 많아진다는 사실과 통찰의 양이 많아진다는 사실이 유의미하다는 주장을 볼 때(Seeman, 1949; Hill & O'Farrell, 1983), 부모-자녀관계 역시 부모의 감정적인 측면이 자녀와의 관계향상에 중요한 영향을 미칠 것이라는 점이다. 그런데 부모의 감정 양식은 부모자신이 의식하고 있는 시기의 경험의 중요성도 있지만, 부모 자신의 아동기 시절의 중요한 대상과의 감정세력 혹은 id, ego, superego 간의 상호작용의 흐름, 즉 내·외부 관계에서의 정신역동과 깊은 관련이 있다는 점이다. 물론 의사소통훈련이나 문제해결기술과 같은 기술상의 방법을 통한 합리적이고 객관적인 인지적인 변화는 부모-자녀관계 향상을 위해 필요하다. 그렇지만 부모가 자신의 감정에 휘말릴 경우, 특히 부모 자신의 아동기 핵심감정에 들어갈 경우는 자신도 자기 스스로를 통제할 수 없는 상황이 빈번하다는 것은 많은 경험자들에 의해 제언되고 있는 부분이다.

따라서 프로그램의 내용에서 기술상의 문제도 중요하지만 자녀를 비롯한 가족에게 향하는 부모자신의 감정흐름을 자각하고, 그 흐름에 대한 정신역동을 통찰하여 그것이 현재의 상황에 미치는 영향을 알아보는 것이 바람직하다. 그러므로 감정을 포착하는 작업, 감정을 수용하고 표현하는 작업 등 감정적인 측면이 부모교육 프로그램을 구성하는 데 중요한 것이다.

둘째, 인간관계 특히 부모-자녀관계에서는 '전이감정'에 대한 이해가 뒤따라야 한다.

부모의 성격에서 왜곡된 부분이나 병리적일 정도의 정서적 역동은 부부관계뿐만 아니라 가족 간의 모든 상호관계에 직접적인 영향을 미친다. 부모가 자신의 과거경험에 기초하지 않고 현재 있는 그대로의 자녀를 바라볼 수 있는 상태가 부모의 감정적 성숙을 뜻한다. 즉, 부모의 전이감정에서 오는 시각과 현재의 상대방의 있는 그대로의 모습에 대한 시각이 잘 분리되어야 한다는 점이다. 부모의 과거의 왜곡된 전이감정을 살피지 않고 현재의 문제시되는 부분을 교정할 경우에는 교육받을 그 당시에는 다소간의 변화가 이루어질지 모르나, 지금까지의 베여있는 습관은 개인의 무의식적인 갈등의 표출이므로(최태진, 1993) 사실상 기존의 행동방식이 자동화되는 악순환의 어려움이 따른다는 사실을 경험 후의 부모들의 평가에서 보여주고 있다.

따라서 부모자신의 전이감정이 어떻게 자녀를 비롯한 가족에게 영향이 가고 있는가 하는 냉철한 분석과 통찰의 바탕아래 자신의 기존 시각에서 새로운 관점으로 사물을 인식하는 변화에 중점을 두는 것이 부모자신의 감정 및 행동조절에 효과적이다.

셋째, 자녀지도의 기본적인 지식(예, 의사소통기술, 성격구조에 대한 이해 등)습득을 위해 대상관계론적인 이해와 개인의 방어적인 역동을 자각해야 한다.

대부분의 인간관계 프로그램의 내용 중에서 빼놓을 수 없는 부분이 의사소통기술과 선천적인 성격에 대한 이해이다. 의사소통기술은 부모-자녀 관계를 비롯한 다수의 인간관계가 언어라는 매개체를 사용한다는 측면에서 중요한 기본기술이다. 이 방법은 다른 프로그램에서도 제시되고 있는 기초 지식이지만, 실제상황에서 자신을 힘들게 하는 현실적인 조건과 맞물리게 되면 무의식적인 감정의 역동에 의해 방어적인 힘이 나타나 순식간에 옛날의 방식으로 되돌아가게 되고, 심지어 때로는 그 기술들이 매우 형식적이고 가식적인 느낌마저 가질 수도 있다. 따라서 교육 중에 한편으로는 부모-자녀 관계를 비롯한 모든 인간관계에서 바람직하고 합리적인 의사소통방법을 통하여 표현력을 증진시키면서, 다른 한편으로는 그것을 방해하고 있는 감정적인 원인과 그 영향에 대하여 분석하고 탐색하는 것에 중점을 두는 것이 바람직하다. 이를 위하여 개인의 성격적인 특성과 역동적인 성격구조에 대한 대상관계론적인 측면에 대한 지식이 필요하다.

특히 생후 초기의 대인관계의 경험이 내면화하는 과정과 그것이 성격의 여러 수준으로 조직되는 과정(Kernberg, 1966)에 대한 이해는 유아나 청소년의 정체감결여, 주장성 결여, 불안증 등 많은 문제를 대상관계론 측면에서 파악할 수 있을 것이다. 예컨대, 부모는 자녀와의 관계에서 건강한 애착관계가 형성되어야 하고, 그것이 병리적인 애착으로 발달되지 않고 건강하게 될 때 한 인간의 성숙한 모습이 형성된다는 것에 대한 인식 등이 필요하다는 것이다.

넷째, 부모-자녀간의 관계 향상을 위해 한 개인의 독특성에 따른 '손댈 수 없는 부분'에 대한 인식과 내적인 힘의 증진을 위한 지지적인 측면이 수반되어야 한다.

Corey(1986)는 개인의 선천적인 욕구, 충동, 반응성향, 주변사람들 간에 발생하는 사건에 따른 감정양식, 그리고 대처방식 등 출생 시부터 독특하게 가지고 있는 성향과 주위 환경간의 상호작용의 방식이 어떤 사람도 동일할 수 없을 만큼 다양하다고 보았다. 이런 맥락은 심리학 관련 영역에서 '손댈 수 없는' 개인의 독특성을 있는 그대로 수용하는 것이 가장 바람직하다는 사실과 일치한다. 따라서 Dewald(1969)나 Saul(1979)이 강조하는 것처럼 통찰치료와 아울러 지지치료적인 측면이 내담자나 부모들에게는 충분히 성숙하도록 도와주기 위한 중요한 방법으로 제시될 수 있다고 본다.

다섯째, 부모-자녀 관계를 비롯한 인간관계에서 아동기 역동에 의해 무의식적으로 발생하였던 기존의 대처방식을 자각하고 통찰하면서 새로운 대처방식으로 바꾸는 교정적 사후교육 또는 자아재교육이 필요하다.

대부분의 현재 대처방식은 아동기 시절부터 그 아동을 중심으로 한 주위인물과의 상호작용에서 서로의 성격적인 특성에 따른 맞물림, 그 당시의 환경과 기타 조건 등에 의하여 형성된 것이므로 무의식적인 작용이 크다. 정신역동 치료자들(Colby, 1951; Dewald, 1969; Saul, 1971, 1972 등)뿐만 아니라 대부분의 심리학자, 교육학자들(Lorenz, 1957; Bloom, 1964 등)은 이러한 대처방식의 형성은 유·아동기의 영향을 가장 많이 받는다고 밝히고 있다.

환언하면, 부모가 자신의 아동기 역동으로 인한 대처방식에 의해 자녀를 대하고, 훗날 부모역할을 하게 되는 그 자녀는 다시 옛 방식을 몸에 익혀 세대를 이어 전이되는 상황을 낳는 것이다. 결국 부모-자녀관계의 정서적인 부분은 대처방식의 원인이 되는 감정적인 영역으로서 행동상의 기본이 되는 것이다. 따라서 이 대처방식의 합리적인 변화를 위해 자신의 아동기 역동에서 어떻게 영향 받았는지에 대한 탐색이 이루어지지 않는 현실적인 교육만으로는 일정한 시간이 흘러가고 나면 옛날의 방식을 그대로 답습하기 쉽다고 본다. 따라서 악순환 되는 대처방식에 대한 역동적인 진단이 이루어지면서 현실적인 교육을 통하여 새로운 대처방식으로의 변화에 중점을 두는 것이 효과적이다.

여섯째, 새로운 행동의 수행은 지적통찰의 수준에서 정서적 통찰의 수준으로의 변화가 수반되어야 함으로 지속적인 심화교육을 통한 훈습이 필요하다.

한 인간의 행동변화는 지적인 것에서 정서적 자각에 이르기까지 다양한 자각에 의해서 이루어진다. 그러나 심리학자들(Freud, 1917; Colby, 1951; Rogers, 1951; Dewald, 1969; Saul, 1977)은 지적인 통찰보다는 정서적인 통찰이 이루어질 때 새로운 행동수행이 훨씬 더 잘 이루어진다고 보았다. 즉 부모가 자신의 생각과 행동에 대하여 인정하고 자각하면서 수용하는 단계인 지적통찰은 그것 자체로서 의미가 있으나, 정서적 통찰은 지적통찰보다 훨씬 생산적이고 강력하며 효과적인 행동의 수행을 초래한다(Kaplan et al., 1980). 따라서 기초적인 과정을 통하여 여러 측면에서의 지적인 이해와 개인차에 따른 통찰의 경험이 이루어진 후, 좀 더 지속적인 교육을 통하여 정서적 통찰의 경험을 하는 등 훈습 과정을 가지는 것이 훨씬 효과적이다.

2. 프로그램의 목표

앞 장에서 언급한 바와 같이 요구사정에 의하여 밝혀진 내용이 충족되도록 합목적적 행위를 진술하는 것만으로 연구의 교육목표가 될 수 없으며 다른 기존 자료 또는 근거와의 일치-불일치 정도를 종합하여 목표를 설정해야 한다.

따라서 본 연구에서는 부모의 감정적 성숙과 효율적인 부모역할 수행이라는 목적아래 구체적이면서 종합적인 최종 목표를 설정하기 위하여 첫째는 정신역동적 상담에서 추구하는 목표, 둘째는 기존의 부모교육에서 추구하는 교육목표, 셋째는 본 연구의 요구사정에 근거한 교육목표를 각각 구분하여 검토하여 본 후, 최종적으로 본 프로그램에 적절한 최종목표를 설정하도록 한다. 그 구체적인 내용은 아래와 같다.

1) 정신역동적 상담에서의 목표

정신역동적 상담의 기초이론인 정신분석치료에서의 두 가지 목표 중 하나는 무의식을 의식화함으로써 개인의 성격구조를 수정하는 것이며, 또 다른 하나는 행동이 보다 현실적으로 되고 본능 충동의 요구에 따르지 않도록 자아를 보다 강화하는 것이다(Freud, 1923). 정신역동적 상담으로 발전되면서 치료의 목표는 억압된 기억의 회복과 무의식의 의식화 작업(Freud, 1923) 이상으로 확대되면서 부모의 큰 실수를 교정하는 사후교육(Freud, 1940) 또는 교정적 정서경험(Alexander, 1963) 또는 자아재교육(Saul, 1977)을 포함시키게 되었다. 이것은 Pavlov의 용어인 탈 조건화와 재조건화 과정을 의미한다.

즉, 정신역동적 상담에서는 부모나 형제에게 가졌던 태도, 감정, 기대에 보다 적게 영향을 받도록 하여 유아적인 태도를 보다 성숙한 태도로 바꾸도록 도와주는 것이다. 사후교육의 목표를 촉진시키기 위하여 통찰과 이해는 필수적인데 그것 자체가 또 다른 중요한 목표다. 깨닫지 못한 마음의 작용방식을 깨닫게 해 주는 통찰과 이해는 뒤틀림, 강화, 불균형, 고착에 의해 성숙한 기능과 적응을 방해하는 것으로부터, 연령에 맞지 않는 유아적 사고, 감정, 행동의 지배로부터 마음이 자유로워지도록 하는 목표를 촉진시킨다(Saul, 1972).

결국, 아동기 감정양식으로부터의 해방을 뜻한다. 그로 인해 첫째, 감정적 투쟁에 묶여 있음으로써 소모되고 낭비되던 에너지가 속박을 벗어나게 되고 자유로운 에너지가 늘어나게 되며, 둘째, 감정적 긴장이 줄어들고 휴식하는 능력이 높아지는 변화를 경험하게 된다. 즉, 미숙한 id와 superego 방식이 있었던 곳에 성숙한 ego가 존재하게 될 것이라는 Freud의 진술로 해석해 볼 수 있다.

2) 기존 부모교육에서의 일반목표

기존의 부모교육에서 추구하는 목표와 그에 따른 활동은 다양하게 제시되고 있는데 그 중에서도 크게 4가지 즉, 정보교환, 기술습득, 자기인식의 증진, 문제해결로 나눈다(Fine, 1988).

첫째, 정보교환 활동에서는 아동발달 과업과 발달상의 이정표, 또래와의 상호작용, 지도방법 및 이론적 영역의 정보를 제시함으로써 부모에게 도움 되는 개념이나 사실을 알려주는 것이 그 목표다.

둘째, 기술습득 활동에서는 거의 모든 부모교육집단에서 실시되는 것으로 나

-전달법, 반영적 경청, 시범 보이기, 칭찬, 격려, 가족회의를 하는 방법, 타협, 한계설정, 아동의 행동형성 등의 방법을 익히는 것으로 매우 인기 있는 부분이다. 이것은 관찰할 수 있는 상대방의 행동에 대하여 부모의 행동상의 변화를 가져오는 것을 그 목표로 하고 있다.

셋째, 자기 인식 활동은 부모자신의 자녀양육방식에 영향을 주어 온 부모세대의 방식을 인식하는 것과 부모의 가치관이 어떻게 해서 부모가 원하지 않는 방향으로 자녀에게 영향을 주는가를 깨닫는 것을 말한다. 이 세 번째 요소의 목표는 부모의 가치체계에 변화를 가져오는 것을 꾀하고 있다.

넷째, 문제해결 활동의 목표는 아동발달의 광범위한 영역에 적용할 수 있는 기본적인 방법을 가르치고 부모가 중재할 수 있도록 하는 것이다. 즉, 문제파악하기, 문제의 소유자 결정하기, 가능한 개입방법을 탐색하기, 개입방법에 따른 결과 예상하기, 개입방법을 선택하여 시행계획 세우기, 시행된 계획의 효율성 평가하기의 단계로 진행함으로써 생활 속에서의 적절한 문제해결 방법을 배우는 것이다.

3) 요구사정에 의한 목표

앞 절에서 표본조사에 의해 실시된 요구사정에 근거한 목표를 정리하면 다음과 같다.

첫째, 부모의 정서발달을 향상시킨다. 즉, 부모자신의 감정을 조절·통제하기 위하여 우선 자신의 감정을 포착하는 능력을 키운다.

둘째, 부모-자녀 관계를 비롯한 가족관계에서의 의사소통기술을 배우며, 그 기술의 사용을 저해하는 내면의 방어적인 역동에 대해 인식한다.

셋째, 자녀의 심리사회 발달측면의 지식습득을 한다. 즉, 자녀의 발달단계에 따른 심리적 특성이나 부모의 양육태도의 변화, 성격특성, 인생초기의 경험에 대한 중요성 등에 대하여 교육한다.

넷째, 부모-자녀관계에서의 전이감정을 진단한다. 즉, 부모의 과거의 정서적 상호세력(정신역동)을 통한 무의식적으로 자동화된 행동양식을 자각하는 탐색능력을 키우며, 그것을 통해 현재의 감정과의 관련성을 인식하게 한다.

다섯째, 부모와 자녀 상호 존중감을 갖도록 한다. 즉, 자녀의 힘을 북돋워주기 위해서는 부모자신 스스로에 대한 내부의 힘이 간직되어 있어야 함으로 부모-자녀 상호간에 잠재된 것이거나 드러난 긍정적인 부분에 대한 존중이 필요하다.

일곱째, 부모의 자녀에 대한 행동방식이 과거의 전이감정에 의하지 않고 현재에 충실한 바람직한 대처방식인가를 점검한다. 자신의 기존의 역동에 대한 자각이 일어났다 하더라도 대처방식에 대한 재교육이 없으면 기존의 무의식적 습관으로 돌아가기 쉽다. 그러므로 현실상황에 적절한 객관적인 대처방식에 대한 인식이 필요하다.

여덟째, 부모의 왜곡된 시각에서 객관적인 시각의 발달이 이루어지도록 한다. 즉, 부모-자녀 상호간에 애착되어 있던 상태에서 바라보는 자녀에 대한 왜곡된 시각을 건강하게 분리하여 객관적인 시각으로 발달시킨다.

4) 정신역동적 부모교육 프로그램의 목표설정

정신역동적 상담을 적용한 부모교육 프로그램은 기초과정에서는 지적 통찰의 차원, 심화과정에서는 정서적 통찰의 차원으로 크게 구분하여 세부적인 목표를 설정하였다. 따라서 위의 세 입장의 목표 즉, 정신역동적 상담에서의 목표, 기존의 부모교육에서의 목표 그리고 요구사정에 의한 목표를 종합하여, 정신역동적 부모교육 프로그램의 목표를 정리하면 다음 <표 1>, <표 2>와 같다.

<표 1> 프로그램의 구체적·하위목표 (기초과정)

회 기	구체적 목표	하 위 목 표
1	부모의 감정인식 능력향상	· 가족상호 간에 느끼는 반복적인 감정을 인식한다. · 감정포착의 능력을 증진한다. · 부모-자녀간의 건강한 정서적 관계 중요성을 인식한다. · 본 교육의 개인적 목표를 설정한다.
2	아동기 대상관계 중요성 인식	· 아동기과 현재생활의 관계성을 인식한다. · 과거의 중요인물과 부모자신과의 관계방식을 이해한다. · 융화되는 부분과 부딪치는 부분에서 과거 및 현재의 관련성을 인식한다. · 자녀에게 미치는 부모의 아동기 감정을 인식한다.
3	전이감정의 이해	· 자녀에 대한 부모의 전이감정을 이해한다. · 기타 가족 및 타인과의 전이감정을 이해한다. · 성장과정에서의 중요한 감정을 표현한다. · 전이감정의 이해를 통해 감정조절을 시도한다.
4	기존의 대처방식과 그 영향	· 바람직하지 못한 기존의 대처방식과 그 원인을 탐색한다. · 생활 속의 방어기제와 그 영향을 자각한다. · 자녀의 현재행동에 대한 이해의 폭을 넓힌다.
5	감정수용력과 표현력 증진	· 수용하는 자세와 감정표현을 실습한다. · 타인수용을 방해하는 내부의 방어적인 역동을 탐색한다. · 감정표현과 조절에 미치는 전이감정의 영향을 인식한다.
6	내부의 힘의 증진	· 가족 특히 자녀존중에 대해 실습한다. · 내적인 힘을 통하여 문제되는 부분의 극복을 실습한다. · 서로 다른 성격의 특성에 대해 이해한다.
7	부모의 주요 정신 역동의 이해 및 탐색	·부모의 중요 감정세력을 이해하고 진단한다. ·자녀에게 향하는 부모의 투사된 감정을 인식한다.
8	꿈의 연상과 통찰의 중요성	· 지적·정서적 통찰의 중요성을 인식한다. · 욕구 충족 시 발생되었던 자신의 역동을 탐색한다. · 욕구 좌절 시 발생되었던 자신의 역동을 탐색한다. · 꿈의 연상을 통한 자신의 역동을 탐색한다.
9	교정적 사후 교육	· 가족 상호간 비춰진 모습을 인식한다. · 부모-자녀 간 무의식적 행동양식에 대해 인식한다. · 자녀를 비롯한 가족에 대한 긍정적 혹은 부정적 대처방식의 발생 원인을 탐색한다. · 실행 가능한 새로운 대처방식을 찾아보고 실습한다.
10	왜곡된 시각에서 건강한 시각으로의 전환	· 과거와 다른 현재의 나를 인식한다. · 부모의 역동에 따라 왜곡해서 인식한 자녀를 있는 그대로 이해하고 인정한다. · 독립적인 존재로서의 자녀를 인식한다.

<표 2> 프로그램의 구체적·하위목표 (심화과정)

회기	구체적 목표	하 위 목 표
1	자신의 역동탐색	· 기초과정에서 경험했던 자신에 대해 진단한다. · 무의식적으로 반복되었던 행위에 대해 명료화한다. · 개인적 목표를 설정한다.
2~4	부모의 핵심역동의 자각과 통찰	· 개인별 핵심감정을 심도 있게 탐색하면서 직면한다. · 타인의 피드백을 통한 자신의 역동을 탐색한다. · 자녀에게 영향이 가는 부모의 핵심감정에 대해 진단한다.
5~6	억압된 감정의 표출 및 재 경험	· 개인별 수준에 따라 억압된 감정을 직면한다. · 의식되는 억압된 감정을 표출한다. · 적절한 수용과 직면을 경험한다. · 왜곡된 인지체계의 원인을 진단한다. · 타 참가자들의 표출작업을 통하여 간접적인 정화작업을 경험한다. · 자녀에게 미치는 부모의 예후영향력을 진단한다. · 억압된 기억에 대한 재해석을 시도한다. · 성격장애와 아동기역동과의 관련성을 이해한다.
7~10	자유연상을 통한 부모-자녀간의 전이감정 다루기	· 참가자-지도자, 참가자-참가자간의 전이감정을 경험한다. · 무의식적인 행위를 점차 의식화한다. · 감정의 수용과 표출을 통해 감수성을 향상시킨다. · 부모의 방어적인 힘과 전이감정과의 관계를 경험한다. · 왜곡된 행동체계의 원인을 진단한다. · 부적절한 행동방식을 타인의 피드백을 통해 직면한다. · 집단내의 역동적인 관계를 통한 부모-자녀간의 전이감정을 경험한다. · 왜곡된 부분을 통찰하기 위한 역할실습을 한다. · 인간관계나 추후 부모-자녀관계에서의 전이감정을 예상하여 대처한다.
11~12	긍정적 역동 인식/병리적 역동의 극복과 대처방식의 전환	· 긍정적 역동을 인식한다. · 무의식적인 감정과 자동화된 행위에 대해 의식화작업을 훈습한다. · 부모-자녀간의 긍정적, 부정적 역동을 인식하고 통합한다. · 병리적 역동의 극복을 위해 고려해 볼 외부의 대처방식을 점검한다.

위의 내용을 종합하면, 본 프로그램의 목표는 크게 세 가지로 정리될 수 있다.

첫째, 자녀를 비롯한 가족에게 향하는 부모 자신의 정신역동을 파악하여 그것이 긍정적 혹은 부정적인 방향으로 미치는 영향을 알아보기 위한 것이다.

둘째, 이것이 긍정적으로 나타났다면 더 발전시켜 부정적인 역동을 극복하는 도구로 삼도록 전환시키고, 부정적으로 나타났다면 부모 자신 스스로의 감정흐름을 자각하게 하여 무의식적으로 반복되는 행위를 의식화시키는 통찰작업을 유도하는 것이다.

셋째, 그 통찰을 바탕으로 지금까지의 습관화된 왜곡된 대처방식을 새로운 대처방식으로 바꾸는 훈습과정을 가지는 것이다.

각 과정별, 회기별 목표를 설정하는 부분에서, 기초과정에서는 1회기-10회기 동안 각 회기 당 설정되는 것과는 달리, 심화과정에서는 2-4, 5-6, 7-10, 11-12 회기로 묶어져 설정되어 있는 이유는 교육내용과 수업진행 양식에 따른 것이다. 즉, 심화과정에서의 2-4회기와 5-6회기에는 각 개인별 핵심감정의 진단, 5-6회기의 억압된 감정의 직면 등의 심도 있는 탐색이 진행되기 시작하는데, 이 때 한 개인 당 30-40분 정도의 시간이 소요되면서 타 참가자들의 피드백과 상호 정서적 교환이 이루어지므로 약 10-15명의 인원에게 소요하는 시간으로 2회 또는 3회 정도가 된다. 또한 7-10회기와 11-12회기에서는 집단 내에서 발생되는 상호간의 역동을 부모-자녀 관계와 접목시키는 비구조적인 집단치료의 형태를 취하게 되므로, 기초과정의 지적인 측면이 정서적 측면으로 변화되면서 사실상의 회기의 구분이 없이 연결되어 있는 수업형태로 진행되기 때문이다. 이 후 제시될 모든 회기의 구분은 동일한 이유에서이다.

제4장 정신역동적 부모교육의 조직 및 실행방법

1. 프로그램의 조직

프로그램의 구성내용을 조직함에 있어서 대구 울산 등지의 심리상담 연구소와 각 지역 종합상담실에서 몇 차례의 시범적 실시가 이루어졌다. 그 내용은 <부록 2>에 제시되어 있다.

1) 기초과정

기초과정 프로그램은 1회기에서 10회기 동안 1회 3시간 총 30시간이 소요된다. 참가자는 약 10-15명으로 구성되어 1인 지도자(혹은 1인 보조자 포함 가능)의 도움아래 학습용 교재, 경험보고서 용지 등의 자료를 이용하여 구조적인 방식으로 수업이 진행된다. 수업방법은 전체적으로 강의, 활동, 시범, 역할극, 토론, 발표, 문제해결 등을 적절하게 사용하며, 수업과정은 각 회기의 주제에 따른 학습목표에 따라 도입과정, 강의, 활동, 마무리과정으로 나누어서 진행된다.

이와 같은 기초과정 프로그램은 부모의 감정적 성숙을 바탕으로 한 효율적인 부모역할 수행이라는 전체적인 목적을 달성하기 위하여, 내용의 핵심을 정신역동이론의 교육을 통한 부모역할에 대한 지적이해, 부모자신의 아동기역동의 자각과 통찰, 부모-자녀관계향상을 위한 기초적인 노력들, 과거로부터 전이된 왜곡된 대처방식에서 현실적인 건강한 대처방식으로의 전환 등으로 구성하였다.

2) 심화과정

심화과정은 1회기에서 12회기 동안 1회 3시간 총 36시간이 소요된다. 참가자는 약 8-12명으로 구성되어 1인 지도자(혹은 1인 보조자 포함 가능)의 도움아래 학습용 교재, 경험보고서 용지 등의 자료를 이용하여 구조적인 방식과 비구조적인 방식의 혼합으로 수업이 진행된다. 수업방법은 전체적으로 강의, 활동, 시범, 역할극, 토론, 탐색, 발표, 문제해결 등을 적절하게 사용하며, 수업과정은 각 회기의 주제에 따른 학습목표에 따라 구조적인 방식은 도입과정, 강의, 활동, 마무리과정으로 나누어서 진행되며, 비구조적인 방식은 도입과정, 탐색 및 역할 활동, 마무리과정으로 진행된다.

이와 같은 심화과정 프로그램은 부모의 감정적 성숙을 바탕으로 한 효율적인 부모역할 수행이라는 전체적인 목적을 달성하기 위하여, 내용의 핵심을 핵심역동의 자각과 통찰, 집단 내의 전이감정을 통한 부모-자녀간의 역동의 발견, 병리적 역동의 극복을 위한 긍정적 역동의 활용과 대처방식의 전환의 실제 등으로 구성하였다.

정신역동적 부모교육 프로그램 기초과정과 심화과정의 조직은 <부록 2>에 수록되어 있다.

2. 프로그램의 실행방법

본 프로그램의 실행을 위하여 집단의 크기, 공간적 요인, 시간, 실시자, 실시대상자 그리고 수업방법으로 나누어 살펴보고자 한다.

첫째, 집단의 크기부분이다. 본 프로그램의 시행규모가 기초과정, 심화과정이 모두 소규모 크기로서 일반적인 소집단교육에 해당한다. 집단상담 혹은 집단치료의 장면에서 사용하는 일반적인 크기는 8-12명이며, 소집단 부모교육의 크기는 10-20명 규모로 되어 있다. 본 프로그램의 실행을 위해서는 기초과정에서는 10-15명이 적절하며, 심화과정에서는 8-10명이 적절하다고 본다. 기존의 부모교육의 집단크기보다 다소 적은 이유는 정신역동적 상담이론의 특징 상 기초과정에서 심화과정으로 진행될수록 집단치료의 상황과 유사한 장면이 많기 때문이다. 따라서 본 프로그램에서는 전체과정에서 약 8-15명으로 구성되었다.

둘째, 공간적 요인이다. 기초과정은 8-15명이 둘러앉을 수 있는 적절한 책상과 의자가 필요하며, 심화과정은 책상과 의자 대신에 집단상담실과 같은 형태에서 카펫트가 깔린 바닥에 방석을 깔고 빙 둘러앉는 것이 적절하다. 그 이유는 몸 전체가 서로 보일 수 있는 편안한 자세가 자기노출의 심리적인 요인의 작용으로 인하여 교육의 효과를 증진시킬 수 있으며, 감정의 표출 시 주변의 물건(방석, 카펫 등)을 이용할 수도 있기 때문이다. 그러나 경우에 따라서는 책상만을 없애고 의자에 둘러앉을 수도 있다. 본 프로그램 실행에서도 기초과정은 책상과 의자가 있는 아늑한 교실공간을 이용하였으며, 심화과정은 카펫트가 깔린 바닥에 방석을 깔고 할 수 있는 집단상담실을 이용하였다.

셋째, 교육시간의 문제이다. 부모교육 프로그램 실행방법에 대한 요구조사 분포에서 나타난 결과에서 가장 적절한 시간은 오전 10시- 오후 1시이며(약 42%), 매주 1회 3시간씩 실시하기를 원하였다(약 42%). 과정상 다소 차이가 있었는데 기초과정은 1주 1회 3시간씩을 원하였으며(약 42%), 심화과정은 1주 1회 2시간씩(약 37%) 혹은 3시간씩(약 31%)을 많이 원하였다. 또한 시간배당에서 오후2시-오후5시(약 23%)와 오후 6시 이후의 실시도 원하였다(약 20%). 본 프로그램의 진행에서는 이러한 요구사정과 기존 부모교육 지도를 통한 본 연구자의 경험을 토대로 오전10시-오후1시에 매주 1회 3시간씩을 실시하였다.

넷째, 실시자의 문제이다. 요구조사 분포에 나타난 결과를 토대로 보면, 정신역동적 상담이론에 바탕을 두면서 부모교육의 정규과정을 교육받은 석사과정 이상의 전문수련자를 많이 원하였다(약 72%). 또한 남녀 상관없거나(약 49%)

여자로서(약 44%) 기혼자를 원하였으며(약 86%), 연령은 40세-45세를 가장 적절하다고 보았고(약 46%), 35-39세도 약 30%가 요구하였다.

따라서 본 프로그램의 진행과정에서 이러한 요구사정과 정신역동적 접근의 상담, 기존 집단치료 장면을 종합적으로 고려하여 상담관련학과 석사과정 이상이면서 정신역동적 상담의 경험을 내담자·상담자 입장에서 각각 체험하고 부모교육 전문수련을 받은 40세 전후의 기혼자가 적절하다고 본다. 본 프로그램에서는 연구자가 직접 실시하였다.

다섯째, 실시대상자의 문제이다. 대상자는 본 연구자의 수년간의 부모교육의 진행과 상담을 통한 경험에 비추어 학력은 개인차에 따라 예외는 있겠으나 가능하면 고졸이상이 적절하며, 성별은 남녀 상관이 없고, 나이는 결혼을 대비한 예비부부에서 약 60세 미만은 누구라도 적절하다고 본다. 연령상의 문제도 다소 개인차가 있을 수 있으나 그것은 지적인 수준이나 동기, 욕구에 따라 달라질 수 있다고 본다. 또한 상담이론을 자녀양육에 직접 응용해 보고자 하는 상담초보자들 역시 적격자라고 볼 수 있다. 그 외 가정경제상태, 자녀의 연령, 자녀수, 그리고 종교유무는 부모의 동기나 욕구자체가 중요하므로 크게 상관이 없는 것으로 본다. 본 프로그램에서의 실험·통제집단의 평균연령은 약 35세였고, 학력은 고졸 이상 (평균학력 약 13년)이었으며, 평균자녀수는 약 2명이었고, 가정경제 상태는 보통에 해당되었다.

여섯째, 수업방법의 문제이다. 수업방식은 크게 전통적 수업방식과 현대적 수업방식을 병행하였다. 즉, 소집단 형태의 부모교육 프로그램 진행에 적절하게 강의, 토론, 시범과 아울러, 피교육자 자신 스스로가 지도자가 제시한 주제에 대해 탐색하고 추론하며 발표하도록 하였다. 회기별 주제에 따라 수업방법을 달리할 필요가 있었으므로 기초과정과 심화과정으로 구분하여 구체적으로 살펴보면 아래 <표 3>, <표 4>와 같다.

<표 3> 프로그램의 주제별 수업방법 (기초과정)

과 정	회 기	주 제	수 업 방 법
도입 과정	1	· 자기소개 및 교육orientation · 부모의 정신건강의 중요성과 감정포착	· 활동 및 강의 · 기록하기 · 그룹(2-3인 1조)토론 · 발표 및 종합토론
전 개 과 정	2	· 대상관계이론 (아동기 감정양식의 중요성)	· 경험발표 및 강의 · 탐색작업 및 기록하기 · 그룹(2-3인 1조) 토론 · 발표 및 종합토론
	3	· 전이감정 (부모-자녀간의 정신역동)	· 강의 및 시법 · 탐색작업 및 기록하기 · 그룹(2-3인 1조) 토론 및 발표
	4	· 기존의 대처방식과 그 영향인식 · 자녀양육과정 탐색을 통한 자녀행동 이해	· 강의 및 시범 · 기록하기 · 탐색하기 · 활동하기 (2-3인 1조) · 발표 및 종합토론
	5	· 부모-자녀관계 향상을 위한 기본 노력 1, 2 (감정의 수용과 방어적 태도) (감정표출과 장애가 되는 전이감정 '	· 강의 및 시범 · 그룹활동 및 토론 · 기록하기 · 발표 및 종합토론
	6	· 부모-자녀관계 향상을 위한 기본노력3,4 (긍정적인 힘의 증진을 통한 상호존중) (손댈 수 없는 부분들 이해)	· 강의 · 탐색 및 기록하기 · 그룹(2-3인 1조)토론 · 발표 및 종합토론
	7	· 부모의 주요 정신역동	· 강의 및 시범 · 탐색작업 · 발표
	8	· 꿈의 연상을 통한 개인역동 이해 · 부모의 통찰수준과 자녀지도	· 강의 및 탐색시범 · 기록하기 · 2-3인 그룹 및 종합토론 · 개인발표 및 탐색작업 · 문제해결접근
	9	· 교정적 사후교육 (자동화된 무의식적 행동방식 자각) (왜곡된 대처방식에서 건강한 대처방식으로의 전환)	· 강의 및 시범 · 탐색 및 기록하기 · 문제해결접근 및 개인발표 · 그룹활동(2-3인 1조) · 그룹발표 및 종합토론
마무리 과정	10	· 자녀양육과 예후 · 왜곡된 시각에서 건강한 시각으로	· 강의 · 탐색활동 · 전체적인 종합토론

※ 위의 모든 강의와 기록·탐색 활동 등은 '학습용 교재'를 활용하였음.

<표 4> 프로그램의 주제별 수업방법 (심화과정)

과 정	회 기	주 제	수 업 방 법
도입 과정	1	'자신의 역동진단 및 분석 (반복되는 행위의 명료화)	'탐색, 시범 '개인발표, 종합토론
전 개 과 정	2~4	'핵심감정 진단의 실제	'탐색, 개인발표 '피드백 교환 및 요약 '종합토론
	5~6	'억압된 감정의 표출 및 재 경험	'시범 및 탐색활동 '역할놀이 '발표 및 종합토론 '피드백 교환
	7~10	'자유연상을 통한 부모-자녀간의 전이감정 (집단내의 역동 이용) (감정의 수용과 표현 실습) (무의식적인 반복적 행위에 대한 의식화작업)	'시범, 해석해주기 '탐색활동 '역할놀이 '피드백 교환 '종합토론
마무리 과정	11~12	'긍정적 역동진단 '병리적 역동의 대처방식의 전환	'탐색, 시범 '종합토론 '역할놀이 '개인발표 및 피드백 교환

제 Ⅲ 부

정신역동적 부모교육
프로그램의 내용

제5장 개괄적 내용구성

본 프로그램은 교육내용의 깊이에 따라 기초과정과 심화과정으로 구분하여, 전자에서는 부모교육에 적용 가능한 정신역동적 상담이론의 기초교육과 현실적인 대처방안을 교육시키는 등 지적인 통찰경험에 주력하였으며, 후자에서는 지적인 통찰의 바탕 하에 행동의 실제적인 변화를 좀 더 지속시키고 심화시키기 위하여 정서적인 통찰경험에 초점을 맞추었다. 즉, 기초교육에서의 주된 요점은 정신역동의 이해와 교육, 역동의 자각과 통찰, 현실적인 대처방식 등이며, 심화과정에서의 주된 요점은 핵심역동의 자각과 통찰, 병리적 역동의 극복을 위한 대처방식의 전환 등으로 볼 수 있으며, 그 구체적인 내용은 다음 <표 5>, <표 6>과 같다.

<표 5> 목표에 근거한 회기별 교육내용 (기초과정)

회기	목 표	교 육 내 용
1	부모의 감정인식 능력향상	'정신역동적 부모교육이란 무엇인가? '정신건강을 위한 기초작업으로서 정서적인 관계의 중요성 '부모자신과 가족들의 행위와 성격특성에 대한 감정포착 '자신과 가족상호 간의 변화기대
2	아동기 대상관계의 중요성 인식	'대상관계이론 '현재와 과거 아동기의 중요인물과의 정서적 친밀도 '현재와 과거의 의미 있는 생활경험 탐색 '융화된 부분과 부딪치는 부분

회기	목 표	교 육 내 용
3	전이감정의 이해	ˋ전이감정 ˋ부모-자녀간의 역동의 실제; 전이감정(1)(2) ˋ주변인과의 역동의 실제; 전이감정(3) ˋ전이감정의 이해를 통한 감정조절실습
4	기존의 대처방식과 그 영향 인식	ˋ기존의 대처방식 (대화, 방어행위 등) 탐색 ˋ방어기제에 대한 이해 ˋ장애가 되는 대처방식의 원인진단 ˋ자녀의 바른 이해를 위한 양육과정 탐색
5	감정수용력과 표현력 증진	ˋ부모-자녀 관계향상을 위한 기본노력(1) -감정의 수용과 방어적 태도- ˋ부모-자녀 관계향상을 위한 기본노력(2) -감정의 표현과 장애가 되는 역동- ˋ감정의 수용 및 표현과 전이감정의 관계
6	내면의 힘의 증진	ˋ부모-자녀 관계향상을 위한 기본노력(3) -부모-자녀 상호간의 긍정적인 힘의 발견- -상호 존중감 향상- ˋ부모-자녀 관계향상을 위한 기본노력(4) -부모-자녀간의 손댈 수 없는 고유한 부분들에 대한 인식-
7	부모의 핵심역동의 이해 및 탐색	ˋ부모의 중요한 감정세력(1)(2) ˋ자녀에게 향하는 감정세력 ˋ부모-자녀간의 정신역동
8	꿈의 연상과 통찰 중요성 인식	ˋ꿈의 연상을 통한 개인 역동이해 ˋ부모의 통찰수준과 자녀지도 ˋ욕구가 충족· 좌절된 경우의 전이감정에 대한 통찰
9	교정적 사후교육	ˋ가족들 상호간에 비춰진 나의 모습 ˋ부모-자녀 상호 반응양식의 분석 ˋ건강한 대처방식의 실제(1)(2)
10	왜곡된 시각에서 건강한 시각으로의 전환	ˋ자녀양육과 예후 ˋ왜곡된 시각에서 건강한 시각으로 ˋ과거와 다른 현재의 나 ˋ나와 다른 자녀의 인생

<표 6> 목표에 근거한 회기별 교육내용 (심화과정)

회기	목표	교 육 내 용
1	자신의 역동탐색	ˋ기초과정을 통한 자기진단 ˋ무의식적으로 반복되는 행위에 대한 명료화된 자각
2~4	핵심역동 자각과 통찰	ˋ참가자 개인별 핵심감정의 진단의 실제 ˋ타 집단원의 수용, 공감, 질의를 통한 탐색도움주기 ˋ개인별 수준에 따른 지도자의 해석 ˋ부모-자녀 관계에서의 핵심감정의 영향 탐색
5~6	억압되거나 무의식적으로 작용되는 감정의 표출 및 재 경험	ˋ억압된 기억 중 뚜렷이 의식되는 부분에 대해 정서적 경험활동 ˋ적절한 수용과 직면을 통한 자신탐색 활동 ˋ부모의 억압된 감정의 부모-자녀관계에서의 재해석 ˋ억압된 기억의 재 경험과 새로운 인식 ˋ개인별 수준에 따른 지도자의 해석 ˋ성격장애와 아동기 역동과의 관련성
7~10	자유연상을 통한 부모-자녀간의 전이감정 다루기	ˋ참가자-참가자, 참가자-지도자간의 정서적 역동성 경험활동 ˋ감정의 수용, 감정의 표현 실습 ˋ타인의 행위, 생각, 감정 등에 대한 피드백 실습 ˋ방어적인 힘과 전이감정의 경험활동 ˋ자신과 타인의 감정에 대한 민감성 경험 ˋ부모-자녀관계에서의 전이감정의 추론 및 탐색 ˋ왜곡된 행동방식에 대한 직면활동 ˋ반복적인 부적절한 행동방식에 대한 교정 ˋ타 집단원의 피드백을 통한 왜곡된 면의 수정 활동
11~12	긍정적 역동 인식/병리적 역동의 극복과 대처방식의 전환	ˋ긍정적인 역동의 진단 ˋ자신 스스로의 탐색과 훈습의 실제 ˋ무의식적인 감정과 행위에 대한 의식화작업의 실제 ˋ부모-자녀간의 긍정적· 부정적 역동의 영향인식 ˋ병리적 역동의 극복을 위한 걸림돌 진단 및 방안 탐색

제6장 부모-자녀간의 정서적 관계

1. 정신역동적 부모교육의 개요

철학자, 소설가, 시인, 속담 등에 의하면 일생 동안 지속적으로 내면에 흐르는 인간의 감정은 성격이 형성되는 어린 시기에 대부분 결정된다고 한다.

프로이드(Freud)는 자녀의 생후 6세까지의 중요한 사람, 특히 부모에 대한 초기 행동양식이 성인생활을 할 때 타인에게 옮겨져 긍정적·부정적으로 작용한다고 보았다. 예를 들면, 어릴 때 어머니로부터 관심을 받지 못하였거나 거리감이 있었던 소녀는 성인이 되었을 때도 서운함과 거리감을 느끼게 된다. 그로 인하여 그의 남편과 자녀들 그리고 친구들이 아무리 그녀에게 헌신적이라 할지라도 어린 시절에 느꼈던 그러한 감정을 반복적으로 지니게 되기 쉽다. 또 자신보다 더 강한 형 또는 아버지에게 고통 받았던 남자는 살아가는 동안 지속되는 권위적인 사람에 대한 두려움과 증오의 감정을 가지게 되기 쉽다. 그리고 자라면서 많은 존중과 관심을 받았다고 느끼는 사람은 너그럽고 온화한 감성을 지닐 수 있다는 것이다.

그러므로 어린 시절 특히 6세 이전의 잘못된 양육방식(예; 배척· 박탈· 조건적인 사랑· 유혹· 죄의식· 수치감을 유발하는 훈육태도· 신체적 위협· 과잉보호· 방임 등)은 짜증이나 고집, 신경증과 노이로제와 같은 다양한 감정을 유발시키는 요인이 된다는 것이다. 대부분의 경우 부모와의 상호관계에서 발생하는 감정과 행동양식은 일생 동안 지속되지만 어린이의 약한 자아는 이해하지도, 말로 표현하지도 못한다.

출생 당시부터 어린이는 선천적인 충동과 반응에 따라 그 곁에 가까이 있는 인물과 거의 본능적으로 상호작용 한다. 이러한 상호작용은 6-7세에 이르러 한 개인의 기초가 되는 양식을 만들어 내며, 그것은 개인마다 독특하게 나타난다. 그 이유는 어떤 사람도 동일한 기질이나 운동성, 지능, 기타 태도를 갖추고 태어나지 않으며 또 임신부터 6세까지의 아이 주변의 상황(인물이나 사건 등)에서 감정이나 신체적 상태, 기타 조건이 동일한 것은 거의 없기 때문이다. 흔히 사람들은 이것을 개인의 성격이라고 이야기를 한다.

많은 학자들은 인간의 초기 생활에서 형성된 타인과의 상호작용 양식은 위와 같이 개인의 독특성을 형성하면서 나머지 일생 동안 그 주된(핵심) 양식으로 굳어 변화되지 않고 지속된다는 사실을 임상사례에서 제시하고 있다. 물론 부모자신이 어떤 양식이 굳어졌는가에 대한 자각, 변화에 대한 노력을 한다면 매우 긍정적인 방향으로 왜곡된 것을 수정할 수 있다.

대체로 많은 사람들은 고정된 자신의 양식을 자각하지 못한 채 살아가기 쉽다. 이 때 이러한 양식이 바람직한 경우라면 성숙을 촉진하는 방향으로 개인의 성인생활에 영향을 준다. 그러나 만약 문제가 되는 요소가 내포되어 있다면 이 양식은 정도의 차이는 있겠으나 심리적인 문제점을 야기 시킬 수 있다. 즉, 약한 자아를 지닌 어린 시절의 감정양식을 그 당시에 제대로 소화해 내지 못하여 정상적인 자아를 지녀야 하는 어른에 이르러서도 끊임없이 그것이 반복해서 일어나게 되는 것이다.

과거의 감정흐름이 '지금 여기'에서도 내면에 자리 잡아 현실적인 상태에서 끊임없이 반복적으로 일어나는 정서적 세력, 정신적 에너지를 정신역동(Psychodynamic)이라고 한다. 정신역동적 상담은 문제가 되는 왜곡된 과거의 생활양식이 현실에서 반복되지 않도록 내담자를 도와주는 과정이라고 볼 수 있다. 이 교육은 이러한 정신역동적 상담이론을 부모-자녀관계에 접목시켜 부모의 성숙된 양식은 인정하면서 발전시키고, 왜곡된 감정으로 인한 행동양식은 현실감 있게 바꾸도록 도와주게 될 것이다.

위와 같은 배경 아래 정신역동적 상담이론을 적용한 이 교육에서 추구하는 목표는 다음과 같다.

첫째, 부모 스스로가 자신의 감정흐름(정신역동)을 파악하여 그것이 자녀를 비롯한 가족에게 긍정적인 방향으로 영향을 미치는가 혹은 부정적인 방향으로 영향을 미치는가를 자각하는 것이다.

둘째, 부모의 역동이 긍정적으로 나타났다면 더 발전시켜 지속시키고, 부정적으로 나타났다면 무의식적으로 반복되는 감정과 행위를 의식화시키도록(느끼도록) 하는 것이다.

셋째, 느끼게 된 것을 바탕으로 하여, 지금까지의 습관화된 대처방식을 새로운 대처방식으로 바꾸어 보는 것이다.

이를 위하여 본 프로그램에서는 부모-자녀관계에서 부모에게 현실적으로 문제가 되는 자녀에 대한 감정이 부모자신의 아동기의 옛 감정과 어떤 관련성을 가지는가를 탐색해 보는 작업을 할 것이다. 그리고 현실의 상황에서 과거의 감정이 아닌, 현실에 적절한 감정을 가지도록 하여 객관성 있게 대처하는 행위를 하도록 노력할 것이다.

결국 부모자신이 그 감정에서 벗어나 자녀에게 갖는 감정을 어른답게 성숙시킴으로써(=감정적 성숙) 자동화된 무의식적인 대처방식을 현실적으로 적절한 대처방식으로 바꾸도록 하는 것이 종합적인 교육목표가 된다.

한마디로 요약하면, 부모의 감정적 성숙을 통한 건강한 부모-자녀 관계 향상이 '정신역동적 부모교육'인 것이다.

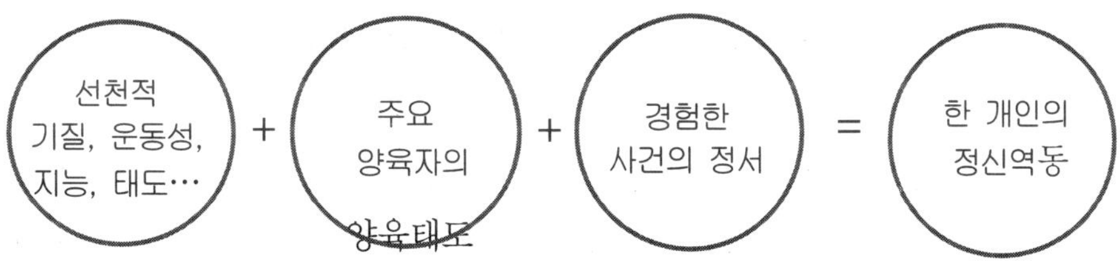

<그림 1> 개인의 독특성

2. 부모의 정신건강과 감정자각

정신건강 면에서 볼 때 어떤 사람이 정서적으로 성숙되어있는가 그렇지 않은가 하는 표준의 하나는 감정적으로 억압하지 않으면서 외부의 다양한 압력에 대해서 얼마나 잘 적응하느냐 하는 것이다. 다른 말로 표현한다면, 여러 가지 내·외적 갈등에 직면했을 때, 감정적으로 평정을 잃지 않으면서 상황에 적절하게 대처하는 융통성을 얼마나 잘 갖추고 있느냐 하는 것이다. 신경증이나 노이로제 등은 이 균형의 유지가 더 이상 가능하지 않을 때, 즉 지나치게 감정을 억압하거나 폭발할 때 나타나게 되는 것이다. 그 이유는 외부에서 어떤 한 개인에게 작용하는 힘이 지나치게 강했기 때문이거나, 그 사람의 대처방식이 감정적인 균형을 유지할 수 있을 만큼 효과적이지 못했기 때문이다.

정신건강이나 정서적 성숙이라는 말은 어떤 감정이 없다거나, 어떤 심리적 반응이 없다는 뜻이 아니다. 인간생활에는 누구에게나 여러 가지 일이 불가피하게 일어나기 마련이다. 정서적으로 건강한 사람도 여러 가지 종류의 반응이나 감정을 느끼는 것이다. 예를 들면 기쁨이나 사랑, 행복이나 자랑스러움을 느낄 수도 있고, 슬픔, 원한 그리고 분노를 느낄 수도 있으며 또 잘못한 일에 대해서는 창피하다거나 죄스럽다고 하는 부정적 감정도 느끼는 것이다. 그러나 정서적으로 건강한 사람의 품질보증서는 이런 여러 가지 정서적 반응이 그 사람이 직면하고 있는 사건, 갈등, 상황 그리고 문제점과 비례한다는 점이고, 또 그가 경험하고 있는 현실을 크게 왜곡하고 있지 않다는 점이다.

다시 말하면, 정서적으로 건강한 사람이란 자신의 감정을 외면하지 않고 있는 그대로 느끼는 사람을 말한다. 그런 사람의 감정을 살펴보면, 그 감정이 과거경험에 의해서 작용된 것이 아니라 주로 자기의 현재생활에서 일어나고 있는 여러 가지 일들에 대한 반응이 라는 점이 드러난다. 그러므로 그 감정은 현재의 생활 여건이나 위기, 현재의 사건이나 관계가 변화되면 그에 알맞게 변화한다.

이것과는 반대로 문제시되는 사람의 행동에는 현재의 외부상황과 갈등이 비례적으로 연관되어 있지 않다는 사실이 드러난다. 즉, 부적응적인 상태가 나타나게 된다는 뜻인데, 이것을 전문용어로는 신경증, 인격장애, 성격장애 또는 심지어 정신병의 상태라고까지 말한다. 부모-자녀의 관계에서도 부모 자신의 감정상태가 현실상태와 적절하게 균형을 이루느냐 그렇지 못하느냐에 따라 조화 또는 부조화가 발생된다. 조화를 이루는 경우는 별 문제점이 없겠으나, 살다보면 종종 불협화음이 발생되는 경우가 있다. 이 때 대부분의 부모들은 그 불협화음이 과거경험에서 분리되지 못하여 확대 해석하거나 축소해 버린다는 사실을 알지 못한다. 말하자면 부모들은 자신 내부의 무의식적인 감정상태가 현재의 문제와 적절하게 비례하고 있지 않을 때, 부모-자녀간의 부조화가 발생된다는 사실을 자각해야 한다는 뜻이다.

감정의 포착은 자신을 아는 첫 걸음으로서, 부모-자녀의 관계에서 본다면 부모가 자녀에게, 주위 사람들에게, 자기 스스로에게 느끼는 부모자신의 감정 상태를 자각하는 것을 뜻한다. 부모자신의 감정을 포착하지 않고 자신의 감정을 다룬다는 것은 적을 알지 못하고 적을 다루는 이치와 꼭 같은 것이다.

부모자신의 감정포착은 자기내면의 감정움직임에 대한 원인을 발견해 낼 수 있도록 하는 중요한 도구가 된다. 따라서 감정을 포착한다는 의미는 자녀(상대방)에 대한 자신의 감정 상태를 이해하고, 자각하며, 통찰하는 데 필요한 기본적 도구인 것이며, 이것은 정신이 건강한 부모로 나아가는 첫 관문이 되는 것이다.

자신의 감정을 느끼고 자각하지 못하는 부모가, 어떻게 자녀의 감정을 이해할 수 있으며, 어떻게 자신의 감정을 조절할 수 있을 것인가? 또 감정을 조절하지 못하는 부모가 어떻게 자녀와의 관계에서 지혜로울 수 있겠는가?

부모 자신의 감정을 포착하고 난 뒤 자신의 감정을 어떻게 스스로 다루어 나가야 할 것인지는 다음 장에서 계속 다루게 될 것이다.

요약하면 다음과 같다.

첫째, 부모가 자신의 감정 상태를 가만히 들여다보고 그것을 포착하여야 한다.

둘째, 감정의 포착은 자신이 자녀를 비롯한 주위 사람들에게 향하는 행위를 객관적으로 진단해 주는 도구가 된다.

셋째, 감정의 발견을 통하여 자신을 의식적으로 통제할 수 있게 된다.

3. 부모의 감정적 성숙

한 개인이 가지는 행위, 사고, 감정 등이 현실과 맞물릴 때 적절하다면, 최선의 자기실현을 하면서 잘 살아가는 사람이라고 말 할 수 있다. 적응이라는 개념이 될 수도 있다. 외부의 자극이 들어왔을 때, 그 자극에 적절한 태도를 취한다는 것은 그 내면의 사고가 비교적 합리적이고 바람직하다는 뜻으로 해석될 수 있다. 또한 그러한 사고나 행동 기능이 나오기까지는 감정이 평정된 상태를 유지하고 있다는 뜻이다.

예컨대, 어떤 부모가 학교에서 이제 막 돌아온 자녀와 이야기하는 것을 살펴보자.

자녀; 아- 오늘 날씨가 더워서 혼났어요… 정말 왜 이렇게 더운지 몰라요 (약간 씩씩거리는 모습을 보이면서…)

부모; 너만 덥니? 너무 그렇게 오들갑 떨지 마라. 살아가는데 이 정도는 아무것도 아냐. 남자는 웬만한 것은 참아야 하는 거야. 자 - 착하지… 씻고 밥 먹어라.

일상적인 부모-자녀간의 대화일 수도 있는 위와 같은 간단한 대화에서 여러분은 어떤 느낌을 받는가!

위와 같은 부모-자녀간의 대화 속에서의 부모는 자녀의 표현에서 나타난 욕구를 전혀 이해하지 못하고 있다. 자녀는 그냥 '날씨가 정말 더웠다'는 얘기를 함으로써, 학교 다녀오는 동안의 자기의 감정을 자연스럽게 그냥 표출하고 싶을 뿐이다. 뭐- 별다른 얘기를 듣고 싶어 하는 것이 아니다. 그냥 자신이 학교 다녀오는 길에 더위로 인하여 잠시 힘들었던 감정을 스스로 해소하고 있는 것뿐이다.

'아– 더웠어! 어휴! 많이 더웠구나' 라고 하든지, '아이구, 더워서 힘들었지…' 라고만 하면 되는 것이다. 단지 상대방의 감정만 이해해서 받아주면 끝나는 것이다.

그런데, 부모는 이 간단한 상대방의 욕구(감정)를 바라볼 여유가 없다. 이 여유는 단순히 현실적인 이유(어떤 일로 바쁘다든가, 급한 볼 일이 있다든가 등등)를 의미하는 것만은 아니다. 부모는 그런 현실적인 이유 외에 '지금 바로 여기'의 상황을 있는 그대로 바라보지 못하는 또 다른 내면의 이유가 있는 것이다.

부모의 내면의 억압된 욕구가 많으면, 조그마한 자녀의 자극에도 불구하고 오랫동안 묻어왔던 부모 스스로의 욕구를 자동적으로 투사시킨다. 즉, 부모는 이 반응에서 '더운 것쯤이야 아무것도 아니다. 나는 더 힘든 것이 많았다' 라든지, '참지 않으면 살아갈 수 없었다' 라든지, '남자는 참고 살아야 된다' 라든지, '그런 감정은 아무 것도 아니니, 그냥 덮어야 된다' 등등 스스로 억누르고 살았던 자신의 감정을 투사시키고 있다. 한마디로 내면의 해결되지 못한 욕구를 자녀에게 그대로 던지고 있는 것이다. 너의 욕구나 감정은 가치 있는 것이 아니다

라는 것을 시사하고 있다. 부모가 그런 느낌으로 말하지 않았다 할지라도, 자식의 입장에서는 자신의 욕구를 존중받지 못하였다는 점에서 결국 이해 받지 못한 것은 사실이다. 부모는 '나는 이런 마음으로 그런 말을 하였다' 라고 항변하여도 자녀가 '이런 마음으로 느꼈다' 라고 하면, 그 받은 느낌이 중요한 것이다.

부모는 현실적인 문제를 있는 그대로 직시하지 못하고, 자신의 옛 감정을 투사시켜서 자녀나 배우자를 바라보는 일이 허다하다. 부모가 감정적으로 미성숙하다는 뜻이다. 자신의 분노나 우울, 긴장감, 불안, 열등감, 완벽함에 대한 열망, 소외감, 밀려남 등등의 감정이 내면에서 해결되지 않았다는 의미이다. 그 감정을 투사시키면 자녀를 비롯한 상대방은 모두 다 왠지 불안하고 서운하고 화가 나고 걱정되고 염려되는 대상이 된다. 한마디로 나의 감정 상태를 거울로 하여 상대방을 바라보기 때문에 있는 그대로 상대방을 바라볼 수가 없다. 이런 부모는 본인의 개인적인 역사는 다 다를지 몰라도, 공통적인 것은 부모의 과거의 옛 감정이 해결되지 않았다는 것이다. 자신의 과거의 감정에서 분리되지 않았다는 뜻이다.

따라서 부모의 감정적 성숙이란 부모 자신이 과거의 내면의 감정에서 벗어나 자녀에게 갖는 감정을 현실감 있고 적절하게 갖는 상태를 말한다. 옛 감정으로 인한 무의식적이고 자동화된 왜곡된 사고, 부적절한 행동 등이 상대방의 현실에 걸 맞는 사고, 행동으로 바뀌어야 한다는 뜻이다. 기술적인 방법을 통하여 부모가 자녀에게 어떻게 대화하여야 하는 것을 배우는 것도 중요하다. 그러나 궁극적으로 신경을 써야 할 부분은 부모 자신이 과거의 미해결된 욕구, 동기, 충동 등이 얼마나 있는가에 대한 진지한 자기이해와 탐색의 과정이 필요하다고 본다.

4. 부모-자녀관계 역동탐색 사례

내 아이는 나?

(바람)

아이를 낳는 고통과 막연한 두려움으로 수술을 했다.
-얼마나 어리석고 비난받을 일인가-
남들은 부분마취를 하는데
수술대에 누워 무서워 떨다가 울면서 까무라쳐 전신마취를 했었다.
정신이 들 때쯤 4kg의 빨갛고 볼이 불룩한 아이가
눈을 꼭 감고 머리는 가르마까지 타고 옆으로 왔을 때… 다
른 엄마와 달랐다. 황당하고 두렵고 부담스러웠다.
이런 사실이 괴롭고 불편하고 부끄러웠다.

1주일쯤 지나서 아파서 병원을 혼자 운전하고 다니기도 하고
엄마는 1주일 와 계셨는데,
산엘 간다고, 동창회 간다고, 제사지내러 간다고… 3일 있었나?
아무도 없고 아파서 밥도 못 먹고 식탁에서 눈물을 툭툭 흘려도
바로 옆에서 알아채지도 않고
간도 안보고 호박죽 먹으라고 하고
젖은 말라 족발 고와 먹으면 2~3일 나오다 말고
그렇게 한 달 동안 3번 정도 먹으면서 겨우 버티다
한 달 만에 신생아황달이 오길래 잘됐다싶어 분유로 바꿨다.

막연한 죄책감이 조그맣게 옆구리 어딘가에 붙어있는 느낌이 있다.
아무도 밥을 많이 먹어야 젖이 잘 나온다.
왜? 밥을 못 먹겠나? 어디 아프나? 맛이 없나? 따뜻하게 누워있어라.
한 마디를 해주는 인간이 없었다.
막막하고 오들오들 … 지금 생각하니 정말 겁나고 무서웠다.
그 때는 제대로 못하는 내가 한심하고 부끄러웠는데…

좋은 엄마!?
좋은 엄마를 얼마나 얼마나 간절히 갈망했었고, 되고 싶었고,
될 수 없을 것 같아 두려웠었는데…
상황이 약간은 변명거리가 되어주면서 역시 <나는 어쩔 수 없어>로 굳어갔다.
나는 보고 배운 게 없고,
가르쳐주는 사람도 없고,
원래 우리엄마 닮아서 인정머리도 없고 차가운 사람이라
아이를 좋아하지 않는 타입이고,
어떻게 할지 모르기 때문에 아이를 잘 키울 수 없다.
이렇게 비난에 대한 항변을 만들어 놓고 아무것도 하지 않으려고 했었다.
그러면서 먹이는 일에 집중적으로 힘을 썼다.
여러 종류의 이유식을 만들고
잘 안 먹는 것만 걱정이 되어
개구리 고와 먹이고, 붕어 사다 고와서 걸러 먹이고,
조금 크고 나서는 곰국을 냉동실에 두고 꾸준히 먹이고,
3돌 정도부터는 녹용을 1년에 두 번씩 달여서 먹이고 …
갈비찜 좋아한다고 끊이지 않고…
밥상에 생선 내지는 고기가 없었던 적이 없었다.
아이가 먹을 것이라면 한 입도 먹을 생각도, 입에 들어가지도 않았다.

아이 다 먹이고 나서 후딱 아무렇게나 한 술 뜨고…
쓰다 보니 무슨 죄인처럼 살았나하는 느낌이 드네… 헐
오로지
잘 먹이면 다 되는 줄 알고…

퇴근하고 집에 돌아와서 지친 몸으로
1시간 반 두 시간씩 눈치 보며 입에 떠 넣고,
싫어 할까봐 최대한 맛있게, 짜증 안 나게
그렇게 말할 기운도 없이 오로지 먹이고,
살짝 안고 가서 씻기고, 옷 갈아입히고 하는 동안
아이는 TV보면서 의식하지 않도록 다 해치웠다.
얼마나 고단한지…
짜증내거나 울면 큰일 나는 줄 알고, 전전긍긍 눈치보고
3살, 5살, 7살.. 흔히 일어 날 갈등 관계 한 번 겪지 않고 무사히 살아왔다.
그 동안 아이는…?
11살, 지금 엄청난 장애적 행동으로, 반항으로, 분노로, 나태, 방종, …
무대포로 공격을 해댄다.
두 달 정도 됐는데 너무나 힘들게 이 일을 견디면서
막연히 이제 내가 엄마 노릇을 하고 있다는 느낌이 들기도 한다.
눈치 보면서 말도 마음도 아끼고 있을 때보다 가깝게 느껴지고,
남이 아닌 가족의 느낌이 들기도 한다.
선을 그어 놓고 선 뒤에서 조마조마 눈치보고 있었다는 느낌이다.

문득,
바빠서 그렇게 할 수밖에 없었다고 생각했었는데…
아이가 아이가 아닌 나를 보살피고 있었다는 생각이 든다.

지치고 기운이 없어 밥 한 술을 입에 넣고
삭혀서 단물이 되어 넘어가는 고통을 꾹 참으며
엄마 힘들까봐 눈치 못채게
밥 먹는 척 고개 숙이고 연기를 하고 있었던
불쌍한 나에게 나는 온갖 정성을 들여서 떠먹이고 있었던 것이다.
지치고 지쳐 허리 구부리고 앉아
목을 외로 꺾어 앉아 석고상 <줄리앙>처럼
모딜리아니의 파란 눈의 아내처럼 먼 산을 바라보고 있던 나에게
안아서, 업어서 고이고이 시중을 들고 있었던 것이다.
얼마나 보살핌이 고팠던지…
지금도 가만히 누워 있으면
옷 갈아입히고 닦이고… 중환자처럼 챙겨주면 좋겠다.
받고 싶다.
김장도 해주고… 청소도 해주고…
안 해줘도 물어주는 사람이라도 있으면 좋겠다.
엄마가 안 해주면 할머니라도 좀 챙겨주시지…
왜 왜 나만 아무도 안 챙겨줬었는지…
저 세상에 있는 할머니 찾아서라도 물어 보고 싶다.
살아있는 내 엄마는 엉뚱한 소리할 게 뻔하고…
어디 가서 내 이 상황을 하소연 할 데도 없다.
내 탓인 게, 오로지 내 몫인 게 왠지, 막연히, 근원적으로 억울하다.

제7장 대상관계

1. 대상관계 이론

'대상관계'라는 말은 Freud가 대상을 타인이라고 표현한데서 유래되었고 (Greenberg & Michell, 1983), 전통적인 용어로서의 대상은 어린이에게 중요한 존재를 언급하며 성인이 되어 애착을 갖게 되는 존재라고 말했다(Corey, 1986). 즉, Freud는 본능적 충동을 만족시키기 위하여 개인이 선택하는 대상을 기술하기 위해 '대상관계'라는 말을 사용하게 되었는데(Horner, 1984), 그것은 사람이나 물건의 내적 이미지를 뜻하고 있다. 정신분석을 비롯한 제 심리상담의 중요한 목표는 내담자의 왜곡된 대상관계를 교정하는 것이다. 대부분의 대상관계 이론가들(Fairbairn, 1952, 1954; Winnicott, 1958, 1971, 1987, 1990; Klein, 1961, 1975; Kernberg, 1966, 1975; Mahler, 1968, 1975; Kohut, 1971; Masterson, 1981; Greenberg & Mitchell, 1983; Hamilton, 1994)은 어린 시절 (생후 3년간)에 가족과의 관계에서 내적인 욕구를 어떤 식으로 해결했는지에 따라 정신의 심층부분이 형성된다고 하였으며, 이 욕구의 해결과정에서 부모 그 중에서도 특히 어머니와의 관계는 그 후 모든 관계의 기본이 된다고 보았다.

Tarachow(1963)는 인간이 대상관계를 갖게 되는 중요한 원인은 어머니와의 공생관계를 회복하기 위해서라고 보았다. 그는 "대상관계를 시작하는 것은 어머니에게서 공생유대가 깨어지는 불행한 순간부터이며 공생적이고 외상이 없었던 시기로 되돌아가기 위해서 인간은 동일시와 대상관계의 두 기술을 사용한다. 동일시는 내부로부터 공생관계를 회복하는 것이고 대상관계는 외부에서 이 관계를 회복하는 것이다"라고 하였다. 이 두 가지는 인간이 완전히 성숙하여 대상에 집착하지 않을 때까지 계속한다고 보았다. 결국 대상관계이론이란 자기표상과 어머니로 대표되는 타인표상간의 관계의 특질이라고 요약된다(Horner, 1984; Kim, B., 1995).

그 외 많은 학자들도 최초의 부모-자녀관계, 즉 영·유아와 그 대상과의 관계의 중요성을 강조했다.

Klein(1975)은 인간의 신경증의 근원을 생의 첫 해에 두고, 생의 최초 1년 동안 발생하는 어려움의 주 원천을 영아가 가장 중요한 대상에 대해 본래부터 지니고 나오는 양가감정이라고 보았다. 즉, 모든 유아는 애정 대상에게 사랑을 갈망하기도 하고, 또 그 대상을 잃을까 두려워하는 상태를 반복적으로 경험하면서, 서서히 책임을 받아들이고 보상을 받음으로써 그 감정들을 극복한다. 그러나 만약 유아기 때의 감정과 적절하게 타협하지 못한 사람들은 안정된 내적 영상(image)을 형성하지 못한다. 즉, 항상 자기가 충분하게 사랑 받지 못했다고 느끼고, 우울한 입장으로 되돌아가서, 직장생활을 하는 어른이 되어서도 그 때의 상실감, 슬픔, 죄의식, 불안 및 낮은 자존감을 갖게 된다는 것이다.

Fairbairn(1952)는 자기(self)란 그 개인에게 중요했던 과거 사람들이 내면화되어 구성된 상들(images)로 이루어진다고 보았으며, 이들 내재화된 초기관계들과 그로 인해 일어나는 감정들이 현재 우리 자신이라고 보았다. 만약 엄마가 아이를 아이의 입장에서 사랑하지 못하고 또 자발적이고도 진실한 애정을 아이에게 표현하지 못하면 아이는 애정(이때 애정은 훗날 건강한 자아구조의 기초가 됨)을 내면화할 수 없게 된다. 이로 인하여 아이는 자신의 자아(자기)의 실재를 확신하지 못하여 자기과시나 자기열등감에 빠지게 되고, 또 다시 그것이 원인이 되어 영구적인 상실감, 허전함, 외로움, 쓸쓸함 등을 느끼기 때문에 대인관계에서 문제가 발생한다고 주장하였다.

Winnicott(1958)는 가장 초기 단계의 엄마-아이의 관계에 관심을 두고, 아이의 성격 발달을 위해 '충분히 좋은' 엄마 역할(good-enough mothering)을 하는 것이 중요하다고 강조했다. 즉, '충분히 좋은' 엄마 역할은 처음에는 엄마를 전능하게 느끼도록 허용한 후에 아이가 자기의 욕구좌절과 대상(엄마)에서의 분리경험을 참을 수 있게 되면 이러한 환상을 점차 포기하게 되는 상태를 뜻한다. 이 때 분리가 일어나면 아이는 자기의 욕구와 주도성을 표현하게 되며, 이것이 자기상(self-image)이 출현하는 기초가 된다. 이 때 간섭을 너무 많이 하는 엄마는 자녀의 주도성을 방해하고 자기상의 발달을 저해하며, 거리감이 심한 엄마는 자녀(유아)의 마음속에 엄마에 대한 내적 표상을 사라지게 하여 그 결과 외적 환경의 요구에 순응 혹은 공격을 일삼는 사람이 되어 버릴 수 있다고 보았다. 따라서 그들은 성인이 되더라도 그 순응적 혹은 공격적이고 비판적인 껍질을 통해서 세계와 관계를 맺음으로써 그들 자신이나 남들에게 진실하지 못할 수 있다고 보았다. 대인관계에서 친밀하고 진실된 관계를 맺지 못하는 원인도 이런 사실과 관련이 있다.

특히 Winnicott(1971, 1987)는 아이들이 열중하는 놀이를 중간현상(약 4-6개월부터 8-12개월 사이에 천, 담요, 손가락, 보푸라기, 맘맘 웅얼거림 등 최초의 소유물과 같은 중간대상을 통해 적절한 분리를 경험하는 단계; 이 중간대상은 기본적으로는 엄마의 대리물이다)의 확장으로 보았다. 놀이에 대한 Winnicott의 의견을 들어보자(이재훈 역, 1997).

'놀 수 있는 아이의 능력에 많은 가능성을 두라. 어린이가 잘 논다면 한두 가지의 증세를 감당할 수 있는 여지가 있다. 또한 혼자서도 놀 수 있고, 다른 아이들과 함께 놀이를 즐길 수도 있다면 심각하게 진행되는 문제는 없다. 이 놀이에서 풍부한 상상력이 사용되고, 외적 실체를 정확히 지각하는 게임에서 즐거움을 얻는다면, 설령 문제의 아이가 이불에 오줌을 싸고, 말을 더듬고, 짜증을 부리고, 또는 반복적으로 성을 내며 공격적이 되거나 우울증을 경험하는 문제가 있더라도 만족하는 삶을 가질 수 있을 것이다. 이 아이가 적당히 안정되고 좋은 환경이 주어지면, 놀이는 삶의 개인적인 방식을 발달시킬 수 있으며 결국 온전한 인간, 즉 세상에서 환영받으며 그 사람자체로서 필요한 인간이 될 수 있다는 것을 보여 준다'

여기서 논다는 것은 무엇을 의미하는가? 바로 대인관계를 잘 하고 있다는 뜻이다. 그러므로 다른 여타의 문제가 있다고 할지라도 잘 놀고 있다는 것은 관계할 수 있는 능력이 습득되었다는 뜻이므로 앞으로의 생활에 큰 문제점은 없을 것으로 보는 것이다.

Winnicott 등의 대상관계이론을 통해서 아동의 심리치료를 담당하는 학자들은 아동치료의 70-80%는 공격성의 문제라고 보았다. 태아 때부터 나타나는 아이의 공격성은 생명력의 표현이요, 힘이요, 삶의 중요한 한 요소이므로 부모는 이를 버텨주는 힘을 가지면서 인격 속에 통합되도록 사랑의 요소와 융합시켜야 한다고 한다. 이것을 잃어버리면 자존심이 낮고 자기주장이 약하며, 성인이 되었을 때는 생생한 현실감각을 잃어버리고 맞서야 될 때 맞서지 못하는 사람으로 변하기 쉽고 심지어 성적흥분장애(조루증, 불감증 등)등을 유발한다고 하였다. 상담 장면에서는 상담자의 선한 면을 견디지 못하여 공격하고 싶고, 선한 것 자체에 대한 시기심이 발동하여 파괴적인 강력한 충동을 느껴 꼬투리를 잡아 비판하거나, 따지는 등의 행동으로 대치되기도 한다. 이것은 인간관계에서도 똑같은 현상을 추론할 수 있는 것이다.

아이는 발달과정에서 필연적으로 주관적 세계에서 현실적인 세계로의 변화를 맞이하게 되는데, 이 때 특히 엄마는 아이가 공격성을 표현할 때 보복하지 않고(짜증과 신경질, 화 등) 자연스럽게 허용하면 아이는 엄마의 사랑의 힘과 자연스럽게 융합하면서 '진짜 선(Gentleman)'의 인격체로 통합하게 되는 것이다. 한마디로 말하면 공격심의 핵심은 '살아남기 위한 생존전략'이기 때문에 부모 특히 엄마는 '품'을 튼튼하게 만들어 버텨줘야 한다는 것이며, 건강한 공격성은 참 자기모습으로 발전하도록 도와준다는 것이다.

위와 같이 대상관계 이론(object-relation theory)은 어릴 때 부모 또는 주요 인물과의 관계가 현재 우리 주변의 대인관계와 밀접한 관련성이 있음을 나타내고 있다.

2. 욕구해결과 대상관계

대인관계를 이해함에 있어서, 과거 대상관계 속에서 발생한 욕구해결과 욕구불만이 현재생활에 어떤 영향을 미치는가를 알아보기 위하여 정방자(1998)의 대상욕구에 대한 내용을 살펴보도록 한다.

인간은 타고날 때 생존에 필요한 기본적인 대상욕구(object needs)를 가지고 태어난다. 이 욕구는 특별한 신경증적인 구조와는 다르며 현실적인 대상에 대한 욕구이다. Mussen(1963)은 발달초기의 기본적 욕구를 생리적인 것과 심리적인 것으로 구분했다. 전자에 속하는 것으로는 식욕(needs for food), 체온조절에 대한 욕구(needs for temperature regulation), 배설에 대한 욕구(needs for elimination), 산소에 대한 욕구(needs for oxygen)이다. 이들 욕구들은 충족되지 않으면 생리적으로도 생존이 불가능하다. 이중에서 식욕을 제외한 나머지 욕구들은 생리적인 조절기제에 의해서 어느 정도까지는 유아 혼자서도 해결할 수 있다. 그러나 식욕만은 유아 혼자서 전혀 해결할 수 없고 이것을 충족하기 위해서는 타인에게 절대적으로 의존해야 한다. 유아기에 이들 생리적 욕구를 해결해 주는 사람은 주로 어머니이다. 따라서 어머니의 애정은 유아의 욕구를 해결해 주는 기본요인이 되며, 이로 인해서 유아는 건강하게 자랄 수 있다.

어머니에게 사랑 받고 의지하려는 욕구는 심리적 욕구(psychological needs)로서 원래는 생리적 욕구(physiological needs)에서 파생되어 나왔다. 그러나 전자가 결핍될 때는 후자의 생리적 욕구도 충족하기가 어렵다. 따라서 이 시기에는 생리적 욕구와 심리적 욕구는 구별하기가 어렵다고 Tarachow(1963)와 Mussen(1963) 등은 말한다. Saul(1958)은 모든 사람의 근원적 원망(願望, libidinal wish)에는 여러 가지가 있을 수 있지만 그 중에서도 가장 기본적인 것이 의존욕구(dependant needs)와 애정욕구(love needs)라고 한다. 이 때문에 인간은 성장하여서도 유아적인 의존을 계속해서 반복하려 하고 또 사랑 받고자 하는 행동도 반복해서 나타낸다고 해석하고 있다.

이상에서 살펴본 기본 대상욕구들은 모든 인간에게 공통적인 것으로서 생존을 위해서 필요하고도 건강한 욕구이다. 애정적이고 성숙한 부모는 이 건강한 아이의 욕구를 초기에는 공생유대를 통해서 충분히 충족시킨다. 이러한 충족은 아이에게 만족과 신뢰감을 준다. 아이는 이 신뢰감을 통해서 자기 자신과 타인 및 세계에 대한 믿음을 형성시켜 나간다. Erikson(1963)은 이것을 기본신뢰(basic trust)라 하고, 이 기본 신뢰가 생후 1년까지 충분히 이루어져야 그 후의 성격을 정상적으로 발달시킬 수 있다고 한다. Cameron(1963)에 의하면 이 시기에 공생관계를 갖지 못하면 자폐적 아동(autistic child)이 되고 이들은 일생동안 효과적인 인간관계를 형성하지 못한다. 또한 외부 현실에 대한 지각과 건강한 자아를 구축하지 못한다고 한다.

아이가 성장함에 따라서 부모는 의존적이고 공생적이었던 친자관계를 점차 분리시켜야 한다. 그렇게 해야 아이는 독립적이고 자율적인 인간으로 성장한다. 물론 부모에게서 분리하여 독립할 때는 의존적인 욕구가 좌절되기 때문에 분노와 고독을 경험한다. 그러므로 분리경험은 서서히 이루어져서 아이에게 외상(trauma)이 되지 않도록 해야 한다. 분리가 시작될 때는 아이뿐 아니라 부모도 허탈감과 고독감을 맛본다. 부모와 아이 모두가 이 고독감을 참고 이길 수 있어야 한다. 공생분리가 원만히 이루어지지 못하면 아이는 계속 의존적으로 남게 되고 그 결과 열등감에 사로잡힌다.

공생분리와 더불어서 부모는 아이의 연령에 맞게끔 적절한 규율(discipline)과 임무(task)를 부과할 수 있어야 한다. 규율과 임무는 아이의 초자아와 자아가 성숙하는 데 필수 불가결한 요소이며, 충동과 욕구를 조절하는 조건이 된다. 이 때 규율을 부과하지 않고 아이의 욕구를 지나치게 허용하면 아이는 욕구를 지연시키고 조절하는 힘이 없어져 충동적인 인간으로 자라기 쉽다.

Sperling(1963)은 육아과정에서 아이의 성격을 정상적으로 발달시키려면 규율이 있어야 하고, 이것이 내적 규제(inner restraint)가 되어야 한다고 지적한다. 사람의 마음속에 규율이 발달되는 과정은 자기를 사랑하는 사람을 동일시하는 데서 비롯된다. 부모가 자신들의 충동을 두려워하고 통제하지 못하면 자식의 충동적인 마음에 대해서도 적절한 통제를 하지 못한다. 그리하여 이들은 자식의 충동을 지나치게 통제하거나 또는 지나치게 허용함으로써 자식에게 위험한 상황을 만들어낸다. 이 두 가지 경우에는 사람이 자기의 충동에 압도되어 충동조절을 하기 힘들며 그 결과 성격형성에 많은 지장이 초래된다.

충동에 대해서 심한 불안을 갖고 있는 사람은 관대하고 성숙한 초자아를 형성할 수 없다. 이들은 통제하기 어려운 본능이 두려워서 지나치게 자기처벌(self-punishment)적인 태도를 키울 우려가 많다. 적절한 규율과 도덕 및 가치는 사람으로 하여금 일생동안 본능을 조절하고 통제하는 힘을 키워주며 지나친 자기 처벌적 태도를 예방하는 데 큰 도움을 준다. Geisel(1951)도 육아과정에서 아동의 욕구와 충동을 지나치게 허용하는 것은 바람직한 일이 아니라고 지적하고 있다.

Sperling(1951)과 Geisel(1951)의 견해와는 달리 Aichhorn(1935)은 아이를 기를 때 허용과 사랑이 가장 중요하다고 강조했다. 그는 허용과 사랑이 아이의 공격적인 행동을 조절하는 데 가장 좋은 방법이라고 추천하고 있다. 그러나 그의 주장은 1930년대의 것으로서 그 당시 서구에서는 엄격한 규율 밑에서 아이들을 양육했다. 따라서 그와 같은 엄격한 육아법을 조절하는 데는 허용과 사랑이 가장 필요한 수단이 되었을 것이다.

어쨌든 동·서를 막론하고 최근의 부모들은 육아과정에서 허용과 사랑을 너무 지나치게 사용하고 있다. 이와 같은 육아법을 조정하는 데는 규율이 가장 좋은 방법이 될 것이다. 규율은 아이들로 하여금 그들 자신의 공격성에 대한 불안을 극복하고 공격성을 재 통제할 수 있게 해 준다고 최근의 학자들은 주장하고 있다. 즉, 규율과 임무는 앞으로 아이가 성장하면서 여러 곳에서 겪게 될 심한 자극에 대비해서 정신적인 예방주사를 맞는 것이라고 이동식(1975)은 언급하기도 한다. 그러나 이러한 과정에서도 아이가 이길 수 없는 심한 자극과 긴장이 밀어닥치면 부모는 다시 일시적으로 아이를 돌봐주고 의지하도록 만든다. 요컨대 사랑을 바탕으로 한 규율과 과업의 부과는 성숙한 성격을 배양하는 토대가 된다.

이와 같은 경험을 계속하는 동안 아이의 마음속에는 건강하고 지지적인 (supportive) 부모가 내재화되어 사람들은 실제로 부모가 옆에 없더라도 불안이 없으며 독립적인 인간으로 성장한다. 이들은 대인관계에서도 자신의 결핍된 욕구를 바탕으로 해서 상대방을 지각하거나 판단하는 경향이 적으며, 타인이나 사물을 욕구충족의 대상이나 수단으로 삼지 않는다. 대상에 병적으로 집착하지 않기 때문에 상대를 독립적인 주체(subject)로서 자각할 수 있고 고독을 이기고 독립하는 힘을 보인다.

이들의 대상관계의 특징은 깊고 진정하면서도 상대에 얽매이지 않고 동시에 상대를 자기에게 매어두지 않는다. 이 관계는 상호 건강한 의존을 하면서도 집착함이 없이 언제든지 분리(독립)할 수 있고, 사랑의 마음으로 미움을 이기는 것이 특징이다.

3. 욕구불만과 대상관계

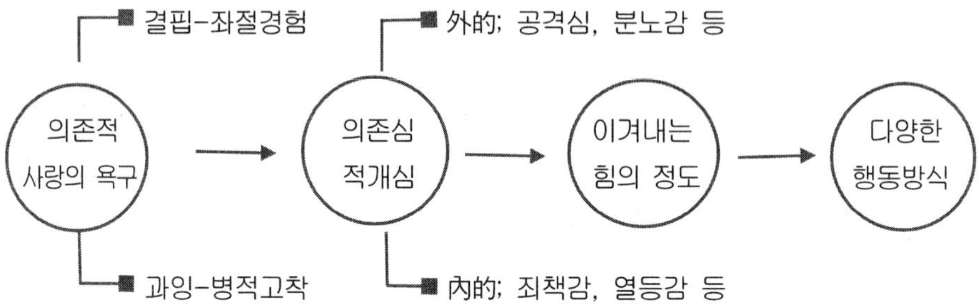

<그림 2> 욕구의 과잉충족과 결핍

앞에서 언급한 것처럼 인생 초기의 건강한 기본욕구들은 적절하게 충족되면 정서적으로 성숙한다. 그러나 초기의 잘못된 대상관계로 인하여 이들 욕구가 지나치게 결핍되거나 과잉 충족되면 이 욕구에 병적으로 고착한다. 그리하여 이것이 의존심(dependancy)과 적개심(hostility)의 두 가지 기본 동기를 만들고 일생동안 여기에 매달리게 한다. Saul(1958)은 "인생초기에 부모에 의해 애정욕구가 심하게 좌절되면 이것을 얻기 위해 대상에게 비참할 정도로 의존한다. 그 결과 열등감이 발생하고 열등감은 다시 적개심을 불러일으킨다. 적개심은 죄의식과 자기처벌적인 자학을 하게 만드는데 그 이면에는 유아적 욕구좌절이 있다는 것을 의미 한다"고 강조하고 있다 <그림 2 참조>.

욕구좌절이 적절한 수준(optimal level)에서 이루어지면 그로 인한 적개심과 충동의 양은 적다. 이때 그 이유를 살피고 감정을 조절, 극복할 수 있는 힘이 자란다. 그러나 감정의 힘이 클 때는 통제하기 어렵고 또 자기가 사랑을 받으려는 대상에게 적개심을 갖기 때문에 심한 죄악감에 사로잡힌다. Freud는 모든 죄악감과 불안은 적개심에서 나오며, 적개심은 통제하기가 어려운 힘이기 때문에 사회생활과 대상관계에 큰 장애를 일으킨다고 갈파하고 있다.

Yarrow(1961)는 아이를 양육할 때 정상에서 이탈되고 왜곡된 형태를 모친상실(maternal deprivation)이라고 명명한다. 유아기의 모친상실은 인생후기의 지적, 성격적, 사회적 기능장애 및 대인관계의 장애와 깊은 관련이 있다. 모친상실이라 함은 정상적이고 참된 어머니의 역할을 하는 어머니가 없는 경우라고 하며 여기에 수용소 양육(institutionalization), 모친이별(부모의 이혼・불화・사별 등으로 인한 상실), 다수모친(어머니 역할자가 동시에 다수 있는 것), 왜곡모친(친모라도 거절적이거나 과잉보호적이거나 일관성 없는 태도인 경우)을 포함시키고 있다.

과잉보호적이거나 익애형인 어머니는 아이를 지나치게 보호하고 병적으로 사랑하여 아이의 욕구를 적절하게 좌절시키지 못한다. 이들은 오히려 아이에게 심히 의존을 하고 있다. 따라서 자녀의 독립에서 오는 고독과 불안을 어머니

자신이 참기 어려워서 아이를 의존적으로 만드는 경향이 있다. 이런 아이는 현실검증이 잘 발달되지 않아서 자신을 독립된 존재로 보는 힘이 적으며, 욕구를 지연, 인내하지 못하고 항상 즉각적인 충족을 원한다. 따라서 욕구가 좌절될 때는 충동적이고 공격적으로 되어서 조절하기가 힘이 든다. 이들은 성장함에 따라서 부과되는 욕구의 지연 및 좌절, 규율과 임무 등이 고통스럽다고 생각하여 심리적으로는 계속 유아상태에 머물기를 희망한다.

반대로 인생초기부터 욕구결핍을 심하게 경험하는 경우에도 심리적 성숙은 방해를 받는다. 이들은 욕구결핍에 따른 불신감과 적대감 때문에 대상관계를 정상적으로 발달시키지 못한다. 또한 일생을 결핍된 욕구의 노예가 되어 어떠한 희생을 무릅쓰고라도 이것을 충족하려고 한다. 이들도 정신적으로는 계속 유아기에 머물면서 타인이나 사물 및 심지어는 자기 자신까지도 이 욕구를 충족하기 위한 수단으로 삼으려 하는 것이다.

수용소의 시설아들을 대상으로 하여 연구한 Goldfarb, Yarrow 및 기타 여러 연구자의 연구를 종합해 볼 때 시설아들은 일반적으로 애정적인 관계가 심히 결핍되어 있다. 그뿐 아니라 감각적 자극이 빈곤하고 사회적 접촉이 적어서 지적・언어적 발달이 지체된다. 이들은 대인관계에서 무감동하고 의존적이며 눈치를 살피는 경향이 많고 사회적 감각이나 판단력이 부족하며 소극적인 것이 특징이다. 어머니와 이별한 아동의 경우에도 정서표현이 자유롭지 못하고, 무감동, 타인에 대한 관심 상실과 더불어 정상적인 애정관계를 갖지 못한다. 비록 어머니가 있더라도 올바른 역할을 하지 못한 왜곡모친 밑에서 성장한 아동 역시 원만한 대상관계의 경험이 없기 때문에 정상적인 관계를 형성하기가 어렵다.

이상에서 살펴본 바와 같이 성장과정에서 욕구들을 적절하게 해결하지 못하면 인간을 충동적으로 만들기 쉽다. 그 결과 현실을 자기의 해결하지 못한 욕구에 비추어서 판단하고 욕구에 맞으면 옳고 맞지 않으면 그르다고 생각한다. 따라서 이들은 애증(愛憎, live and hate)의 변화가 심하고 세상을 흑과 백 두 가지로 구분해서 보는 경향이 많다. 이들은 자신의 요구가 유아적이고 비현실적이어서 현실에서 이루기가 불가능하다는 것을 깨닫지 못하고, 한 대상에게 실망하면 또 다른 대상으로 전전하면서 끝없이 헤매고 여기에 집착한다. 그리하여 현실 인간관계에서 이루어지지 않을 때는 사물이나 동물 또는 외부에 인격신이나 신을 만들어 놓고 거기에 매달린다. 이러한 유아적 욕구는 성인이 되어 필요 없는 환경이 되어도 계속 되풀이해서 충족하려 하기 때문에 Freud는 이것을 반복강박(repitition compulsion)이란 이름을 붙이고 있다.

4. 노이로제적인 욕구

인간에게는 당연한 욕구들이 많이 있다. 남으로부터 칭찬 받고 싶은 욕구, 인정받고 싶은 욕구, 관심 받고 싶은 욕구, 잘나고 싶은 욕구, 기대고 싶은 욕구 등등… 그 욕구의 종류는 이루다 말할 수 없을 정도이다. 이러한 욕구들은 인간으로서 충분히 가질 수 있는, 이해됨직한 욕구들이다.

그러나 이러한 욕구들도 지나치면 노이로제적인 욕구가 되는 것이다. 강아지가 자기를 좋아한다고 주인이 가는 곳마다 들어붙어 안기고 물고 빠는 행위와 같은 것이다. 이 욕구들이 너무나 과잉되면 일종의 '인정병' '관심병' 등이 되어 이제 자신을 좋아해 주지 않고 인정하여 주지 않으면 세상에서 사는 재미가 없고 의기소침하여 지는 것이다. 일거수일투족 누구에게 칭찬과 관심을 받아야 하기 때문에 모든 일들이 자신을 위해서 하는 것이 아니라, 타인의 인정과 칭찬 때문에 하는 것이다. 말하자면 타인의 관심의 노예가 되었다고나 할까….

이러한 노이로제적 욕구는 크게 두 가지로 나누어 볼 수 있다. 하나는 너무나 그 욕구를 충족시키지 못한 데서 오는 이유이며, 또 다른 하나는 욕구가 과잉충족되어 그 과잉상태에 고착된 나머지 벗어날 수 없는 원인도 있다.

자라면서 부모가 적절하게 아이의 욕구를 충족시켜 주어야 하는데 자신의 삶의 방식이나 가치관에 따라 아이의 입장에서 생각하지 못하고 부모 자신의 입장에서 아이를 통제하고 가로채는 부모는 전자에 해당된다. 이들은 아이의 입장에서 아이의 욕구를 배려하는 힘이 약하다. 그러다 보니 아이가 지금 무엇을 진정으로 원하는지에 대한 관심이 부족하다. 또한 부모자신의 환경적, 물질적 빈곤에 의하여 아예 아이의 입장이 자신의 의식 속에 들어와 있지 않는, 그야말로 무관심상태일 가능성도 높은 것이다. 아이는 끊임없이 관심을 가져달라고 애원도 하고, 떼를 써 보기도 하고, 고집을 피워보기도 하고, 짜증을 내면서, 반항을 하면서 계속적으로 필요한 욕구를 내세우고 있으나, 부모는 눈 뜬 장님이 되어 그 욕구를 인식하지 못하고 사는 것이다.

또한 부모는 자녀가 원하지 않는 것까지 무조건적으로 다 해주는, 그야말로 아이는 물 속에서 나와서 자유롭게 공기를 마시고 싶어 하는데 부모는 사랑이라는 바다에 아이를 푹 빠뜨려 아이를 구속시키는 익애형의 부모를 말한다. 아이가 그만 그 바다에서 나오고 싶다고 몸부림을 수없이 치는데도 불구하고, 마치 그 바다에 들어있지 않으면 아이가 어떻게 될 것 같은 두려움 속에서 아이를 반복적으로 그 바다에 빠지게 하는 것이다. 사랑의 바다라는 이름하에 구속의 상태가 되어 버리는 것이다. 이것 역시 아이에게는 엄청난 스트레스다. 처음에는 몸부림치면서 반항하지만, 그 반항이 먹히지 않을 경우에는 그 바다 속에서 그냥 살아갈 수밖에 없음을 체득한다. 사랑을 받았다고는 볼 수 있으나 불안과 두려움 속에 헤매고 있는 것이다. 또한 계속적으로 그 바다에 빠지지 않으면 살아갈 수 없을 정도로 습관화되면서, 이제는 그 바다에 끊임없이 흠뻑 빠지기를 기대한다. 문제는 그 바다라는 환경을 누군가 지속적으로 제공하면 -부모가 하였던 방식으로- 다행이겠으나, 어느 누구도 그 부모만큼 완벽하게 똑같은 환경을 제공하지 못하는 데서 문제가 발생된다. 여기서 노이로제적인 욕구가 발생되는 것이다.

노이로제적인 욕구가 적당한 수준으로 있는 것은 어떻게 보면 자존심이 있어 보이고, 자아강도가 튼튼해 보이기까지 한다. 그러나 그 욕구가 너무 심하면 남들이 느낄 정도로 사회생활에서 정신적인 장애를 보이기까지 하는 것이다. 이 욕구의 가장 큰 문제점은 자기인생을 살지 못하고 타인의 눈치인생을 산다는 것이다. 위의 두 가지 원인을 잘 생각하면서, 어떤 특정욕구에 지나치게 매달리는 자신을 들여다보고 통찰할 수 있다면 스스로 자신을 조절하는 힘이 생길 것이다.

일거수일투족 타인에 의한 지배를 받고 산다는 것은 얼마나 자신을 힘들게 하는 일이겠는가! 인간이 가진 독특성이 얼마나 다양하며, 자신의 행위 하나 하나가 이 세상을 운전하고 있다는 소중한 자기인식이 얼마나 중요한데… 이러한 인식은 거의 순간적으로 놓치고 살기 쉽다. 금방 되돌아서면 습관화된 방식으로 돌아가 있는 우리 자신… 그 노이로제적인 욕구에 자신이 무너지는 안타까운 현실에서 진정한 나 자신으로 살아가려는 끊임없는 훈습과정이 필요할 것 같다.

5. 부모-자녀관계 역동탐색 사례

보이지 않았지

(창공)

엄마하면 수많은 감정이 일어난다.
항상 불안하고, 답답하고, 불쌍하고, 막막하고,
억장이 무너지고, 화가 치밀고, 마음이 안 놓인다.

편안하게 엄마를 바라보거나 함께 해본 적이 없다.
아슬아슬한 엄마를 바라보는 나는 그지없이 불안했다.

엄마가 편안해지면 나도 편안해지겠지…
그러면 엄마랑 함께 해도 불안하지 않고 편안하겠지…

편안한 엄마랑 함께 있고 싶어서… 힘든 엄마의 빚을 갚아주고 싶었다…라고 장에서 말하고 나니,
내 속에 그 맘이 있을 땐 너무나 당연한 거라고 생각했는데,
꺼내놓고 보니
엄마에게 편안하게 의지하고 싶었던 마음… 정말 딱 한번이라도
그렇게 하고 싶었던…. 내가 힘들어도 그러고 싶었던….
간절한 내 마음… 정말 간절했구나…
그랬던 내 마음을 안아본다…. 가슴이 아프다.
내가 얼마나 불안했는지… 힘들었는지…
거기서 무지 빠져 나오고 싶었는데 가슴이 뜨거워진다.
나도 편안해지고 싶었지….

그게 편안해지는 길이라고….
앞 뒤 분간 없이 엄마에게 해 줘야 한다고 믿고 있던 것은 어처구니가 없고
말도 안되는 짓을 하고 있었구나…

정신이 든다.
힘든 나도 보이고 그게 편안해지는 길이 아니라는 것도 보인다.
감정에 집착해 사리판단이 안되었다.
도반들은 다 보이는데 나는 그게 보이지 않았구나.
감정에 휩싸여 아무것도 보이지 않고 딱 한 길 밖에 보이지 않았구나….
나를 더 힘들게 하는 그 길을 말이다.

제8장 부모-자녀간의 전이감정

1. 전이감정의 이해와 실제

1) 전이감정의 이해

우리의 내면을 가만히 들여다보면, 매우 익숙해진 감정, 사고, 행동 패턴을 사용한다는 것을 알 수 있다. 그 익숙해진 패턴들은 거의 무의식적으로 작용할 뿐만 아니라, 완전히 자동화된 반응으로 이루어지기 때문에 어떻게 해 볼 수 없는 사이에 일어나는 반응이라는 것을 알 수 있다.

아무런 일이 일어나지 않아도 그저 불안한 마음…
별일이 없는 데도 우울하고 무기력해지는 느낌들…
약간만 누가 나에게 좋지 않은 말을 해도, 그냥 상처를 받아버리는 나의 마음들…
어떤 일에서건 제일 잘난 모습을 보여주고 싶은 마음들..
주변에 사람들이 있으면 내가 더 잘 났는가 저 사람이 더 잘 났는가 저절로 비교되는 마음들… 밀쳐지는 마음들…

이런 마음들은 우리가 느끼고 싶어서 느끼고, 느끼고 싶지 않아서 느끼지 않는, 그런 감정들이 아니라, 어느덧 그 감정들에 우리가 익숙해 있는 것이다. 무엇인가에 길들여있는 것이다. 어떤 상황에서나 사람에게 어떤 감정이 자동으로 길들여져 있는 것이다.

인간은 자기가 원하든 원하지 않든 누군가에 의하여 혹은 무엇인가에 의하여 길들여진다. 길들여진 과거 경험으로부터 우리가 완전히 자유로워질 수 없다는 사실… 과거를 더 이상 들추어본들 무슨 소용이 있겠는가, 지나간 것이지 않는가, 생각한들 무슨 소용 있겠는가 라고 고개를 흔들어 보지만, 과거경험으로부터 길들여진 정서는 우리 내부에 마치 땅속의 뱀 마냥 또아리고 앉아있다. 그런 후 바깥에서의 어떤 자극이 들어오면(특히 과거와 유사한 자극) 즉시 머리를 바싹 치켜들고 투쟁하거나 더욱 더 움츠리는 도피반응을 통해서 세상과 관계하는 것이다. 바로 이 투쟁과 도피라는 두 반응이 대인관계의 보편적 양식이다.

예컨대 결혼 후의 배우자와의 생활에서 부모와의 어린 시절의 유아적인 유대에 길들여져 벗어나지 못하게 될 경우에는(유아시기의 감정이 어른이 되었을 경우에도 조절이 안될 경우), 남자이면 어머니같이 자기를 보호해 주는 여자를 구하게 되고 여자는 아버지 같은 존재를 구하게 된다고 보았다(Saul, 1979). 이 후의 생활에서 다행스럽게도 길들여진 감정이 충족되는 관계이면 문제가 없으나, 서로가 그 욕구를 갈구하는 경우이면 마찰이 일어나고 갈등이 생기게 되는 것이다. 따라서 자신의 길들여진 감정을 객관적으로 바라보고, 현실적이지 못한 것을 분간할 수 있으면 성숙한 대인관계를 형성할 수 있다.

전이과정(transference process)은 정신역동적 접근법에서 자신과 상대방을 이해하는 핵심이다. 전이(轉移)는 과거에 중요한 타인들에 대한 반응에서 생기는 일종의 치환(displacement)으로서 긍·부정적인 자신의 느낌이나 환상이 상대방에게(상담장면에서는 상담자에게) 무의식적으로 옮겨가는 것이다. 즉 과거 관계에서 생긴 '미결사항'이 상대방에게 넘겨지는 것을 의미한다(Corey, 1986).

사람들은 그에게 감정적으로 중요했던 인물, 즉 거의 대부분의 경우 부모가 그를 취급한 양식에 어떤 방식으로든 적응하게 되어 있다. 이 때 그 방식은 무의식적으로 다른 모든 대인관계에서도 동일한 양식으로 계속된다. 즉, 과거

(유・아동기 시절)에 그에게 중요했던 사람에게 느꼈던 감정이 현실에서도 무의식적으로 작용하는 것을 전이감정이라고 한다(Saul, 1972).

정신역동적 상담장면에서의 '전이'는 상담자(치료자)-내담자 관계에서도 중요한 도구가 된다. Saul(1958)은 전이를 다음과 같이 피력하고 있다. "전이는 모든 사람의 기본역동(basic dynamic)의 특수한 한 방향이며, 이 기본역동들은 어린 시절 중요인물과의 관계에서 작용했고, 이 관계에 의해서 형성된 것이다. 이들 기본역동들은 환자의 현실관계에도 작용하고 치료자에게도 전이된다." 예를 들면, 어릴 때 지배적인 어머니 밑에서 심한 압력을 받고 자란 내담자들은 치료시간 중에 치료자 앞에서도 어머니에게 보였던 적응방식을 나타낸다. 그리고 치료자의 행동 중에서 조금이라도 지배적인 면이 있으면 그것에 유달리 민감하게 반응한다. 그런데도 전이반응을 하는 내담자는 이러한 감정이나 행동을 완전히 치료자와의 현실적 관계에 의한 것으로만 보고 있다. 내담자의 전이반응을 조기에 빨리 파악하면 그의 기본역동을 찾아내기가 쉽다고 하는 이유는 이 때문인 것 같다.

Dewald(1974)는 "전이반응이란 과거 내담자가 자기의 주위 사람들과 관계했을 당시에는 현실적이고 적절했던 심리적 반응이다. 그러나 현재 상황에서 반복하는 경우에는 현실관계에 의한 것이라기보다는 그 사람 자신의 내적 동기나 내적 요인에 의해서 결정되는 심리적 반응이다"라고 한다.

이러한 상담자-내담자 관계는 대인관계에서는 그대로 적용된다. 즉 항상 현실적인 관계이외에 비현실적인 전이관계(transference relationship)로 서로에게 불편함을 주는 경우는 허다하다.

전이감정을 해결하기 위해서는 무의식적으로 숨어 있는 유아기의 갈등과 감정 등을 지속적으로 표면화시켜야 한다. 전이는 대인관계에서 사랑, 적개심, 불안감, 분노, 유아기의 강렬했던 갈등을 재생시켜서 그것들을 재현시키고, 재 경험하는 과정을 통해서 반복적으로 경험한다. 그러므로 정신역동적 상담일 경우에는 지속적인 반복상태를 극복하는 과정을 겪어야 하므로 장기적인 치료를 경험한다.

일반적인 대인관계에서도 마찬가지이다. 상대자를 자신의 전이감정의 대상자로 귀착시켜 사랑, 수용, 인정의 감정에 빠진다든가(긍정적 전이), 서운함, 거리감, 분노… (부정적 전이) 등등의 갈등을 겪게 된다. 어떻게 보면 정신역동적 입장에서 대인관계를 이해한다는 것은 상대방에 대해 느끼는 전이갈등을 스스로 분석하고 진단하여, 자신의 감정을 책임져 나가는 과정이라고 해도 과언이 아니다.

상담과정에서는 표출하고 통찰하는 과정을 반복적으로 가지는 훈습과정을 통해서 전이감정을 탐색하지만, 대인관계에서는 표출도 못하고 어떻게 자신을 통찰하여 나가야 할지도 모르는 상태에 흔히 머무르기 쉽다. 그래서 많은 사람들은 그때그때 갈등을 해결하지 못하고 억압하였다가, 부딪치는 적절한(?) 상대에게 그 감정을 떠넘기는 꼴로 해결하곤 한다.

아동기의 욕구와 외상(trauma)의 흔적은 완전히 지워지지는 않는다. 따라서 어린 시절의 갈등은 비록 전이의 여러 양상들이 상담 또는 교육장면에서 훈습되었다 할지라도 완전히 해결되는 것은 아니다. 따라서 대인관계에서는 상대방에게 모든 책임을 떠넘기지 않는 수준이면 무난하게 살아가는 모습이라고 보아야 한다.

우리는 때로 우리의 삶을 통해 다른 사람들이 해 주리라고 비현실적으로 기대하는 것이 많다. 동시에 이 기대를 상대방에게 비합리적으로 투사하려는 갈등이 발생한다. 이것이 대인관계에서의 갈등이며, 자기 자신과의 싸움이다. 이런 점에서 우리는 많은 사람들과 지속적으로 전이를 경험한다고 볼 수 있다.

한마디로 우리의 과거는 현재의 우리 속에 살아있다.

전이감정과 관계된 자기이해를 가정하지 않는다면 자기를 진정하게 이해하기 어려우며, 대인관계에서 발생하는 갈등의 해결은 표면적일 가능성이 크다.

2) 전이감정의 이해를 통한 감정조절

전이감정의 이해를 통하여 대인관계의 문제를 어떻게 조절해 나가는지에 대한 내용은 다음과 같다.

첫째, 즉각적인 반응을 자제하면서 감정을 자각한다. 우선 상대방이 어떤 행동을 하고 있을 때 그 행동이 나에게 못마땅하거나 다소간의 불편한 감정을 유발시킬 때 즉각적인 반응을 자제하고 나에게 어떤 감정이 일어나는가를 살핀다.

둘째, 그 감정에 머무른다. '저 사람이 **행동을 하고 있구나. 그런데 나의 기분은 **하구나'라고 느끼면서 그 기분을 없애려고 하지 말고 있는 그대로의 감정에 머무른다. 이 때 경우에 따라서는 매우 오래 머무를 수도 있다.

셋째, 옳고 그름을 따지지 말고 내가 할 수 있는 일을 탐색해 본다. 물론 상대방이 나의 감정을 편안하게 행동을 바꾸어주면 고맙겠지만 그렇지 않는 경우가 많다. 우리의 관계는 계속 유지해야하는 관계이므로 상대방이 바꾸어주지 않는다고 해서 그 상태를 그대로 유지하기에는 갈등이 지속될 수 있다. 그렇다면 내가 할 일은 무엇일까를 생각해 본다.

넷째, 자신의 전이감정을 탐색하기 시작한다. 우선 자신의 감정이 편해지지 않으면 객관적으로 상대방을 바라볼 수 없고 문제를 해결할 수도 없다. 그러므로 감정을 조절하기 위하여 먼저 자신에게 왜 이런 감정이 생기는가에 대하여 탐색해 보는 자세가 필요하다. 자신의 감정에 대한 전이된 내용을 자각하고 그것이 반복된 것이 아니었나를 통찰하는 자세를 뜻한다. 있는 그대로 상대방을 볼 수 없을 때는 자신의 전이감정을 고려해 보아야 한다. 즉 객관적으로 상대방의 행동이 잘못되었다 할지라도 자신의 전이감정을 체크해 보는 것은 성숙한 자세라고 볼 수 있다.

다섯째, 상대방의 전이감정 역시 탐색한다. 대인관계에서의 문제점은 모두가 일방적인 경우는 거의 없다. 그러므로 자신의 전이감정을 탐색하는 것은 성숙한 자세임에는 틀림없으나 상대방의 전이감정도 살펴봄으로써 문제의 본질을 합리적으로 파악할 수 있는 계기를 마련한다. 또한 지나친 죄책감이나 억울함을 사전에 방지시킬 수도 있다.

여섯째, 나와 상대방의 감정을 수용하고 인정한다. 서로의 전이감정에 대한 탐색이 이루어지면 상황의 옳고 그름을 떠나서 서로의 감정을 이해하고 수용할 수 있다. 그러므로 '나도 **느낄만하고 상대방도 **느낄 수 있겠구나'라는 마음이 들면 이성적인 상태에서 문제를 해결하려는 노력이 생길 수 있다.

이렇게 되면 전이감정에 의한 투사된 안목에서 객관적인 안목으로 감정이 조절되므로 차후 학습할 교정적 교육을 통해 새로운 문제해결을 위한 접근이 가능하다.

2. 부모-자녀간의 전이감정

앞에서 전이감정에 대한 이해를 살펴보았는데, 이 장에서는 부모-자녀 간에 발생되는 전이감정을 A씨(30대 남자)의 사례를 통하여 점검해 보도록 한다.

전이감정! 그래. 바로 이것이 내가 그동안 내 아이들에게 대해왔던 모든 생각과 행동이 나의 어린 시절 성장과정에서 형성되어왔던 결과가 아닐까?

이복형들과의 불화(거의 원수지간…), 친척들 속의 외톨이…, 부모에 대한 미움, 정말 싫었다. 특히 아버지한테… 그렇다고 다정다감하신 분도 아니고…

어렸을 때 내가 왜 이런 데서 태어나야 했는가에 대해 많은 실망과 창피함, 갑자기 다른 세상에서 번듯한 집안의 아들로 태어나 생활했으면 하는 꿈 아닌 꿈을 동경해 왔다. 아버지와는 그런 이유에서인지 어느 날부터(아주 어렸을 때인 것 같다) 대화 단절로 커 왔다. 글쎄… 내가 어떻게 공부를 하고 있는지? 어떻게 학교생활을 하고 있는지 전혀 관심 밖이었으니까… 당시 부모들 대부분이 그랬을까 하는 의문이 들 정도였다. 하기야 공부하는 데 있어 뒷바라지 해주신 것에 대해서는 감사하지만… (…중략…)

아동기의 주요감정이 매우 잘 드러나 있다. 어린 시절, 자신의 처지가 실망스럽고 수치스러웠으며, 더욱이 가족관계에서의 외로움과, 부모에 대한 적개심 등이 컸다. 좀 더 좋은 가정에 태어났으면 하는 바람이 있는 것으로 보아 완전히 절망적인 것은 아니며, 더 좋은 것에 대한 갈구가 잘 나타나 있다. 이러한 욕구는 훗날 자신 스스로에게 혹은 자녀에게 전이감정으로 표출될 가능성이 높다. 긍정 혹은 부정으로… 특히 그 시기의 이러한 감정은 누군가와 나눌 수가 없었으므로 억압되었다. 이러한 억압된 감정이 전이되어 청소년기를 맞으면서 드러나는가를 계속 살펴보도록 한다.

어머니는 나에 대한 기대가 무척 크셨다. 어머니와 나의 성격은 거의 흡사하다. 아니면 아니다, 맞으면 맞다 하는 대쪽 같은 성격이다. 그러다 보니 사사건건 충돌을 했고 그럴 때마다 반항을 많이 했다. 비록 내일 시험을 본다 하더라도 시험공부는 하지도 않고 TV만 밤새도록 보곤 했다. 일종의 반항시위라고나 할까…

내가 커오면서 우리 부모는 애를 학원에 보내고 등록금 꼬박꼬박 내주시면 다 되는 줄 아셨나 보다. 동화책 한 권을 사 주신 적이 없다. 다른 친구 집에 가면 멋진 동화책 시리즈도 많고 그랬었는데 나한테는 없었다. 할 수없이 빌려서 좀 읽고 학교에서 좀 읽고… 내가 우리 아이들한테 무식할 정도로 책을 사 주는 것에 대해서는 이런 보상심리(나는 그러지 못했지만 우리 아이만큼은 책을 많이 읽혀야 되겠다)가 많이 작용했고 또 의도적으로도 그렇게 해왔다.

대입고시 때는 평소 실력보다 잘 못 보다보니 어머니께서는 재수하라고 하셨지만 나는 그런 말을 듣는 것조차 거부감이 일어 내 맘대로 학교를 정해서 진학했다. 물론 어머니는 말도 없으시고 냉전을 치뤘지만… 대학 2학년 때 아! 내가 왜 진작 어머니 말씀을 안들었을꼬! 한탄하면서 본격적인 재수생활을 시작하였다. 그러나 여름인 7월에 병역 징집통지서가 나왔다. 그때 어머니, 나 엉엉 울었다. 볼썽사납게… 그렇게 모든 것이 끝이 났다. 지금에 와서 생각해 보면 일찍 어머니 말씀을 들었더라면 하는 아쉬움과 한탄, 어머니에 대한 죄책감, 나만 바라보고 살아 오셨을 것 같은 분이었는데…

어머니의 기대는 이 분의 인생에서 전반적으로 무력하게만은 만들지 않았다. 그러나 아동기시기의 주요 감정 때문에 청년기에는 투쟁방식을 사용하였다. 사실상 이 방식은 자신스스로에게 도움이 되는 방식이 아니었다. 즉 밤새 TV만을 본다든지, 시험공부를 하지 않는다든지, 아무렇게나 학교를 정해서 진학한다든지, 등등 자신에게 해가 되는 방식이었다. 조금 더 세월이 흘러 그러한 방식 때문에 스스로에 대한 아쉬움과 한탄, 죄책감이 일어나지만 쉽지 않다.

그러나, 당시 나는 어머니의 그 어떤 말도 나를 설득한다거나 마음에 닿지는 않았다. 무슨 문제인지는 모르지만… 참으로 통탄할 일이다. 그렇지만 지금도 어머니와는 어떤 면에서는 날카롭게 부딪치는 경우가 많다. 그래서 일부러 그런 얘기는 내가 의도적으로 피한다. 마음은 그렇지 않은데 몸이 그것을 부정한다. 나도 어쩔 수 없이… 왜 그렇게 밖에 할 수 없는지… 그 상황에서는 씩씩대지만 뒤돌아서면 후회하고 또 후회한다. 눈물도 찔끔찔끔 나오고…

성인이 되어서도 나름대로 어머니에게 고분고분하게 대하고 마음을 풀어보려고 하지만, 본인의 깊은 무의식적 적개심 때문에 쉽지 않다. 말하자면 전이감정이 해결되지 않고 있는 것이다. 화내고 후회하고 또다시 반복하지만 쉽지 않다.

어렸을 때 공부만 하라고 했지 다정다감하게 옆에서 가르쳐 주시거나 공부하는 법을 얘기해 주신 적도 없다. 모든 것이 나한테는 부족했고 답답했고 짜증스러운 그런 것들만 있었다고 생각하니 내가 못해 왔던 것들에 대해서는 우리 집 큰애(아들)에게 그걸 고스란히 전수해 주고 있었던 것이다. 그러다 보니 애를 공부 속으로 집어넣고 내가 생각하는 대로 애가 따라오기를 바라고 그것이 안될 경우 혹독하게 야단치고… 나에 대한 보상심리라고나 할까… 그러니 어디 큰애에게 사랑이고 뭐고 다정다감하게 대해 줄 수 있었겠는가 말이다. 책도 많이 읽어야 하고, 남들보다 뛰어나야 하고, 공부하는 법도 잘 터득해야 되고, 꿈도 남들과 달라야 하고, 소신 있게 자신의 의견을 피력해야 되고, 하여튼 슈퍼맨이 돼야 한다는 목표로 애를 달달 볶다보니 애가 내 앞에서는 주눅이 들 수밖에 없었던 것 같다. 이렇게 쓰는 것도 학습(이 공부)하기 전에는 내 생각으로는 어림없었을 것이다. 그런데 지금은 내가 큰애한테 행해 온 모든 것들이 나의 성장과정 속에 꿈꿔 오고 못 했던 것들이 고스란히 애한테 가해지고 있었던 것 같다.

그러다 보니 애가 소신 있는 말도 잘 못하는 것 같고 자신의 말이 맞는지 그렇지 않은지 우리의 눈치도 많이 보고 어떤 때는 그 녀석이 잠자는 모습을 보면 측은하고 안타깝고… 눈물이 나올 때가 많다. 잠자는 놈이 알지 모를지는 몰라도 일단은 뽀뽀는 해주고 나오지만… (작은 애는 너무 사랑을 받아서 탈인데 커서 어떤 머슴아한테 뺏긴다는 것이 마음 아프지만…)

큰애는 사랑이 부족하다. 사랑… 조건 없는 사랑. 지금에서야 내가 한 행동이 애한테 큰 부담이 되었다는 것을 느끼니 참으로 안타깝다.

이러한 전이감정이 아이들에게, 특히 큰 아이에게 고스란히 옮겨지고 있다. 그냥 보상심리라고 생각했다. '나는 부족하다. 나의 처지가 실망스럽고 부모가 나를 제대로 뒷받침해 주지 않았다는 미움도 있다'라는 마음이 그대로 아이에게 전해진다. 즉 '너는 부족하지 말아야 한다. 너는 나를 실망시키면 안된다. 너를 제대로 뒷받침 해 주마. 너는 모든 것을 잘해야 한다.' 라는 것이다. 부모는 자녀를 있는 그대로 느끼고 봐 주면서, 현실적으로 도움을 주어야 하는데, 부모의 전이감정 때문에 발생되는 욕구가 그대로 투사되었으니 자녀의 입장에서는 주눅 들고 어떻게 해야 할지 모르고, 눈치를 보게 되는 것이다.

3. 전이감정의 극복과 부모-자녀 관계의 교정

상담 및 심리치료 장면에서 전이감정의 극복을 위한 노력을 어떻게 하는지 살펴보면서 대인관계에서의 개선을 고려해 볼 수 있다. 즉 치료자와 내담자와의 관계를 나와 상대방과의 관계에서 발생하는 전이감정과 유사하다는 사실을 인식하면서 다음의 내용(정방자, 1999)을 접하여 보자.

대상관계를 교정시키기 위해서 치료자는 내담자로 하여금 어릴 때 중요인물과의 관계를 치료자에게 재형성하도록 허용한다. 즉 치료자 자신이 내담자의 중요대상이 되는 셈이다. 이것을 Freud의 말에서 인용하기로 한다. "환자가 분석자(치료자)를 자기의 아버지나 어머니의 위치에 두게 되면 치료자도 또한 환자의 초자아(superego) 역할을 하게 된다. 왜냐하면 부모는 초자아의 근원이기 때문이다. 이 새로운 초자아(치료자)는 이제 환자에게 후기교육(after education)을 행할 기회를 갖게 되고 부모교육의 결점을 교정할 수 있게 된다." 이 글에서 볼 수 있는 것처럼 치료자는 내담자의 유아기적 정서를 재교육하는 입장에 있다. 이 치료자(부모)는 내담자의 무절제한 욕망과 충동을 무제한 충족(과잉충족)도 시키지 않고 또한 무자비하게 좌절(지나친 결핍)도 시키지 않는다.

치료자는 해석과 중립적 태도를 유지하면서 이 욕구를 적절한 수준으로 충족과 좌절을 시킨다. 그리고 치료자에 대한 감정(적개심)과 기타 주위인물에게 갖고 있는 감정을 안심하고 모두 표현할 수 있도록 분위기를 조성한다. 즉 내담자의 충동, 적개심 및 그가 보고한 자료에 대해서 과거에 부모가 비평한 것처럼 비평을 하지 않는다. 그 대신 치료자는 그의 자아기능에 대해 평가를 한다. 달리 말하면 내담자가 정서적, 감정적으로 정직하게 자신을 표현하도록 격려하고 또 이 정서적인 힘이 나타날 때 그것을 직면하고 조절하는 용기와 능력에 대해서 평가하고 격려한다. 즉 내담자는 과거 어릴 때에는 감정을 억압하고 숨길 때 보상을 받았다. 그러나 치료 시에는 그와 반대로 솔직한 감정을 표현한 것에 대해서(자아기능) 강화를 받는다.

이러한 과정을 통해서 내담자는 죄의식과 불안에서 벗어날 수 있고 동시에 자신의 숨은 동기를 쉽게 파악할 수 있다. 그리고 여러 가지 감정들이 의존적이고 애정적인 욕구가 좌절된 데서 비롯되었다는 것을 체험하게 된다. 치료자가 이들 욕구들을 다루게 되면 그로 인해서 야기된 감정들은 해결하기가 쉽다.

여기서 내담자는 치료자에게 갖고 있는 감정과 관계유형이 원래 자기의 가족원이나 중요대상에게 향했던 것이며, 그 욕구, 감정, 기대 등을 치료자에게 충족하려 한다는 것을 체험한다. 그 결과 자기가 치료자를 왜곡되게 지각한 사실도 의식하게 된다. 한편 치료자는 내담자로 하여금 그가 지금은 어린아이가 아니며 치료자도 또한 그의 부모나 친척이 아니라는 것을 알려주고 내담자에게 과거와 현재 사이를 구별할 수 있도록 도와준다. 즉 치료자는 내담자가 아직도 어릴 때처럼 작고 힘없고 의존적이며 동시에 분노하고 그로 인하여 죄책감에 떠는 아동인 것처럼 생각하고 있다는 것을 깊이 체험하게 한다. 이렇게 되면 내담자는 자신을 성인세계에 있는 나약하고 죄 많은 아이로 보던 것을 늦추고 그 대신 적절하고 성숙한 성인으로 느끼게 된다. 내담자는 보다 성숙한 초자아의 지배를 받게 되고 또 본능(id)에서도 보다 성숙한 동기가 방출된다. 본능과 초자아의 유아적 모습이 부드러워지고 완화되면 자아는 점차 확장되고 자유로워진다. 이렇게 되면 무자비하게 기계적으로 나타나던 무의식적인 행동과 사고방식이 줄어든다. 따라서 유아기의 충동과 죄의식 및 강박에 의한 지배를 훨씬 덜 받게 된다. 내담자의 자아는 성숙한 모습을 띠게 되며 그 결과 추리력, 적응력 및 현실파악 능력 등이 증가한다. 그와 동시에 정서감정에 압도되지 않고 객관적으로 사태를 사고하는 힘이 강해진다. Freud는 "미숙한 본능과 초자아가 있던 자리에 성숙한 본능과 초자아가 성숙한 자아와 나란히 공존하게 된다.”

치료자와 함께 이러한 학습을 반복하는 동안 내담자의 전이욕구와 반응은 점차로 약화되고 조절되며 따라서 대상관계도 현실적 면모를 띠게 된다. 치료관계는 대상관계의 한 표준(sample)이기 때문에 여기서 학습된 반응형식은 예방접종의 역할을 하여서 치료 이외의 다른 대상관계에도 파급된다. 이러한 치료자와 내담자의 관계는 대인관계에서도 어느 한 쪽이 다른 쪽에 대한 직접적인 방법으로 적용될 수 있다.

4. 부모-자녀관계 역동탐색 사례

도망가고 싶은 내 맘

(내공녀)

그 녀석이 왔다는데 왜 도망가고 싶었을까? 왜 숨고 싶었을까?

모든 선생님들이 구제불능이라고 혀를 내 둘렀던 아이지만 적어도 나한테는 예의란 걸 지키고 마음을 여는 듯 했던 아이, 나도 특별히 편견을 가지고 대하지 않으려고 노력하며 오다가다 말도 걸어주고, 잘 지내는지 걱정도 해 주었던 녀석인데… 지난번 찾아 왔을 때도 반갑기보다는 부담스럽더니, 이번에는 왔다는 걸 알면서도, 기다리는 걸 알면서도 밥을 먹으러 갔다. 만나기 싫어서, 얼굴 보는 게 싫어서.

부담스러웠다. 귀찮았다. 조금 받아주니 딱 엎어지는 것 같아 싫었다.(자퇴한 후 이제 겨우 두 번째 찾아 온 건데…) 그 녀석의 어둠과 칙칙한 눈빛이 무서웠다.

이런 느낌이 처음이 아니다. 교사가 되어 학생들을 만나면서 모두가 문제아라고 포기하는 아이, 구제불능이라고 제쳐놓는 아이들, 아무에게도 말 못 할 고민을 안고 있는 아이들이 나하고는 잘 지냈다. 다른 교사들과는 달리 나는 그 아이들을 문제아로 대하지 않으려고 노력했고, 오다가다 안부를 물어줬다. 사랑과 인정에 철저하게 굶주리던 아이들은 나의 그 정도 호의만으로도 나에게만큼은 순한 눈빛을 보여 주었다. 나에게만큼은 '선생님' 이라며 다가와 자기의 이야기를 하고 싶어했다. 그런데 나는 정작 그 아이들이 본격적으로 다가오려 하면 나도 모르게 주춤 한 걸음 뒤로 물러섰다. 부담스러웠다. 어디까지 받아줘야 할 지 선을 그을 수 가 없어 아예 가까이 오는 것을 막았다. 언제나 나는 은연중에 도망가곤 했고 누구보다 예민한 아이들은 그걸 느꼈을 거다. 어쩔 수 없이 올라오는 죄책감… 비겁하다고 생각하면서도, 무정하다고 생각하면서도, 갈 데 없는 아이들을 나까지 밖으로 밀치는 것 같은 죄책감을 느끼면서도…그런데 내가 껴안기는 싫었다.

예전에 아빠는 가정 안 에서 아무도 편이 없었다. 무능한데다 술만 마시면 휘두르는 폭력 때문에 우리 식구들은 아빠를 왕따시켰다. 엄마도 툭하면 우리들에게 아빠 흉을 보았고 싸늘한 언니는 툭하면 톡하고 쏘아 붙이거나 상대를 안했다. 남동생은 그저 아빠를 어렵고 무서워했다. 나밖에 없었다. 술 먹고 들어온 다음 날 하루 종일 밥도 못 먹고 누워있다 저녁 무렵이 되어서야 식당일 거든다고 있는 대로 주눅 들어서 방문을 나서는 아빠. 나도 그런 아빠가 너무 보기 싫었고 원망스러웠다. 나도 상대하기 싫었다. 그런데 나밖에 없었다. 그런 아빠랑 그나마 몇 마디라도 나눠줄 사람.

식구들끼리 외출이라도 할 때면 우리들은 참새새끼들처럼 엄마 옆에 딱 붙어서 조잘거리며 걸어가고 아빠는 혼자 저 앞에 걸어가곤 했다. 그러면 그 뒷모습이 안쓰러워서 나는 일부러 걸음을 빨리 해서 아빠 옆으로 갔다. 엄마나 언니 눈치 보여서 대놓고 가지도 못하고 어쩌다 속도가 맞은 것처럼 슬며시 옆으로 갔다. 어색하고 할 말도 없었지만 애써 명랑한 척, 아무렇지 않은 척하면서 길동무를 했다. 식당가면 자연스레 남는 아빠 옆자리. 마치 문둥병자 옆에 아무도 안 가듯이 아빠 옆에는 늘 그렇게 비어 있었다. 그러면 자연스럽게 내가 옆에 가 앉았다. 엄마와 언니와 남동생을 마주보며. 아빠가 한심하고 무시되고 술 먹고 행패를 부릴 때는 지긋지긋하다가도 내 마음 한켠에는 아빠가 늘 안쓰러웠다. 아빠가 하는 일은 왜 그리 번번이 안 되는 건지, 아빠는 왜 그리 어수룩해서 사기도 잘 당하는지, 왜 엄마부터 시작해서 모든 친척들한테 무시를 당하는지… 마치 아주 옛날부터 나는 애어른이라도 된 듯이 아빠가 불쌍했다. 그 덩치에 구부정한 모습으로 주방에서 설거지하고, 찌개나 끓이고, 시장에 장 보러 다니는 것이 참 초라해 보였다. 아빠가 능력 있고 당당했으면 얼마나 좋을까하는 생각을 수 천 번도 더 한 것 같다.

야무지고 의지가 강한 엄마가 아니었다면 우리는 진작에 거지가 되었을 거라고 생각했었다. 그런 엄마랑 잘 지내고 싶었다. 그런데 어린 딸이 그런 식으로라도 아빠를 챙기고 생각하는 게 엄마 눈에는 예쁘게만 보이지는 않았었나 보다. 아빠에 대한 감정이 나에게까지 전이된 건지는 모르지만 내가 조금이라도 아빠를 챙기거나 아빠 흉을 볼 때 같이 거들지 않으면 엄마나 언니한테 내가 듣는 말은 "그래. 너 잘 났다", "요녀났네, 요녀났어", "아빠가 너만 예뻐하니까 그런 말이 나온다", "그러니까 앞으로도 쭈욱 아빠는 네가 맡아라" 라는 식이었다. 어린 맘에도 참 혼란스럽고, 눈치 보이고, 마음이 많이 아팠다.

그래서 그 날 밤도 그랬나보다. 초등학교 4학년 때인가. 술이 취해 인사불성으로 물건을 집어던지고 칼을 들고 다 죽여 버린다고 난리를 치는 아빠. 엄마는 언니와 남동생만 데리고 집으로 가 버렸다. 간다는 말도 없이. 나만 놔두고… 술 취해서 짐승같이 날뛰는 아빠와 나만 가게에 딸린 한 쪽 자리 방에 남겨 놓고…,그 어린 나한테 아빠를 맡기고 가 버린 거다. 날 버린 거다. 그 밤…. 밤새도록 얼마나 무서웠던지, 엄마에 대한 배신감은 얼마나 컸던지, 치 떨리게 비참했고 그 와중에도 어린 맘에 왜 그리 서글프고 처량하던지… 술 냄새 풀풀 풍기며 고래고래 소리 지르는 아빠 옆에서 어서 빨리 이 밤이 지나가기를 얼마나 애타게 기다렸던지… 눈감고 귀를 막고 양 한 마리, 양 두 마리, 양 세 마리…… 그러다 잠이 들었었다. 정말 다행스럽게도 잠이 들어 아침이 왔다. 후우~살았다.

싫었다. 무서운 아빠 나 혼자 맡기는 정말 싫었다. 자식이 부모를 안쓰러워서 안쓰럽게 여긴 것이 잘못인가. 나보고 어쩌라고 그 무거운 짐을 내 작은 어깨에 그렇게 무자비하게 던지고 갔는지. 나보고 어쩌라고…. 나 같은 아이가 어떻게 감당하라고….

겁난다. 어설프게 아는 척했다가 감당도 못 할 거 맡을까봐 정말 겁난다. 싫다. 하기 싫다. 나도 좀 편해보자. 문제아라고 그저 손가락질 받는 아이들 나도 아는 척 하기 싫다. 나한테 팍 기대오는 거 정말 부담스럽고 싫다. 수업하다가, 오다가다 만날 때 따뜻하게 대해주고 안부 물어주는 거기까지만 하고 싶지 일부러 찾아오고, 나만 바라보고 앉아있는 것 받아주는 건 너무 벅차다. 후… 이제 그 아이들은 예전의 아빠가 아닌데, 나는 더 이상 힘없는 여자아이가 아닌데…. 여전히 나는 그런 상처받은 외톨이들한테 예전 아빠한테 마음이 쓰이듯 그렇게 눈길과 맘이 가다가도 조금만 나에게 기대오면 너무 부담스럽고, 어디까지 받아줘야 할지를 몰라 전전긍긍한다.

자유로워지고 싶다. 나를 저 밑에서부터 잡아당기고 있는 이런 아픈 과거들로부터…. '진리가 너를 자유롭게 하리라….' 눈물겹지만 이거 하나 붙잡고 힘겹게 다시 일어서 본다.

제9장 자녀양육의 제 요인들

1. 자녀양육과정의 제 요인들

자녀의 행동에는 그 행동을 하는 원인이 있다. 일반적으로 부모의 양육태도가 중요하다는 것은 누구나 다 알고 있다. 자녀의 행동 원인을 심층적으로 세밀하게 분석하고 진단하는 과정에서 필수적으로 살펴보아야 할 것은 자녀양육과정의 탐색이다. 자녀양육 시기는 어리면 어릴수록 부모의 영향력이 크므로 중요하다. 일반적으로 어린 시기를 1세 이전, 3세 이전, 6세 이전, 청소년기 등으로 나누기도 한다.

자녀양육과정의 여러 가지 요인들 중에서 구체적으로 살펴보아야 할 내용은 다음과 같다.

1) 자녀가 겪는 중요한 사건

자녀가 겪는 중요한 사건은 어른의 입장에서가 아니라, 자녀의 입장에서 생각하여 보아야 한다.

부모가 알고 있든 모르고 있든 자녀가 겪는 사건으로 인한 정서는 자녀 스스로에게 많은 영향을 미친다. 부모의 입장에서는 아무런 일도 아니지만, 자녀의 입장에서는 두고두고 큰 상처가 될 수도 있으며, 행복한 일이 될 수도 있다. 긍정적 혹은 부정적인 정서라고 표현할 수 있는 뚜렷한 것도 있지만, 무엇이라고 뚜렷이 설명될 수 없는 감정적인 움직임이 발생할 수도 있다. 억압되어 있으면 있을수록 그 감정 자체가 의식되지 않고, 그냥 억압된 감정으로 인한 증상만 나타날 뿐이다.

예컨대, 부모는 작은 아이가 태어날 무렵, 무심코 큰 자녀가 4-5세 된 시기에 외가 집에 1년간 보냈다. 그 곳에서 자녀가 외할머니에게 큰집의 사촌과 차별받는 느낌을 가졌다. 혹은 특별하게 대접받는 느낌을 가졌다. 이 정서는 잊지 못할 아주 충격적일 수도 있고 그냥 그런 일이 될 수도 있다. 만약 부정적인 의미의 충격적인 정서가 남아 있다면, 아이가 집으로 돌아왔을 때 고집이 많아지거나, 동생과 자주 다투거나, 이기적인 욕심을 많이 부리거나, 기가 죽어 당당하지 못하거나, 무력하거나 등등 여러 가지 행동으로 나타날 수 있다. 그냥 그런 일로 넘어가더라도 표 나지 않게 자신감이 부족하거나 소극적이거나 짜증을 부리거나 등등의 행동양식이 드러날 수도 있다.

이와 같은 예는 부모가 자녀와 한 집에 거주하고 있어도 얼마든지 일어날 수 있으며, 부모의 입장에서는 사건도 아닌(?) 것이 아이에게는 사건이 될 수 있는 것들도 많다. 부모에게 이해 받지 못한 자녀는 답답하고 화가 나는데, 자녀는 그것을 적절하게 표현하는 것을 배우지를 못하였으므로 여러 가지 부적절한 행동방식으로 자신을 드러내기 시작한다.

부모는 그러한 행동을 보고 나무라기만 하지, 왜 아이가 그러한 증상을 보이는가에 대한 탐색은 없다. 부모가 알지 못하는 사이에 아이에게 중요한 정서적 영향이 미쳤다는 사실을 까마득히 모르고 있는 것이다. 따라서 부모의 반응은 오히려 부적절한 행동을 하는 아이를 더욱 더 힘들게 할 뿐이지, 아이에게는 전혀 도움이 되지 않는 행동을 하기 쉽다.

어릴 때 대궐같이 크게 느껴졌던 집이 어른이 되어서 가보면 보통의 집이었고, 어릴 때 폭포수라고 느꼈던 것이 나중에 가보면 작은 물줄기였을 수 있다. 시골에서 아주 우수한 아이와 도시에서 보통으로 하였던 아이는 객관적인 능력은 유사하였다 할지라도 그 정서는 매우 다르다. 시골에서 우수하였던 아이가 훨씬 자존감이 높을 가능성이 있다. 어릴 때 자기 스스로를 어떻게 느끼느냐의 문제는 훗날 자기상(self-image)을 어떻게 형성시키느냐와 관련이 있는 것이다. 한마디로 어릴 때 어떤 사건을 접했을 때, 바로 그 때 자기가 스스로를 어떻게 느꼈는가가 중요하다는 것이다.

어른의 입장에서 자녀가 느꼈던 것을 있는 그대로 느끼는 부모는 흔치 않다. 부모가 자녀가 겪었던 사건에 대한 정서를 제대로 이해해 주고 수용해 주면, 자녀에게 어려운 일이 닥쳤더라도 오히려 인생의 예방주사가 되어 더 좋은 영향을 미친다.

이런 의미에서, 부모는 자녀 운명의 많은 부분을 쥐고 있다.

2) 가정 분위기

자녀의 입장에서 가정 분위기는 공기와 같은 것이다. 나와 직접 관련된 것은 아니라 할지라도, 집안의 분위기가 명랑하고 따뜻하고 밝다면 자녀는 맑은 공기 속에서 살아가는 것과 같다. 가정 분위기가 우울하고 차갑고 어둡다면 자녀는 탁한 공기 속에서 살아가는 것과 같다. 우리는 신체적인 건강을 위하여 맑은 공기를 많이 강조한다. 정신적인 건강을 위해서 밝은 분위기를 가져야 하는 것과 같은 이치이다. 특히 이 가정 분위기는 무엇이 문제다 라고 느끼지도 못하는 시기일수록(약 6세 이전), 즉 자아가 형성되기 이전일수록 강력한 영향을 자녀에게 미친다.

예컨대 집안의 어떤 누군가가 실권(?)을 잡고 지배-피지배의 관계를 형성하는 집안의 분위기라면, 보이지 않게 지배자(?)에게 인정받으려 하고 의존하려고 하는 것은 인간의 당연한 심리이다. 의식적으로는 매달리고 싶고 기대고 싶은 마음이지만, 무의식에서는 지배자에 대한 분노가 숨어있고, 피지배자에 대한 안타까움, 답답함, 분노감 등도 함께 가지게 된다.

자녀 그 자신과 아무런 관계가 없음에도 불구하고, 가정 분위기는 아이가 최초로 맞이하는 집단 혹은 사회의 첫 인식을 하게 되는 발판을 마련하는 것이다.

3) 부모로 대표되는 주요 양육자의 정서

대부분의 부모는 자녀의 주요 양육자이다. 특별한 경우에는 (외)할머니, (외)할아버지, 이모, 고모, (외)삼촌, 일하는 사람 등이 될 수도 있다. 누가 주요 양육자였나 하는 것도 중요하지만, 그 주요양육자가 어떤 사람이었나 라는 것이 더욱 더 중요하다. 좀 더 세밀하게 말하면 그 주요 양육자는 어떤 정서를 가진 사람인가 혹은 그가 어떤 정신역동을 가지고 있는 사람인가 하는 문제는 피 양육자인 자녀입장에서는 운명을 결정할 만큼의 주요한 사실이 된다.

예컨대 우울한 기분을 가진 주요 양육자는 자녀가 명랑하게 까불고 무엇인가를 요구하고 재미있게 놀아주었으면 하는 욕구를 무참히 박탈시킨다. 자녀가 부모의 옆에 와서 같이 있어주기를 원하면 '저리 가라' 라고 하면서 귀찮아 한다. 자녀의 사랑과 관심의 욕구를 배척 혹은 박탈시키는 것이다. 불안한 기분을 가진 주요 양육자는 자녀가 하는 행위 하나하나를 있는 그대로 바라보지 못한다. 불안한 마음으로 관찰하고 감시한다. 예컨대, 무엇을 시켜놓고는 자녀가 그것을 하는 것을 기다리지 못하고 자녀가 손도 대기 전에 자신이 다 해버리면서 잔소리를 계속한다.

관심이라는 이름으로 저지르는 간섭은 이루 다 말할 수 없다. 자신의 불안한 기분 때문에 발생되는 문제점을 전혀 인식하지 못한다. 오히려 상대방의 행위로 인해서 내가 불안하다라고 계속 투사하면서 살아가기 일쑤다. 사랑을 한없이 받기 원하는 남편은 아내가 자식을 좋아하고 헌신하는 모습을 보면서 질투한다. '자식 생기고 나더니 남편은 안중에 없다'는 식으로 불평한다. 또한 엄마 자신이 더 보호받고 싶고 관심 받고 싶어 하는 사람은, 자식을 보살피는 일이 한없이 힘들고 미칠 지경으로 고달프다. 남편이 도와주지 않는다고 불평불만을 계속 가진다. 자식들은 빨리 어른이 되었으면 한다. 그러다 보니 어린 아이를 마치 어른 취급하거나, 큰 아이처럼 하지 않는다고 닦달한다.

아마도, 부모로 대표되는 주요양육자의 정서는 자녀양육과정에서의 제 요인들 중에서 가장 중요한 요인이라고 해도 과언이 아닐 것이다. 왜냐하면 그들 외부의 모든 요인들은, 결국 주요양육자가 어떻게 느꼈고, 그것을 어떻게 행동화 시켰느냐에 따라서 자녀에게 미치는 영향이 달라질 수 있기 때문이다.

4) 주변 사람들의 협조

자녀를 양육한다는 것은 실제로 엄청난 육체적인 어려움을 수반한다. 아침에 눈을 떠서 저녁에 눈을 감을 때까지, 심지어 밤새도록 자녀의 일거수일투족을 보살피지 않으면 안 된다. 어리면 어릴수록 잠시라도 눈을 떼지 못할 지경이다. 그러한 수고로움을 정신적으로 아무런 불평불만 없이 평안한 상태로 자녀를 양육하는 부모는 결코 흔치않다. 만약에 부모가 직장을 가지고 있을 경우라면, 혹은 연년생이거나 장애아를 둔 부모의 경우에는 이러한 문제는 더욱 더 심각해 질 수 있다.

따라서 주변사람들의 협조체제가 어떻게 이루어졌느냐 하는 것은 중요하다. 홀몸으로 자녀와 씨름을 하면서 키웠는지, 시(친정)어머님이 도와주셨는지, 일하시는 좋은 분이 계셔서 자녀를 돌보아 주었는지, 부부가 잘 협조하였는지 등등의 내용이 되는 것이다. 또한 그들이 진정으로 마음 편하게 협조하였는지, 아이를 돌봐준다면서 유세를 부려가며 마음을 불편하게 하지 않았는지도 중요한 문제이다.

자녀의 입장에서는 한 사람에게만 지나치게 애착하는 것보다는 여러 사람과 무난하게 관계하면서 특히 중요한 사람에게 신뢰로운 애착을 경험하는 것이 중요하다. 여러 사람과 관계하면서 일어나는 정서적인 어려움도 있을 수 있지만, 한 사람만 애착할 경우에는 만약 그 사람이 없으면 불안을 느끼고 두려움을 가질 수 있다. 여러 사람이 자녀 1명을 보면서 자신들의 욕구대로 자녀를 지배하려고 한다면 이것은 오히려 문제가 될 수도 있다. 그러나 한 두 사람의 깊은 신뢰로운 애착을 경험하면서, 그 주요 양육자를 도와주는 주변인들의 협조는

간접적으로 자녀를 돕는 일이 되는 것이다,

5) 부부관계

부부관계는 가족구성원의 출발을 의미한다. 부부관계라고 한다면 성관계의 의미도 있지만, 상호 정서적인 관계를 나타내기도 한다. 엄밀하게 말하면 성관계도 정서적인 관계와 밀접한 관련성을 가지고 있기 때문에 구분해서 말할 필요는 없지만, 여기서는 자녀에게 비춰지는 부부사이의 정서적인 관계에 더 초점을 맞추고 있다.

자녀의 입장에서는 부부사이란 그들의 뿌리를 의미한다. 뿌리가 서로 화합하고 뜻이 잘 맞으면 가지들은 평화롭다. 그 뿌리의 요인들이 서로 어르릉거리고 반목한다면 가지들은 바르게 자랄 수 없다. 부부가 바람직하지 못한 방법으로 싸우고 폭력을 휘두른다면, 그 부모를 바라보는 자녀의 마음은 어떨까. 부모란 자신들이 믿고 의지할 중요대상인데도 불구하고, 서로 미워하고 괴롭히고 있다는 것을 알고 그 자녀들이 당하는 심정은 어떠할까. 그 사이에서 자녀는 어느 쪽을 어떻게 마음대로 미워하고 마음대로 좋아할 수 있을까. 왠지 자기가 잘 못한 것 같고, 자기가 더 잘해야 할 것 같고, 엄마가 아빠 때문에 힘들어 하니까 나라도 엄마 속을 썩이지 말아야 할 것 같고, 엄마가 아빠를 미워하니까 아빠는 미워하여야 할 사람인 것 같고 등등 부부관계가 자녀에게 미치는 정서적 영향은 일일이 다 나열할 수가 없다.

부부관계에서 발생하는 영향가운데 가장 문제가 되는 것은 , 자녀가 부부사이의 문제원인을 자신스스로에게 귀인 시키는 것이다. 내가 더 잘했어야 했는데, 나 때문에 우리 부모가 싸우지 않았을까, 내가 장녀로서 장남으로서 부모를 책임져야 했는데, 등등 자신 스스로에게 그 원인을 돌리는 것이다. 한마디로 죄책감을 스스로 가지는 것이다. 이 문제는 상담 및 심리치료 장면에서 가장 흔히 발생하는 문제라고 하여도 결코 과언이 아니다. 객관적으로 상대를 바라볼 수 있는 자아를 갖추지 못한 어린아이는 죄책감을 가지면서 그 문제를 내면에 품고 살게 된다는 것이다. 스스로의 문제점으로 귀결시킨다는 뜻이다. 한마디로 건강한 죄책감이 아니다. 왜곡된 죄책감이다.

부부가 싸움을 하지 않고 살수는 없지만, 자녀가 혼란스럽지 않게 자녀가 충분히 납득될 수 있게끔 합리적으로 객관적으로 상황을 해결하여야 한다. 건강하게 대화하고 의논하는 모습은 자녀에게 정정당당하게 합리적으로 문제를 해결하는 모델이 되어 주기도 한다.

6) 경제적인 여건 등 기타의 문제

우리 모두는 현실적인 여건을 무시하고 살아 갈 수 없다. 특히 경제적인 여건은 우리의 현실과 깊은 관련성을 가지고 있다. 지나친 경제적인 어려움은 사람의 마음을 핍박하게 만들면서 삶의 고달픔을 가지게 만든다. 가족의 생계를 책임져야 하는 주요인물 (일반적으로 남편)이 사정상 그 역할을 수행하지 못한다고 할 때 그로 인한 스트레스도 만만찮다. 친가 혹은 처가 식구들의 경제적인 관여도 매우 큰 스트레스로 작용된다. 특히 자녀의 어린 시기의 부부의 경제사정은 특별한 경우를 제외하고는 안정된 시기라고 볼 수 없다. 부부 스스로도 부모를 이제 막 떠나서 독립해야 한다는 강한 압박감이 작용될 수 있고, 자기 가정을 제대로 꾸려가야 한다는 부담감을 가지는 시기이기도 한다. 이 모든 것들은 자연스럽게 자녀의 양육에 영향을 미친다.

물론 경제적으로 동일한 여건이라 하더라도, 그것을 받아들이는 사람의 정서에 따라서 틀려질 수는 있다. 경제적인 풍요로움을 지니고 있어도 불행한 사람이 있고, 빈곤한 상태에서도 행복한 사람이 있다. 경제적인 여건 그 자체보다는, 그로 인하여 발생되는 주요양육자의 정서상태가 중요하다는 뜻이다.

기타 사항으로도 여러 가지를 생각하여 볼 수 있다. 부모의 입장에서 친가와 처가 식구들과의 갈등관계로 어려움은 없었는지, 신체적인 고통으로 인하여 곤란한 점은 없었는지, 부모의 지나친 욕구로 인하여 여유로운 시간을 가질 수 있었는지, 사회적인 문제로 인하여 직접적인 영향은 받지 않았는지 등등 여러 가지의 문제가 있을 수 있다.

2. 문제가 되는 대처방식; 투쟁과 도피 반응

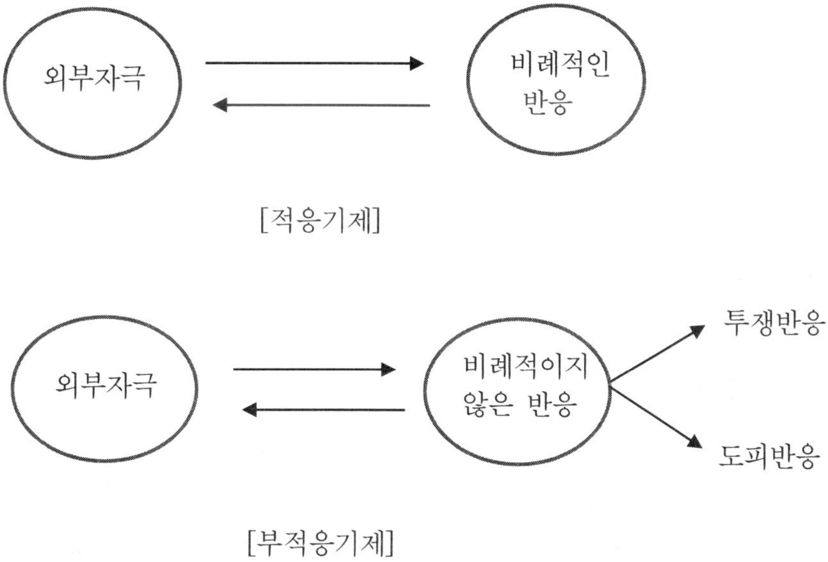

<그림 3> 적응기제와 부적응기제

우리는 이 세상에 태어나는 순간부터 외부의 자극을 맞이하게 된다. 그것이 어떤 종류의 자극이든 필연적으로 맞이하지 않을 수 없다. 대단히 좋은 것에서부터 매우 좋지 않은 것 까지 그 범위는 천차만별이다. 외부자극이 왔을 때 대처를 어떻게 하고 사는가 하는 것은 우리가 일상생활을 잘 적응하고 사느냐

부적응적으로 사느냐의 문제와 관련된다.

대처를 잘 한다는 것은 현실상황에 잘 비례하여 살아간다는 것을 의미한다. 화를 낼 상황이면 화를 낼 줄도 알고, 주장하여야 할 상황이면 주장도 하고, 부드럽고 온화하게 대하여야 할 상황이면 부드럽게 대할 수 있는 등… 각 상황에 걸 맞는 정서와 사고와 대처양식을 뜻한다.

두 말할 나위 없이 이러한 적절한 대처는 아주 어릴 때부터 부모(주요 양육자)와의 관계방식과 밀접한 관련성이 있다. 어릴 때는 어떻게 하는 것이 대처를 잘하는 것인 줄을 잘 모르기 때문에, 자신의 본능대로, 욕구대로, 동기대로, 충동대로 행동하려는 경향이 있다. 부모(주요 양육자)는 이러한 아이의 본능을 지나치게 억압하지 않으면서, 충격을 주지 않으면서 조금씩 타인에게 혹은 상황에 잘 비례하여 적응하는 것을 가르치고 모델로 보여주면서 살아간다. 이것은 수량으로 눈에 보이는 것으로 설명되는 것이 아니고, 자연적으로 생활 속에서 저절로 이루어지는 것이기 때문에, 부모가 건강하여 적절한 태도를 보여주면 저절로 자녀는 비례된 행동양식을 취한다. 대부분의 사람들은 비교적 정상적인 적응력을 발휘하면서 살아간다고 볼 수 있다.

그러나 겉으로 보기에는 그런대로 사회와 가정생활을 적응력 있게 영위하지만, 매우 친밀한 관계인 가족관계 혹은 반복적으로 접해야 하는 사회적 관계에서는 그렇지 못한 경우도 많다. 가정생활의 내면을 마치 현미경으로 바라보듯 비춰보면, 놀랍게도 많은 가족은, 특히 부모들은 자녀를 대하는 방식에서 부적응적인 대처방식을 사용한다.

Freud(1940)는 특별한 적응기제(Mechanism of Adoptation), 즉 투쟁과 도피반응에 대하여 언급하면서, 인간은 드러나는 방식이든 드러나지 않는 방식이든 위급한 정신현상에서 무의식적 역동으로 인한 행동방식을 취한다고 하였다. 사회학적으로, 도피는 알코올 중독, 약물중독, 종교에로의 철수 등에서 뚜렷하게 보여주고 있으며, 투쟁은 범죄, 자학행위, 폭력 사용에서 보여주고 있다. 그 구체적인 내용을 보자.

투쟁방식의 특징은 적개심의 외부로의 표출을 의미한다. 타인을 비난하고 비판한다든지, 세상살이에 불평불만을 끊임없이 쏟아낸다든지, 지배하거나 뽐내기를 즐긴다든지, 샘이 많고 경쟁심이 많다든지, 고집과 오기를 부린다든지, 말대꾸나 반항을 예사로 한다든지, 논쟁을 즐기고 따지기를 잘한다든지, 특정 대상을 지독하게 대한다든지, 말속에 뼈가 많다든지 등등의 개인적으로 실행되는 면이 있다. 또한 거짓말을 예사로 한다든지, 남의 물건을 훔친다든지, 폭력을 일삼는다든지, 전쟁을 좋아한다든지 등등 반사회적으로 실행되는 면도 있다. 위에 열거한 것은 비교적 부정적으로 작용되는 투쟁의 방식이다. 긍정적으로 작용되는 방식은 열심히 자신의 일을 한다든가, 죽기 살기로 공부를 한다든가, 예술의 취미를 가진다든지 등등 어떤 일을 에너지를 바치는 것 등이다.

비록 긍정적으로 투쟁의 방식이 쓰여 진다 할지라도, 지나친 투쟁은 자신을 학대하는 수준으로 되기 쉽고, 여유를 가지지 못하여 지쳐서 쓰러지고 스스로 힘들어하기 쉬우므로 조절할 필요가 있다. 부정적으로 사용될 경우에는 타인에게 상처를 주고, 그로 인하여 자신도 상처를 받는 경우도 허다하다.

도피방식의 특징은 적개심의 내부로의 잠입을 의미한다. 바깥으로 향하여야 할 적개심을 자신을 향하여 쏟아 붓기 때문에 죄책감을 많이 지니고 있는 사람이다. 무력해진다든지, 의욕이 상실된다든지, 자신감이 낮고, 우유부단하며, 소극적이고, 비활동적이다. 눈치를 많이 보고, 공상과 망상 속에서 살며, 수치심과 부끄러움이 많다. 이러한 부적절한 많은 죄책감은 심하면 자학증적인 형태를 띠게 되면서, 피학증적 증세를 가지게 된다. 급기야는 현실에서 철수하기를 원하고, 경우에 따라서는 종교 안으로 도피하기도 한다. 인간관계에서의 도피반응은 현재 나에게 닥친 상황을 직면하기가 두렵거나 불안하여 여러 종류의 방어기제로서 그 자극을 피하려는 것이다. 의식적인 도피도 있겠으나 도피자체가 자동화되어 스스로 회피하고 있는 것조차도 모를 정도로 조건화되어 있는 것도 상당히 많다.

이 도피반응이 긍정적으로 작용되는 것은 남과의 직접적인 마찰은 없으며,

사람 좋다는 말을 많이 듣고, 남을 배려하려는 마음이 앞서 있으며, 비교적 착한 느낌을 준다. 비록 긍정적으로 도피의 방식이 쓰여 진다 할지라도, 지나친 도피기제의 사용은 처음에는 타인을 위한 것에서 출발하였다가, 억울하고 피곤한 감정 때문에 적개심을 묘하게 드러내는 경우가 많고, 자신 스스로가 지쳐서 힘들어하는 경우가 많으므로 조절할 필요가 있다.

지나친 도피는 결국 폭발적인 투쟁을 불러일으키며, 지나친 투쟁 역시 낭떠러지와 같은 도피를 불러일으키므로, 지나친 양극단은 매우 좋은 않은 방식이다.

3. 생활 속의 방어기제

많은 부모들이 자녀를 대할 때 혹은 타인과 인간관계를 함에 있어서 이성적이고 직접적인 방법으로 불안을 통제하기 어려울 때가 많다. 이 때 불안하거나 붕괴의 위기에 처한 자아를 보호하기 위해 인간이 무의식적으로 사용하는 사고 및 행동수단을 방어기제라고 한다.

방어기제는 선천적인 성격특징, 성격발달의 수준이나 불안의 정도에 따라 여러 가지 형태로 나타나는데, 대체로 비현실적으로 혹은 무의식적으로 작용하기 때문에 그 대처방식이 '승화' 등 몇몇의 기제를 제외하고는 적절하지 못한 대처방식이 되기 쉽다.

그러나 어느 정도의 방어기제는 사실상 불가피하며 오히려 자아를 지켜주는 힘이 되고 있기 때문에 불건강하다고는 할 수는 없다. 외부의 다양한 비바람을 이겨내기 위해서, 즉 외부의 압력에서 자신의 내면을 지켜나가기 위하여 사람들은 나름대로의 방어책이 필요한데, 그 방어책을 부정적으로 굳이 바라볼 필요는 없다는 뜻이다. 오히려 어려움이 닥쳐서 내면에서 상처를 받고 있는데도 방어책을 사용하지 못한다는 것은 자아를 지탱해 내는 부분에서 문제점을 지녔다고도 볼 수 있다. 정신적인 질환이 있는 많은 사람들은 간단하게 말하면 자아를 지켜내지 못하는, 즉 자아붕괴가 일어난 것이다. 그러므로 방어기제의 사용을 무조건 부정적으로 바라 볼 필요는 없다.

한편, 이러한 방어기제를 적절하지 못하게 반복적이고 습관적으로 사용하는 것을 자각하지 못한다는 것은 미성숙한 태도를 지녔다는 것이다. 이런 태도는 자신의 진실한 욕구와 동기를 감지하고 못하고, 솔직한 내면의 감정에 직면하지 못하며, 자신의 행동의 원인을 자각하지 못하는 것을 의미한다. 예컨대 자기의 행위가 타인에게 반복적으로 부인하고 치환하고 투사하면서 그것을 자각하지 못한다면, 자신스스로는 물론 상대방에게도 많은 불편을 초래하게 되는 것이다.

생활 속에서 어느 정도의 방어기제는 불가피하지만, 부모자신의 충동이나 욕구를 어떤 식으로 방어하면서 행동하는지에 대한 탐색은 자녀의 행동을 제대로 파악하는 좋은 시각을 마련할 것이다.

<표 7> 방어기제의 종류

종류	내 용
억압	의식하기에는 현실이 너무나 고통스럽고 충격적이어서, 무의식 속으로 억눌러 버리는 것을 말한다. 억압은 다른 방어기제나 신경증적 증상의 기초가 된다.
부인	고통스러운 현실을 인정하지 않는 것을 말한다. 사랑하는 사람의 죽음이나 배신을 인정하려 들지 않고 사실이 아닌 것으로 여기는 것이 그 예이다.
투사	자신의 심리적 속성이 타인에게 있는 것처럼 생각하고 행동하는 것이다. 자기가 화가 나 있는 것은 의식하지 못하고 상대방이 자기에게 화를 내었다고 생각하는 것이 그 예이다.

종류	내 용
고착	다음 단계로 발달해 나가는 것이 불안해서, 현 단계에 그냥 머물러 버리는 것을 말한다. 어른다운 행동과 사고를 해야 할 성인이 되었는데도 학생수준의 행동 및 사고방식에 머물러 있는 경우가 그 예이다.
퇴행	비교적 단순한 초기의 발달 단계로 후퇴하는 행동이다. 동생을 본 아동이 나이에 어울리지 않게 응석을 부리는 것, 어른이 코맹맹이 소리를 내면서 얘기하는 것 등이 그 예이다.
합리화	현실에 더 이상 실망을 느끼지 않으려고 그럴듯한 구실을 붙이는 것을 말한다. 지는 것이 이기는 것이다. 아파트 평수 크면 청소하기 귀찮다 등이 그 예이다.
치환	전혀 다른 대상에게 자신의 감정을 발산하는 것을 말한다. '동대문에서 뺨 맞고 서대문에서 화풀이하는 격'이다. 바깥에서 일로서 짜증난 기분을 연결시켜 집에 오자마자 배우자에게 신경질 부리는 것, 남편에게서 화난 것을 큰아이에게 푸는 것 등이 그 예이다.
반동형성	무의식적 소망 및 좋고, 나쁨과는 반대되는 방향으로 행동하는 것이다. 실제로 자기를 학대하는 대상인데도, 그 대상을 좋아하는 것처럼 보이는 행동이 그 예이다.
승화	사회적으로 승인되는 방법을 통해 자신의 충동과 갈등을 발산하는 것을 말한다. 공격적 충동이 있는 사람이 권투선수나 외과의사와 같은 직업을 선택함으로써 그 충동을 사회화(승화)시키는 것, 자원봉사 등이 그 예이다.
억제	의식에서 받아들일 수 없는 생각이나 감정을 의식적으로 마음 밖으로 몰아내는 것으로 '억압'이 무의식적으로 이루어진다는 점에서 차이가 있다.
이타주의	자신의 욕구를 자제하고 타인의 욕구에 관심을 갖는 것을 말한다. 가난하고 억눌린 사람들을 위한 관련단체에 소속하여 자신의 삶을 바치겠다는 다짐이 여기에 속한다.
유머	자신이나 자신이 처한 상황을 즐겁게 웃어넘길 수 있는 능력을 말한다. 무의식적인 수치감이나 부끄러움을 유머를 사용하여 무마시키면서, 자기 스스로 타인을 재미있게 해주는 행위가 그 예이다.

4. 부모와 자녀관계에서의 불안

주변의 사람들을 보면 그들의 행동에서 자연스럽지 못한 부분이 '불안'이라는 심리적 현상임을 느낄 수 있다. 어떤 불안이든 무조건적으로 부정적인 것만은 아니고 긍정적인 요인도 내포하고 있다. 불안 그 자체가 병적인 것은 아니며 어느 정도 불가피하게 일어날 수밖에 없는 것도 많다.

한 개인에게 있어서 불안의 중요한 목표는 자신을 방어하거나 긴장을 분출하려는 시도이다. 따라서 이 불안을 무조건 억누르려고 하면 방어 또는 긴장발산 자체를 막는 것이므로 개인으로서는 감당해내기가 힘들다. 불안이라는 심리적 현상은 내부의 두려움, 긴장, 적개심 등을 제어시키고, 감정적인 균형을 찾으려는 무의식적이면서 자동화된 심리조직인 것이다. 예컨대 손톱을 계속 물어뜯는 사람은 그 행위를 통하여 자신의 불안을 방어하고 긴장을 해소시키는 역할을 하므로 무조건 '손톱을 물어뜯지 마라'라고 아무리 말하여도 본인으로서는 제어하기가 어렵다는 뜻이다.

유아는 극심한 울음(숨이 막히는 정도까지 포함)이나 전신운동 등을 통하여 불안을 드러내기도 하고, 아동이 되어가면서부터는 산만한 행동을 하거나 떼를 쓰거나 손가락을 빨거나 하면서 무의미한 반복적인 행동 등으로 나타내기도 한다. 어른이 되어서는 공상이 많거나 과식이나 편식 또는 자주 한숨을 쉬거나 호흡이 불규칙적이거나 심지어 변비 등의 증상도 있지만, 다른 한편에서는 당돌하고 자기주장이 강한 측면도 있다. 또 지나치게 말이 없고 자기표현을 제대로 할 수 없다가 주변을 놀라게 할 정도로 버럭 화를 내거나 고집을 피우는 등 이해하기 곤란한 행동을 할 때도 있다.

불안	현실적 불안:	외부상황과 비례된 적절한 불안
	도덕적 불안:	부모와 사회로부터 훈련된 불안
	신경증적 불안:	무의식적인 내부의 불안

불안은 크게 3가지로 나누어 볼 수 있다. 즉 현실적인 불안, 도덕적인 불안, 신경증적인 불안 등으로 구분할 수 있는데 카메론(cameron)이라는 학자는 현실적인 불안을 정상불안 이라 하고 신경증적 불안을 병적 불안이라고 하였다.

현실적인 불안은 바깥의 상황과 비례된 감정으로 일어나는 불안을 말한다. 화가 날 일이 있으면 이 화를 어떻게 조절할 것인가 불안하고, 욕하고 싶을 때 가슴이 두근거리거나 어려운 일이 발생했을 때 손에 일이 잡히지 않거나 중요한 시험기간에 학생들이 노심초사하고 불안해하는 것은 모든 정상인에게 일어날 수 있는 것이다. 말하자면 외부상황에 대한 적절한 불안심리를 뜻한다. 이런 불안은 오히려 사람들에게 신속성과 효율성을 증진시켜 생활을 활기차게 하고 유쾌감을 가져다 줄 수도 있다. 이것이 그때그때 해소되지 못하고 장기적으로 갈 때는 어려움이 있지만 대체로 도움이 된다.

도덕적인 불안은 자라나는 과정에서 부모나 주변 사람들에 의해서 훈련된 불안이다. 예컨대 아동이 학교 갈 때마다 '차 조심하거라', '아무 사람이나 따라가지 마라', '울면 경찰아저씨 온다', '말 안 들으면 호랑이가 와서 물어간다' 등등 순간적인 행동을 멈추게 하기 위하여 교육(?)시키는 불안을 말한다. 그래서 도덕적 불안을 불안훈련이라고도 말한다. 또한 어릴 때부터 '동생에게 양보해라', '너는 착해야 한다', '남을 도와주어야 한다'는 식의 착한 아이표본을 강요하는 행위도 자신 내면의 기본 욕구와 대치될 때는 불안이 발생할 수 있다. 이 불안 역시 그때그때 대화로써 감정을 풀고 오래가지 않으면 별 문제가 없겠으나, 이것이 내면에서 깊게 자리 잡을 경우에는 착한 아이가 되지 않거나 또는 남을 도와주지 않으면 스스로 힘들어지면서 불안해 지는 것이다.

신경증적인 불안은 불안해야 할 적절한 외부조건이 없는데도 불구하고 내부에서 올라오는 불안을 말한다. 이것은 대체로 무의식적 불안으로서 생활에 즐거움을 못 느끼게 되고 일상생활을 영위하는 데 어려움을 초래한다. 외부의 문제도 없고 생활에 별걱정이 없는 주부가 어쩌다 여유로운 시간이 생기면 공연히 불안한 마음이 올라와 여기저기 전화를 하거나 쇼핑을 하거나 친구를 만나는 행위도 일종의 이 불안에 속한다. 물론 사회적으로 문제가 되지 않으면 크게 염려할 것은 없다. 그러나 문제가 되는 경우에는 일상에서는 대인관계를 그르치는 공격적이고 충동적인 행위나 왜곡된 성적행위로까지 발달할 수 있고 심각할 정도는 아니라 할지라도 다소간의 문제가 되는 경우에는 자연스럽지 못한 어투, 행위, 소심함, 무표정한 태도, 경계심 많은 얼굴 등으로 나타나기도 한다. 심하면 정신적인 붕괴를 초래하여 성격장애나 정신장애까지도 갈 수 있다.

현대를 살아가는 많은 사람들에게 어느 정도 불안은 불가피하다. 그러나 이런 불안심리가 사회 및 가정생활에서의 대인관계에 영향을 미치게 되면 자신도 알 수 없는 부분에서 일을 그르치게 되는 문제점을 야기 시킨다. 이유도 모르게 반복되는 문제가 되는 행위는 심리적인 요인과 직접적인 관련성이 있고, 그 심리적 배경은 대체로 어린 시절부터 거슬러 살펴봐야 하는 경우가 많다. 그 원인을 일일이 설명할 수는 없으나 개인이 심리교육 등에 관심을 가진다면 이런 문제는 다소나마 해결가능 할 것이다. 그 원인에 대한 문제는 또 다른 장에서 살펴보도록 한다. 오늘은 아래의 불안 자료를 통하여 여러분 자신의 불안을 직접 탐색해 보도록 한다.

5. 부모-자녀관계 역동탐색 사례

신앙은 나의 탈출구였습니다

(금우)

아동·청소년기에 저의 집은 여러 가지로 어려운 환경이었습니다. 두 채나 되던 집을 팔고 갑자기 남의 집에 전세를 살게 되었는데 서로에게 지기를 싫어하신 부모님은 거의 매일 다투었습니다. 저는 이러다가 더 큰 어려움을 만나게 되지는 않을까 불안해 했습니다. 부모님이 이런 상황이니 자식들에게 마음을 쓸 여유도 없었겠지요.

사춘기에 예민한 저는 가족 누구에게도 따뜻한 사랑과 관심을 느끼지 못하였습니다. 그러다가 우연히 같은 반 친구의 전도로 교회를 다니게 되었지요. 집에서는 관심도 못 받는 저를 교회에서는 모두 환영해 주었습니다. 그때 교회에서 얻은 인정, 지지, 따뜻함, 충족감은 큰 만족이었습니다. 주일 새벽 첫 버스를 타고 교회에 가면 마지막 버스를 타고 돌아올 정도로 열심히 교회를 다녔습니다. 그렇게 열심히 믿음생활을 하면 청년, 어른들 할 것 없이 교회의 모든 사람들이 나를 좋아한다는 것을 알게 되었고 그들의 인정과 지지를 받을 때마다 존재의 가치를 느꼈습니다. 그 무렵 저는 집은 떠날 수 있어도 교회는 떠날 수 없다고 생각하기까지 했습니다. 신앙생활을 시작한지 채 3년도 되지 않았는데 '어떻게 하면 교회에 더 오래 있을까?' 를 생각하다보니 가족의 반대에도 불구하고 성직자로 사는 길을 선택하고 신학교에 입학하게 된 것 같습니다. 이 부르심에는 하늘의 은총이 있었음을 압니다.

그러나 그때 가졌던 저의 단순한 신앙생활의 열정은 원하는 인정과 지지 사랑의 욕구를 채워주지 못한 가족에 대한 적개심 또는 그들로부터 이탈되려는 것이었고 힘겨운 상황으로부터 회피하려는 욕구였었다는 것을 공부를 하면서 알게 되었습니다. 이런 대처방식에 습이 되어 있는 저는 자주 삶에서 발생하는 갈등관계를 회피하고 단절시키고 외면함으로써 평안을 찾으려고 하는 것 같습니다. 신앙생활은 탈출구로써의 기능만 가지고 있는 것이 아닐 텐데 말입니다.

이제 저는 어린 시절의 아팠던 기억, 올바르지 못했던 대처방식들을 더듬어 보며 문제를 외면하거나 회피하지 않고 그때의 감정을 포착하고 표현함으로 문제에 직면하는 대처방식을 훈습해 가렵니다.

제10장 부모의 핵심감정의 진단

1. 0-6세 시기의 중요성

어린 시절의 사랑과 관심 받은 경험은
한 인간에게 정신건강의 핵심적 뿌리가 된다.
-사례중심-

어린 시절의 사랑과 관심 받은 경험은 한 인간에게 정신건강의 핵심적 뿌리가 된다. 다시 말하면 약 0-6세 시기의 애정경험은 남은 인생의 자양분, 메마르지 않는 비료의 작용을 계속 유지하게끔 하는 것이 된다.

이러한 명제는 이제는 누구나 이의를 제기하는 사람이 없을 정도로 고개를 끄덕일 수 있는 내용이 되어버렸다. 굳이 프로이드(Freud)의 이론을 잘 알지 못하고, 에릭슨(Erikson)의 평생토록 인간의 심리는 발달된다는 사회심리발달 이론을 제기한다 할지라도, 한 인간에게 어린 시절(0-1세, 0-3세, 0-6세 시기의 중요성)의 정서는 남은 인생에 중대한 영향을 미친다는 것을 우리는 이미 이론적으로 경험적으로 상식적으로 알고 있다.

여기에서는 한 부인의 사례를 소개하면서 어린 시기 경험의 중요성을 이야기 해 볼까 한다.

그 분은 2남 1녀 중 장녀(약 40세)인데, 그 부모의 사회경제적 수준이 최하였다. 아버지는 술과 놀음으로서 세월을 다 보내고, 친척이라는 사람들 역시 아버지와 진배없었고, 엄마는 날품팔이나 기타 밑바닥생활로 근근이 지탱해 오는 소설 속에서나 나옴직한 그런 생활이었다. 그들 부모는 온통 부수고 깨지는 격렬한 싸움을 종종 하였으며 급기야는 이 분의 엄마가 '내가 당신 앞에서 죽어야 당신이 정신 차릴 것이다'라며 농약을 마신 사건이 몇 차례 있었는데, 어느 날의 사건으로 인하여 이 엄마는 정말 돌아가시게 되었다. 그 때가 이 분이 초등1학년 때였다고 한다.

엄마가 자살사건으로 죽은 후에도 아버지는 여전히 가정생활에는 관심이 없고 자식에게 술과 돈을 가져오지 않으면 살림을 내동이치는 아주 저급한 생활태도의 고수였다. 어릴 때부터 섬유공장이며 인형 코 박는 일 등 안 해본 것이 없는 이 분은 초2부터 바로 소녀가장이 되었던 것이다. 생활가운데서 오는 고통의 깊이는 이루 말할 수 없었다. 일찍부터 학업은 중단될 수밖에 없었고 너무나 어린 시절부터 부모의 보호를 받지 못한 채 사회생활에 뛰어든 상황에서 여러 가지 수난도 겪었다. 그 수난의 내용은 눈물겨웠고 '아– 인간의 삶이 이렇게 밑바닥까지 내려갈 수 있구나' 정도로만 생각할 수밖에 없으며, 여기에서는 생략한다.

그런데 이 분은 내가 보기에는 아주 건강하고 바람직한 사고방식을 가지고 사는 평균정도의 사람이다. 물론 이런 어려움으로 인한 여러 가지 사회 환경적 요인은 이 분을 마음에 들지 않는 남편을 만나게 하고 결혼하게 되는 문제점, 자녀교육에 대한 부적절한 태도 등이 있지만, 그 분이 느끼고 생각하고 생활하는 일상생활에는 지극히 정상적이고 건강한 내용들이 훨씬 더 많다는 것이다. 참고로 두 동생 중 아래동생은 정신증적인 증세가 눈에 띄게 완연하여 사회생활과 대인관계가 전혀 되지 않고 있으며, 또 큰 동생은 역시 정신증 수준은 아니지만 성격적인 장애로 인하여 대인관계에 실로 많은 문제점이 있다고 보아진다.

그렇다면 왜 이 분은 자식이 보는 앞에서 자살로 돌아가신 엄마가 있고, 가정을 책임지지 않는 아버지가 있었음에도 불구하고, 또 두 동생이 모두 사회생활과 대인관계에 문제가 있는 정신증적, 혹은 신경증적 증세를 보이고 있음에도 불구하고, 그런 대로 어려운 가운데서도 잘 살아갈 수 있을까…

이 분이 회상하는 자신의 기억 속에는 엄마 아버지는 둘이서는 많이 싸우지만, 그들 각각이 이 분을 대할 때는 '너 참 예쁘다' '네가 제일 똑똑하다' '너는 하면 무엇이든지 잘 하네'라는 식의 관심이 늘 있었단다. 부모가 싸우는 모습은 이 분에게 너무나 큰 슬픔과 상처를 안겨주고 자살까지 이어진 그 엄마의 모습에 대한 상처는 너무나 엄청나지만, 그들 각자가 이 분에게 주었던 사랑과 관심의 흔적은 이 분이 남은 인생에서 크게 정신적 붕괴 없이, 큰 인지체계의 붕괴 없이 살아나가게끔 자신의 인생을 개척하는 데 중요한 뿌리가 된 것은 확실하다.

엄마에게 동생들은 세상만사 귀찮은 것들이라는 느낌이었고, 아버지는 아예 관심도 두지 않았다고 한다. 특히 엄마가 죽는 당시에 1세 정도였던 아래동생이, 4세였던 큰 동생보다 더 심한 정신증적 붕괴를 초래하였다는 사실에도 주목할 만하다.

사실 이 분이 걸어온 생은 책 한 권으로는 부족하다라는 일반적인 얘기를 그대로 인용해도 된다. 중단될 수밖에 없었던 학업, 밑바닥 경제적인 생활, 네 식구의 가정생활 책임, 그러나 결코 빗나간 생활권으로 들어가지 않고 책임지고 동생을 지켜나가겠다는 의지, 바른 생활의 인도를 받기 위한 종교생활 진입 등등… 그녀 스스로가 일궈낸 일생의 긍정적인 상황들은 너무나 많다.

그러나 이 분이 내면으로 쌓였던 스트레스는 어떻게 풀고 살았을까에 대한 대답을 요하는 부분에서는 눈물을 삼킨다. 한 편에서는 동생들을 때리고 나무라고 심하게 질책하고 -그 때는 바른 길을 걷게 하기 위해서라는 이유로- 다른 한 편에서는 열심히 일하면서 주변에서는 인정을 받고… 엄마의 죽음 시 4살, 1살이었던 두 동생은 부모의 인정과 사랑도 제대로 받지도 못한 채 부모를 잃고 누나에게 구박 비슷한 것을 숱하게 받아온 셈이 된다. 누나는 자신의 분노감을 동생 둘에게 풀었을 가능성이 높다. 이 사실에 대한 심리적 통찰은 자신에게 죄책감을 안기게 하였으나, 곧 자신도 어쩔 수 없었던 환경을 받아들이면서, 현실적으로 그들의 현재 수준에서 도움 되는 일을 찾게 해 주는 사회성을 발휘하였다.

이 분이 자신의 과거의 생활로부터 받은 영향은 지금도 한두 가지가 아니다. 많은 부분에서 극복되어야 할 것임에 틀림없다. 그러나 그런 대로 일상생활을 지켜나가면서 극복해 낼 수 있는 문제점과, 일상생활자체에 치명적인 결함을 안고 있으면서 수정해야 하는 문제점은 상당한 차이가 있다. 이 분은 전자에 해당한다는 사실이 중요한 것이다.

사람마다 문제가 없는 사람은 없다. 그렇다고 그 문제가 우리의 전부는 결코 아니다. 하지만 어떤 상황에서는 그 심리적 문제가 전부일 수도 있다. 대부분의 사람들은 건강한 일상을 유지하는 것 같으면서도 내부적으로 들어가면 상당하게 심리적인 문제점을 안고 있는 사람들이 많다는 것을 느낄 수 있다. 그래서 우리는 내부적으로 이리저리 갈등과 갈등사이에서 문제가 일어나도 그것을 자체적으로 해결할 수 있는 능력을 지니고 있느냐 없느냐는 것을 정신건강의 중요한 준거체제로 삼아야 할 것이다.

이 분은 부모의 극단적인 행위로 인한 불행, 초 1시절부터의 소녀가장, 주변 친척들의 도움이 없는 고통의 상황에서도 자신의 정신생활에서 붕괴가 일어나지 않고 살아왔다. 그리고 이제는 세 아이의 엄마로서 한 남편의 아내로서 정신적으로 문제가 되는 두 동생의 누이로서 자신의 삶을 고달프면서도 순명하고 그리고 사회적으로 봉사하는 삶을 살아나가게끔 하는 원동력을 가지게 되었다. 물론 종교적 귀의도 이 분에게 많은 도움을 주었다. 이러한 종교적 만남도 그녀의 정신적 끌림으로 인한 결과물이라는 사실로 본다면 결국 그 자신이 얻어 낸 것이다.

어린 시절의 부모의 사랑과 인정, 관심과 애정은 -비록 그것이 짧은 것이라 할지라도- 한 인간에게 나머지 일생동안 커다란 정신적 붕괴 없이 일상을 영위하게끔 하는 양식을 제공한다는 사실을 접해 볼 때, 한 인간에게 부모 그리고 그 주변 분들의 역할의 중요성을 다시 한번 인식하는 계기가 된다.

2. 결혼, 부모-자녀간의 정신역동

유기체는 임신 순간부터 환경과 상호 작용한다. 출생 시에 이미 선천적인 충동과 반응에 따라 가까이에서 양육하는 인물과 상호 작용한다. 이것은 6-7세에 이르러 그 기초가 어느 정도 고정되는 양식을 만들어 내며, 개인마다 다른 독특한 기질이나, 지능, 기타 태도와 더불어 특수한 행동패턴이 이루어지게 된다. 이와 같이 초기 생활에서 형성된 개인의 특수성은 개인의 정신역동에 대한 탐색과 왜곡된 부분에 대한 극복이 없다면 나머지 생활 동안에도 거의 변화되지 않고 지속된다.

결혼은 이러한 아동기 양식을 두 성인이 서로서로에게 반복하는 특별한 경우인 것이다. 처음에 두 사람의 관계는 성숙된 자아로 인해 어느 정도의 안정감과 조화를 이룬다. 그러나 친밀감이 깊어지고 감정교류가 깊어질수록 억압되었던 과거 아동기 양식이 빠른 시일 내에 서로에게 드러나게 된다. 즉 초기 아동기부터 억압되었던 이 양식(아동기 감정 양식)이 서로가 가까워지면서 성인판으로 부활되는 것이다.

특히 결혼생활에 있어서 아동기 양식이 가장 중요하게 표현되는 경우는 자녀에 대한 부모의 태도이다. 즉, 부모는 직·간접적으로 자신의 고정된 양식을 표현하면서 때로는 자녀를 어떤 인물(과거의 주요대상)과 동일시하여 자녀를 그러한 인물로 규정짓고, 괴롭히기도 하고 기대하기도 한다. 이러한 경우 부모의 아동기 양식이 좋은 부모역할을 하도록 작용한다면 자녀가 건강하게 성장하도록 이끌어 줄 수 있다. 그러나 문제가 되는 역할로 작용한다면 자녀는 오히려 부모에게 고통을 당하면서 자신이 그것을 이겨내지 못하여 비행으로 빠지거나, 정서적인 문제를 안게 될 수 있다.

사실상 임신의 순간부터 부모가 자녀를 위해 감당해야 하는 모든 일들에는 명확한 그 무엇이 없다. 더욱이 출산 후 부모들은 자녀를 잘 길러야겠다는 거대한 과제를 안고 있으나 자녀 양육이라는 것이 지적인 것이 아니며, 또한 일정한 방식으로 정해져 있는 것도 아니다. 모든 아기들은 그들 나름대로의 잠재력을 가지고 태어난다. 어떤 것은 선천적인 것이고, 어떤 것은 임신기간 동안 어머니의 영양조건, 활동, 감정상태, 그리고 그 외 여러 조건들에 대한 반응일 수 있다.

그러나 이 모든 것은 확실하지 않다. 그들의 선천적 능력과 잠재력은 그들이 어떤 종류의 성인으로 성장해 나갈 것인가를 결정하는 일부 요인에 불과하다. 나머지 요인은 그들이 태어난 물리적, 정서적 환경 내에서 생후 몇 주, 몇 달, 몇 년 동안 성장하는 방식, 특히 성격형성에 가장 강하게 영향을 미치는 초기 6-7년 동안의 성장 방식인 것이다. 즉, 작고 미숙한 유기체에게 가정의 물리적 조건, 경제적 조건, 감정적 안정도, 형제자매의 조건, 서열상의 조건 등은 주요한 정서적 환경요인으로 작용하며, 그 무엇보다 중요한 것은 부모의 성품이다. 부모의 성품은 사랑과 관심, 이해와 배려로 나타나든지 아니면 배척과 무관심, 몰이해와 심지어는 학대 등 여러 가지 강력한 힘들로 나타날 수 있다.

부모 자신의 과거 아동기 양식으로 말미암아 신경증적 상태에 있는 부모가 자신의 역동을 깨닫지 못하고 있으면 이 세상에 오직 그를 믿고 태어난 유기체에게 부모의 정서 상태를 그대로 투사하게 되는 것이다. 문제가 되는(병리적) 아동기 양식을 갖고 있는 젊은이가 배우자를 만나 결혼하는 연령에 이르게 되면 그 양식이 머지않아 상호간에 드러나기 마련이다. 왜냐하면 감정적으로 상호 작용할 만큼 가까이 있는 사람들 사이에서는 각자의 아동기 양식이 일어나지 않을 수 없기 때문이다. 만약 남자와 여자가 문제가 되는 아동기 양식을 가지고 있다면 이들이 함께 만나 결혼하고 출산하면서 결혼생활과 부모 역할 수행에서 문제가 발생한다는 사실은 그리 놀랄 바가 아니다.

결혼생활에서 일어나는 문제가 되는 양식은 필연적으로 그들의 자녀에게 영향을 미치는데, 이러한 현상은 아동기 양식이 그의 일생동안 지속되고, 또한 다음 세대에 그대로 전달된다는 사실을 많은 사례들은 확인해 주고 있다.

따라서 미래의 건강한 부모-자녀관계를 위해서는 우선 부모자신의 6-7세까지의 아동기 감정양식이 좋아야 하겠지만, 만약 그렇지 못하여 자신의 감정양식에 대한 적절함을 타진해 보고자 한다면 전문가를 방문하여 면담을 한다거나 전문교육을 받는다든지 혹은 독서나 연구를 통하여 자기분석을 할 수도 있을 것이다. 물론 이러한 것들은 시간과 비용과 수고가 필요하며, 그렇게 한다고 해도 한꺼번에 해결되는 것도 아니다. 그러나 자신의 자녀양육 방식과 그 다음 세대의 문제점에 대비해 부모가 그 자신의 정신역동에 대해 알고 대처하는 것은, 아마도 자녀양육에서 발생될 수 있는 필연적인 어려움에 대한 효과적인 한 방법이 될 것이다.

3. 꿈에서 비추어지는 핵심감정

부모의 성격 또는 행동방식에 영향을 미치는 정신역동을 판별해 내는 방법에는 몇몇 요인들이 있다.

첫째, 개인의 삶에서 현재의 감정양식

둘째, 초기의 기억들로 인한 아동기 감정양식

셋째, 연령별의 생활사

넷째, 반복되거나 잊혀지지 않는 꿈 그리고 최근의 꿈들

다섯째, 기타

이 자료들은 일정한 일관성을 가진다. 그 일관성은 아동기 감정양식에서 추론할 수 있는 역동 즉, 정서적 힘들의 상호작용을 통찰할 수 있게 하는 가장 강력한 도구가 된다. 기억과 꿈은 전체적인 양식을 보여 주기보다는 한두 가지의 핵심적인 측면을 알게 해 주며, 그러한 핵심적인 측면을 통해서 부모의 전체

적인 양식을 추론해 낼 수 있다.

이 장에서는 꿈, 특히 반복되는 꿈과 잊혀지지 않는 꿈, 그리고 최근의 꿈들에 대하여 살펴보도록 한다.

많은 사람들은 꿈의 기능을 예언적인 측면에서 얘기하곤 한다. 그러한 측면이 전혀 없는 것은 아닐 것이다. 그러나 정신역동에서는 꿈을 연상해 봄으로써 자신이 현재 의식하고 있지 못했던 무의식을 이해하는 근본적 원리로서 이용한다. 예컨대 부모가 자신을 둘러싸고 있는 여러 요인들 때문에 괴로움을 당하고 있지만 뭐가 뭔지 모르는 혼란스러움을 느끼고 있다고 하자. 다시 말하면 부모가 의식적으로 통제되지 않는 문제점을 안고 있을 경우, 자신의 꿈과 그에 따라 떠오르는 생각(연상)을 통해서 무의식적으로 작용하는 갈등을 체크해 볼 수 있고, 그것이 어디서 연유되었는가를 알게 된다. 즉, 무의식적으로 작용하였던 갈등의 원인을 의식적으로 이해함으로써 '자기이해'의 폭을 한층 더 높일 수 있게 된다.

사례의 연상을 통해 자신의 무의식을 발견한 예를 들어보자.

꿈1: 지금 사귀는 사람 있는데 딴 사람 만나는 꿈 꿨다. 만나면 안 되는데… 불안. 시험에 떨어지는 꿈도 꾸고. 기분이 안 좋고…
연상: 우울하고, 좌절을 느끼는 그런 것(한참 침묵)… 불안하기도 하고… 학교 다닐 때 ××사정으로 공부를 제대로 할 수 없었다. 진학은 생각할 수 없었다. 정말 학교생활 너무 힘들었다. 모든 것이 내 뜻대로 안 되었고… 다른 사람 만나면 왠지 내 수준이 낮은 것처럼 느껴 불안… 요즘 사람들 학벌이 높더라. 그럴 때 나는 좌절을 느끼고… 다른 사람 부럽고… 그럴 때 나도 모르게 아이에게 폭발하고 화내고…

이 사례는 자녀에게 평소에 잘하다가도 폭발하면 매를 대는 어느 부인의 이야기다. 이 부인은 자기 내면에 자리 잡고 있는 좌절감, 우울감 등을 꿈을 통해 확인하고 그 감정들로 인한 자녀에게 미치는 영향을 의식한다.

꿈2: 집이 어질러져 있었다. 선생님이 오셨다. 치운다고 치우는 꿈 꿨다.
연상: ×요일(선생님을 만나러 여기 오는 날) 되면 생각난다. 집 어질러진 것이 부끄러운 것처럼 우리 집 사정들은 부끄러운 과거들이다. 그런 얘기들 하는 것이 부담스럽고, 그 생각해야 된다는 것도 부담. 지금까지 살아오면서 내 이야기를 누구에게 한다는 것조차 어려웠다. 이제 그것을 벗어나고 싶다. 치우고 싶다.

이 사례는 늘 남 앞에서 고개를 떨군다거나 눈을 마주치지 못하는 어떤 남자의 경우다. 이 남자는 스스로에 대한 자신감이 부족하고 자녀에게는 신경질적이다. 이 꿈을 통해 현재의 신경질적인 자신의 반응이 과거의 자기 가정의 부끄러운 과거로 인하여 자신 내부의 수치스러움, 창피함이 늘 자리 잡고 있기 때문이라는 것을 알 수 있다.

4. 부모의 핵심감정과 자녀지도

부모의 아동기 주요감정(핵심적인 감정)은 개인의 인간관계뿐만 아니라 부부 혹은 부모-자녀관계에서 매우 직접적인 영향을 미친다. 친밀하지 않은 관계에서는 약간의 피상적인 상태로 관계를 하기 때문에 직접적으로 드러나지는 않으나, 결혼생활이나 오래된 조직생활에서는 그 양식은 잘 드러난다. 특히 자녀를 기르는 부모는, 자신의 아동기 양식이 거의 필수적으로 배우자나 자녀에게 드러나기 때문에, 자녀를 제대로 양육하기 위하여서는 자신의 주요감정을 제대로 알아야 한다.

대부분의 부모들은 자녀들에게 문제가 발생하게 되면, 일단 그 문제를 일으킨 자녀를 이리저리 채찍질과 회유, 허용과 꾸중 등의 방법을 사용하여 고치려고 한다. 환경적인 요인을 고려해 보려고도 한다. 여러 가지 기술적인 방법을 배워 자녀에게 써 보려고도 한다.

그러나 자녀에게 이런 저런 방법을 다 고려하여도 문제가 수정되지 않고, -문제가 수정되었다 할지라도 잠재적인 문제가 남아있기도 하다- 지속된다면 반드시 부모-자녀 사이에 부정적인 영향을 주는 역동을 살펴보아야 하고, 그 과정에서 부모의 주요 감정의 진단이 필요하다는 것이다.

핵심역동의 진단에는 다른 여러 가지 방법도 있겠으나 '가능한 한 최초의 첫 기억'과 '그 기억에 대한 느낌이나 생각'을 우선적으로 알아보아야 하며, 그리고 아동기 이후의 '현재까지의 생활사'를 살펴보는 것이 좋다. 이것으로 모든 것을 다 알아볼 수 있는 것은 아니나, 비교적 가장 중심적인 부분을 파악할 수 있으므로 자녀지도에서의 부모의 양식을 이해하는 중요한 도구임에는 틀림없다.

아래에서 부모의 주요감정이 어떻게 자녀지도와 연결되는지를 사례를 통하여 살펴보도록 한다.

A. 어머니의 첫 기억과 느낌

1. 첫 기억 1: 조그마한 방에 여러 식구들이 한 방에서 기거를 하였는데, 어느 날 밤에 도둑이 들어왔다. 떨면서 그 도둑의 몸짓을 다 지켜보았으며, 어떤 큰 사건이 일어날까 두려워하고 있었다.

2. 첫 기억 2: 가족끼리 함께 먹는 밥상에서 모두 침묵하고, 불안한 마음으로 밥을 먹었던 기억.

3. 그 기억에 대한 느낌이나 생각: 어른들이 함께 있어도 별로 믿을 수 없다. 혼자서 걱정해야 된다. 차라리 혼자 있는 것이 낫다. 함께 있으면 불안하다. 좀 외로워도 혼자 있는 것이 훨씬 안심이 된다.

이 분은 살아오면서도 삶의 주제가 '외로움'과 '독립적인 생활태도'였다. 개인이 지닌 특징도 합리적이고 객관성 있는 사고방식이 많이 있어 이러한 중심역동의 형성에 가족과의 대상관계와 상호 작용되었다. 물론 현재도 자식을 상당히 독립적으로 잘 길러내고 있다. 아직 자녀는 부모와의 관계에서 별로 문제가 되는 점이 없다. 부부관계에서는 그렇게 독립적이었던 이 부인이 남편이 조금이라도 서운한 얘기를 하면 결코 용납하지 않는 단호한 태도를 취하는 것이 특징적이다. 이 독립성은 어느 정도는 아주 현실에 걸 맞는 합리적인 방향으로 작용되고, 어느 정도는 반동형성적으로 작용한다. 이 분은 전자의 부분은 그대로 인정하고, 후자의 부분은 앞으로 어떻게 영향을 미칠지 고려하여야 한다. 즉 반동형성적으로 작용되는 부분은 정서가 메마르다든지, 가까운 중요인물에게는(예, 남편) 지나치게 강하게 자신의 감정을 폭발한다든지 하는 방법으로 나타날 수 있다는 이야기다. 강한 의존심을 표현한다는 뜻이며, 이것은 의존하고 싶은 욕구의 좌절로 발생된 분노감을 표출하고 있는 것이다. 마침 이 부인은 교육을 접하게 되면서 이런 양식의 자신을 이해하고 인정하며, 문제가 되는 방향의 영향을 사전에 미리 점검하는 기회를 가진 점은 현명한 처사라고 느껴진다.

지나친 독립성은 의존욕구의 상실에서 오는 정신역동이라고 보아도 된다. 지나친 독립성을 가진 사람들의 특징은 정서가 자유롭지 못하다. 즉 자녀지도에 있어서 객관성 있고 합리적으로 일을 처리하는 문제해결적인 방식은 잘 취하지만, 정서적으로 자녀와 교류하는 방식은 취약할 수 있다. 정서가 부족하다는 뜻이 아니라, 정서가 억압되어 자연스럽지 못하다는 뜻이다.

B. 어머니 첫 기억과 느낌

1. 첫 기억 ①: 엄마가 나를 위협적으로 화장실에서 때렸다. 주위에서 말려도 엄마는 멈추지 않았고, 대책 없이 맞았다.

2. 첫 기억 ②: 엄마를 찾아서 먼 길을 거의 하루 종일 걸어서 갔는데, 그 집에서는 나를 대단하다고 인정해 주었고, 엄마는 무덤덤하게 '뭐하려고 왔냐' 하는 식으로 대했다.

3. 어릴 때 생각이나 느낌: 엄마를 포기해야겠다. 아무것도 기댈 수 없다. 엄마가 뭔가 모자라니까 내가 인정받는다는 느낌. 엄청나게 성실하게 일하고 착하게 하여 많은 인정을 받았다. 누구에게나 베풀어야겠다. 참아야 한다 라고 생각했다.

그 이후의 생활사에서 동네 사람들이나 친척들이 엄마보다 낫다고 인정해 주었고, 열심히 성실하게 일했다. 엄마를 도저히 믿을 수 없다는 생각이 들었고, 결코 앞으로도 손 벌릴 것이 없다는 생각을 하고 지냈다. 초등학교만 마치고 집에서 떠나 객지에서 돈도 벌고 학교도 다니면서 독립했으며, 엄마대신 동생들을 맡았고, 결혼해서도 친정식구들을 맡아야 했다. 나중에는 시집의 모든 일들도 맡았다.

이 분은 엄마에 대한 감정이 양가적이다. 분노감과 그래도 매달리고 싶은 의존감이 잘 드러나 있다. 그러나 매달려 보아야 아무 것도 얻을 것이 없다는 것을 알게 되고, 그 결과 오히려 내가 더 열심히 착하게 잘하면 잘 할수록 훨씬 더 많은 인정이 온다는 것을 알게 되었다.

늘 자식들에게 '자기하기 나름이다' '남을 배려해라' '참아야 한다' '무엇이든지 열심히 해야 한다' 라는 말로 자식을 키운다. 아이들은 잔소리 같다고 듣기 싫어하는데, 자신은 그렇게 살지 않으면 안 된다는 확고한 신념(?) 같은 것이 형성되어 있다. 수업을 하면서 친정과 분리되지 못하는 자신, 그것으로 인하여 시집의 일도 모두 책임지고 살아가는 듯한 미 분리성이 큰 문제라는 것을 깨닫는다. 그런 자신의 사고나 행위가 인정과 사랑의 욕구충족을 강력히 갈구하였다는 것도 알게 된다.

엄마에 대한 감정은 차라리 분노보다는 일찌감치 포기할 수밖에 없는 절망감이 더 많았다. 오직 내 힘으로 살아갈 수밖에 없다는 외로움, 고독감, 부담감, 힘듦 등등… 이러한 감정으로 인하여, 결혼 전에는 스스로 열심히 생활하였고, 결혼 후에는 남편에게 엄청나게 매달렸고 요구했다. 자식을 키우기 시작하면서는 한 편으로는 자신의 행위방식으로 하기를 요구하고 한 편으로는 자식에게 의존하는 방식을 취했다. 자식은 반항하기 시작했고, 이 분은 화를 내기 시작했으며, 그러한 과정이 반복되면서 부모교육을 접하게 되었던 것이다.

5. 부모-자녀관계 역동탐색 사례

꿈을 꾸고 난 뒤…

(빠샤)

며칠 전에 꿈을 꾸었다.
꿈이 너무나 생생하다.

한밤이었다.
나와 엄마가 웅크리고 앉아있다.
그건 바로 아빠를 피해서 어딘가에 숨어있는 거였다.
옆에서 엄마는 여기저기에 전화를 한다.
우리 좀 도와달라고… 친척들에게 여기저기 전화해서 도와달라고 한다.
나는 그냥 가만히 숨죽이면서 주위를 두리번거리고
밖에서 헤매다 집으로 들어가는 아빠를 봤다.
아니 아빠를 직접 본 것이 아니고 그림자만 봤는데도 나는 깜짝 놀란다.

엄마가 사촌오빠에게 전화를 했다.
사촌오빠가 누구랑 다투고 있는지 엄마는 연신 때리지 마라… 때리지 마라…
그것도 아주 애절하게 때리지 말라고 말하고 있고
난 전화를 뺏어서 오빠를 부르면서 잠이 깨버렸다.
깨서는 그냥 멍하니 천정을 보고만 있었다.
두려움도 무서움도 아닌 너무나 멍했다.
나는 멍하지만…그 꿈은 너무나 생생하다.
다시 잠들기가 겁이 났다.
또 꿈을 꾸게 될까봐…

나는 자꾸 엄마가 오빠에게 외친 '때리지 마라' 그 말이 계속 내 귓가를 맴돈다. 너무나 힘겨워 하는 목소리. 두렵고 무서움도 있었지만 그보다는 때리지 말라는 그 단어가 계속 맴도는 건지..

내가 그랬다.
아빠가 술 마시고 와서 집에서 싸울 때, 아빠가 물건을 집어 던질 때, 아빠 참아라 던지지 마라… 그렇게 말했고
아빠가 엄마를 때릴 때 옆에서 아빠를 말리면서 때리지 마라 때리지 마라
그렇게 울부짖으면서 소리치며 매달렸다.
너무나 간절한 마음으로 그렇게 소리쳤다.
내가 그랬다 힘겨운 목소리로, 간절한 목소리로 때리지 말라고, 이제 그만하라고제발 그만 좀 싸우라고..
내가 그렇게 말했는데 하지 말라고…
얼마나 무서운데… 나는 무섭고 불안하단 말이야..
그러나 한 번도 내 말이 먹힌 적이 없었다.
내가 할 수 있는 건 아무것도 없었는데…

힘도 없고 어린 내가 뭘 어떻게 할 수 있겠어
고작 할 수 있는 건 내 힘껏 어떻게든 엄마를 막아줄려고
아빠한테 매달리는 것밖에는

그렇게 매달리는 나와 동생들을 놔두고
엄마 아빠는 끝까지 자기 말만 한다.
서로 상처를 못줘서 안달난 사람들처럼
네 탓이다. 네 탓이다. 끊임없이 자기들 소리만 낸다.
옆에서 듣고 있는 나와 동생들은 얼마나 상처를 받았는지
힘든지 무서운지 아픈지…
그네들은 알지도 못한 체 그저 자기 소리만 낸다.
서로 상처를 더 받았다고 탓만 하고 있다.
우리 상처는… 우리가 받은 상처는…
우리 상처는 보지도 않으려고 하고…
아직도 자기들 소리만 내짖고 있다.
나는 상처받고 힘든데…
그 상처에 나는 지금껏 너무 아프게 살아왔는데
살면서 한번이라도 내 상처 만져주겠지 알아주겠지.
그 마음으로 그 바람으로 지금껏 살아왔는데

자기 때문에 옆에 사람이 상처를 받아서 아파하고 있는데도
그것도 모르면서 자기 소리만 내 짖는 사람들 너무나 싫다.

지금껏 힘들었다
지금껏 많이 불안했다
힘든 만큼 불안한 만큼 그만큼 아니 그 곱절로 분노가 내 안에 쌓여만 갔다.

이제는 분노의 칼을 내세우고 싶지 않다.

내가 세운 칼로 나에게 상처 주고 싶지 않다.

그렇게 하기엔 지금껏 내가 나한테 상처를 너무 주었다.

내 상처 다독거려 주고 싶다.

너무 아프다.

제11장 부모의 의사소통과 전이감정

1. 대화라고 하지만 사실상 독백

부모-자녀관계뿐만 아니라 모든 대인관계에서 상대방과 진실하게 대화한다는 것은 생각보다 어렵다는 것을 발견할 수 있다.

우리가 일상생활에서 대화라고 생각하는 것을 가만히 살펴보면, 사실상 독백을 하는 경우가 많다. 자녀가 나의 말을 듣고 상처를 받는지 받지 않는지, 이러한 이야기는 자녀를 위로하는 말이 아니라 오히려 마음의 문을 닫게 하는 말은 아닌지, 자녀는 이미 이러한 이야기는 다 알고 있는 내용이기 때문에 더 듣고 싶지 않는데 계속 말하는 것은 아닌지… 수없이 많은 사례에서 부모자신만의 독백을 대화라고 생각하는 경우는 허다하다. 자녀의 입장이나 마음을 고려치 않는 대화방식은 대화가 아니라 자기의 이기적인 욕구충족만을 위한 도구가 되기 쉽다.

자녀에게 설득, 설교하려는 태도…
자녀에게 충고, 조언하려는 태도…
즉각적으로 해결해 주려는 태도…
자녀는 지금 이 순간에 듣고 싶지 않은데 섣부른 격려, 칭찬하려는 태도…
핀잔, 비교, 비난, 판단을 예사로 하는 태도…
캐물으면서 자신의 궁금증을 해소하려는 태도…
분석, 진단, 탐색하면서 마치 부모자신이 전문가인 것처럼 생색내려는 태도…

우리는 셀 수도 없이 자녀에게 문제가 되는 대화방식을 사용한다. 예컨대, 자녀가 학교에서 어려운 일을 맞이하고 난 뒤, 부모에게 그 어려움을 얘기하면 '걱정하지 말아라. 시간이 지나면 다 괜찮아진다' '학교 다니면서 그런 일은 예사다' '그 정도 가지고 네가 이겨내지 못하면 앞으로 어떻게 세상을 살아나갈래' 등등의 말이 자녀에게 어떤 도움이 될 수 있는지 생각해 보면 위의 언어적 태도의 문제점을 알 수 있다.

이 모든 대화방식의 밑바닥에는 상대방을 진정하게 위하는 것이 아니라, 상대방을 위한다는 명목 하에 자기의 마음이 투사되어 자기 자신이 시원함을 느끼려고 표현하는 것이 많다. 다 그런 것은 아니겠으나 자신의 행위가 의식적이든 무의식적이든 결국은 자신의 욕구를 채우기 위한 대화방식임에는 틀림없다. 사람들은 누구나 자신의 가치관과 인생관에 입각해서 상대방의 이야기를 듣고 옳고 그름의 가치판단을 내리고 충고를 해 주기 쉽다. 또한 누구나 편견을 갖고 있다. 정도의 차이는 있겠지만 그런 편견을 가지고 남의 이야기를 듣게 되면 쉽게 가치판단이 내려지게 된다. 따라서 그러한 자기중심적인 판단과 편견을 극복하는 것이 효과적인 경청에 있어서 중요한 조건이 될 것이다. 판단적 태도와 편견은 마음의 문을 닫아 그로 하여금 폐쇄적인 마음을 갖게 하는데 이로 인해 정말 경청해야 할 많은 메시지들이 여과되어 제대로 경청되지 못한다.

사람들이 대화하는 것을 보면 그 사람이 성숙한 사람인가 성숙하지 못한 사람인가를 알 수 있다. 대화를 나누다보면 짧은 시간일지라도 상대방의 인품을 어느 정도는 느낄 수 있다. 그래서 이야기가 제대로 되는 사람과의 만남을 가지는 사람은 행복한 사람이다. 대화에서 풍겨 나오는 인품은 지적인 높낮이가 다소는 관련성이 있겠으나, 경우에 따라서는 그 지식 자체가 자기방어의 수단이 되어 이기심을 가장하기 위한 형식이라는 것을 느낄 수 있다. 물론 다 그러한 것은 아니다. 대화를 하면 할수록 마음이 편해지고 내면에 품고 있는 지식이 지혜와 결합하여 진정하게 상대방을 위한 마음 씀을 느낄 수 있는 훌륭한 사람들도 많다.

대화를 통하여 자녀를 진심으로 이해하고, 이해한 내용을 토대로 진실하게 자녀를 위하는 마음으로 되돌려 주려는 태도… 자기의 의견과 감정을 비우고 오직 자녀를 위하여 자신을 비워두는 자세… 흔히 나를 비워야지 나를 비워야지 하지만, 대화를 하여보면 정말 자신을 비워 둔 상태로 자녀의 이야기를 들어주는지, 자녀를 위한다는 대화가 자신을 드러내는 대화인지 금방 구분될 수 있다.

나의 입장을 접어두고 상대방의 이야기를 그대로 받아들일 수 있다면, 나의 이야기를 진정하게 받아들이는 사람과의 만남도 저절로 이루어 질 것이다. 독백이 아닌 대화의 자세… 이것은 우리의 인생을 풍요롭게 살찌우는 도구가 될 것임에 틀림없다.

2. 감정의 수용과 방어적 태도

바람직한 대인관계를 위해서는 그 무엇보다도 기본적인 의사소통에 대한 이해가 요구된다. 바람직한 대인관계를 위해 대화를 통한 건강한 표현 방법이 중요하다는 사실은 이미 많은 사람들이 인식하고 있다. 그러한 인식에도 불구하고 대부분의 사람들은 그 구체적인 방법을 몰라 실제 생활에서는 어려움을 겪을 때가 많다.

의사소통에 영향을 주는 요인은 크게 듣는 능력과 말하는 능력이라 볼 수 있다. 우선 듣는 능력을 살펴보도록 하자.

경청능력은 상대방의 언어·비언어적 표현에 담긴 내용과 감정을 듣는 것으로 이는 단순히 듣는 자세가 아니라 상대방의 의견과 생각, 감정을 이해하려고 진정으로 노력하는 것을 의미한다. 또한 상대방이 말하는 것에 대해 공감적으로 이해하는 것이다. 공감적으로 이해한다는 의미는 일단 나의 입장은 접어두고 오직 상대방의 입장이 되어 그의 감정이나 생각 등을 수용하여 진심으로 상대방을 받아들인다는 뜻이다.

경청 능력을 향상시키기 위해서는 자신이 갖는 방어적 태도(비판, 판단, 비교 등)를 감소시켜야 한다. 그런데 대부분의 방어적 태도는 아동기 때부터 형성되어 온 정서적 양식에 의하여 결정되어 온 것이므로 올바른 청취능력을 증진시키기 위해서는 자신에 대한 탐색을 통하여 정신역동을 자각하는 것이 중요하다. 자신의 방어적 태도에 대한 탐색 없는 경청은 상대방 입장에서는 기술적으로 느껴져 진실성이 결여되고, 그 깊이가 얕아, 차라리 들어주지 않는 것만 못하는 경우도 있다.

자신의 감정흐름(정신역동)을 끊임없이 탐색하는 사람들을 보면 경청능력의 깊이를 느낄 수 있다. 왜냐하면 그들은 단순히 상대방 말의 내용, 감정에 공감할 뿐만 아니라 그들의 바람, 미해결된 욕구, 그 심리적 배경까지도 심도 있게 탐색하는 수련을 거치기 때문이다. 방어하고 싶은 마음이 올라오게 되면 상대방을 수용하는 자세가 어려워진다. 그러나 평소생활에서 자신의 역동을 살펴보고 있는 사람은 스스로의 방어적 태도를 감지하여, 상대방에게 투사되지 않도록 예방하는 작업이 우선시 되므로 진정한 경청능력을 발휘한다.

3. 감정의 억압

인간의 심리를 이해하는 용어 중에 방어기제라는 것이 있다. S. Freud와 그의 딸 A. Freud가 본격적으로 이 내용을 발전시킨 후, 많은 심리학자 정신의학자들이 인간의 내면을 이해하는 데 도움을 받게 된 개념이 이 방어기제라는 것이다. 방어기제란 무의식적으로 올라오는 충동이나 불안 등으로부터 자신(자아)을 지키기 위하여 사용하는 심리적인 방법을 뜻한다. 이 방어기제는 무의식적으로 자신도 모르는 사이에 사용하는 것이 많다. 그렇기 때문에 남들은 '저 사람 정말 이상하다. 분명히 억울하면서 괜찮다고 한다.' '저 사람은 뭔가 그럴

듯한 구실을 많이 붙인다.'라고 느낄지는 몰라도, 정작 본인은 외부로부터 들어오는 충격을 완화시키기 위한 중요한 생존전략을 펼치고 있는 것이다. 그러므로 방어하는 것을 무조건 불건강하다고 볼 수 없다. 오히려 방어하지 못하는 사람이 불건강할 수도 있다. 정신증을 앓고 있는 사람들은 이 방어기제의 사용이 아주 미약하거나 하지 못한다.

방어기제에는 억압, 퇴행, 합리화, 투사, 반동형성, 고착, 부인, 승화, 유머 등 여러 가지 종류가 있는데, 그 중에서도 억압은 가장 대표적인 것이며 다른 방어기제에 영향을 미치는 것이다. 억압은 외부로부터 들어오는 충격적인 사건, 상황, 그에 따른 감정들이 표출되지 못한 채, 즉 그 당시로서는 도저히 그 감정을 자신이 수용하지도 못하고 표출하지도 못한 상태에서 그대로 자신의 내면으로 깊이 들어간 것을 말한다.

억압의 정도는 개인차가 천차만별이다. 그 정도가 아주 깊은 사람은 실제로 옛날 기억도 별로 나지 않고, 경우에 따라서는 아주 편안한 사람으로, 아무렇지도 않는 사람으로 비춰지면서 살아간다. 이 편안하고 아무렇지도 않다는 것은 외부에 드러나는 그 사람의 행동양식에 비추어 보아 그 편안함이 진정한 것인지 아닌지를 알 수 있다. 예컨대 어떤 엄마가 남들에게는 아주 괜찮은 사람이고 웬만한 것은 다 참아야지라고 수없이 말하지만, 실제로 자기의 가족(경우에 따라서는 특정 아이)에게는 아주 엄격하고 화를 신경질적으로 내는 경우를 말한다. 또 어떤 분은 바깥에서나 가족들에게는 아주 좋은 사람이지만 줄기차게 어떤 특정 약물을 복용하고 있다든지, 술 담배를 끊임없이 한다든지, 또는 자신의 신체적 고통이 엄청난 사람들도 마찬가지일 수 있다.

적당히 억압하는 것은 생활하는데 상당히 도움이 될 수도 있다. 무조건 마구마구 자신의 감정을 표현하는 것보다 조금 자신의 감정을 통제한다는 의미에서 오히려 이익을 줄 수도 있다. 이것은 정확하게 얘기하면 억압이 아니라 억제라고 한다. 이렇게 적당하게 억제하는 것도 하나의 방법이다.

여기서 억압이 좋은 것이냐 안 좋은 것이냐를 논의하고자 하는 것은 아니다.

단지 그 억압이 어떻게 생활에 영향을 주고 있는가를 알 필요가 있다. 왜냐하면 자신이 억압하면서 편안하다고 느끼고 살고 있을지는 몰라도, 함께 사는 가족 또는 직장 동료 간의 입장에서는 남의 감정을 이해하지 못한다는 느낌을 줄 수 있기 때문이다. 예컨대 힘들어하는 상대방에게 '그까짓 것 가지고 왜 어렵게 생각하느냐. 그냥 참아버리면 될 것을…' 하고 말하여 상처를 준다든지, '그것도 이해 못하느냐. 나는 다 이해되는데…' 라고 하여 오히려 상대를 질책한다는 느낌을 주게 한다든지… 결국 상대방에게 자신처럼 '억압해 버리면 될 것 아니냐' 라고 강요하는 꼴이 되기 쉽다.

부부사이에 일어나는 많은 문제점들 중의 하나가, 한쪽에서는 어떤 감정으로 인해 힘들어하는데 상대방은 너무나 강하게 감정이 억압되어 전혀 상대방을 헤아리지 못하는 문제점이다. 자신이 감정을 잘 억압하고 있으므로, 상대방의 감정에 민감하지 못하고, 그렇지 못하니까 헤아리기는커녕, 그런 감정을 표출하는 상대방을 오히려 비난한다.

적당하게 감정을 표현하고 사는 사람들이 얼마나 건강한 삶을 살고 있는가 하는 것은 아무리 설명하여도 지나치지 않다. 상대방을 고려하지 않는 마구잡이 감정표현은 서로에게 상처를 주지만…

4. 전이감정과 감정표현

대인관계 향상을 위해서는 수용하는 자세를 취하는 것이 우선적인 것이었다. 이번 장에서는 우리가 직접 어떻게 말할 것인가 하는 문제를 다룬다. 즉 나 자신이 표현하고자 하는 내면의 심정을 명확하게 상대방에게 표현하는 능력을 키우는 것이 이 장의 과제다.

말하는 방법에 대한 의견은 거의 대부분의 사람들이 나-전달법(I-Message)의 사용을 권하고 있다. 상대방에게 자신의 행위에 대하여 무조건 행동수정을 요구하고 꾸중하는 것이 아니라, 상대방의 행위에 대한 나의 입장(상태)에 초점을 맞추어 나 자신의 감정을 알리는 것을 뜻한다. 만약 나 자신이 상대방의 행동수정을 위하여 판단, 비판, 분석, 비꼼, 경고, 명령, 훈계, 설교 등의 방법을 사용한다면 행동수정 그 자체보다는 오히려 감정적인 문제가 발생될 것이다. 따라서 본래 문제가 되었던 행동 그 자체보다는 감정싸움이 되어 상대방이 수정하려고 생각했던 부분마저도 저항감, 거부감 등으로 인하여 사라져 버리고, 오히려 상호간의 감정적인 대립의 악순환만 계속될 수 있다.

전이감정과 관련된 나-전달법의 사용에 있어 구체적인 방법을 크게 네 가지로 나누어 살펴보도록 한다.

우선 첫째 단계는 상대방의 행위를 있는 그대로 서술하고 그 때 나의 감정을 알리는 것이다. 구체적인 예는 다음 표에서 제시하도록 한다. 네가 **할 때 네가 왜 **게 하느냐는 식의 너-전달법이 아니라, 너의 행동에 대해서 나의 감정을 서술하는 나-전달법이지만 완전한 나-전달법이라고 보기는 어렵다. 그러나 일상생활에서 간단하게 자신을 알려주는 좋은 방법이다.

둘째 단계는 상대방의 행위가 나에게 어떤 영향이 미치는가를 말해주고(물질적이든, 정서적이든) 그에 따른 나의 감정을 알려주는 것이다. 상대방의 행위가 나에게 미치는 영향을 밝힘으로써 상대방이 자신 스스로를 돌아보게 하는 좋은 기회가 될 뿐만 아니라 영향을 찾아내는 과정에서 나 자신 스스로도 한번쯤 고려해 볼 수 있는 방법이다.

셋째 단계는 영향을 표현하였으나 수용이 안 되는 경우이다.
예컨대, '당신이 전화기를 꺼놓은 상태에서 새벽2시까지 들어오지 않았을 때 나는 기다리느라 잠이 부족하고 사고가 났을까 두려워서 걱정되고 화가 났다.' 라고 표현했을 때, 상대방이 '누가 기다리라고 했느냐 자지 않고…' 라는 반응이 나온다고 하자. 즉 구체적이고 객관적인 영향을 제시하였으나 상대방은 수용하지를 않는다. 이 경우에는 일단 표현을 자제하여야 한다. 즉 상대방은 나의 의견을 들을 자세가 되어있지 않고 들을 준비가 되어 있지 않으므로 상대방을 이해하려는 노력을 하여야 한다. 그 노력의 일환으로 상대방의 전이감정을 탐색해 본다든지, 상대방의 전이감정을 유발시킨 나의 무의식적 역동을 체크하여 보기도 한다. 그 과정에서 제 3자에게 감정을 표출하여 답답한 심정을 우선 풀어보는 것도 하나의 방법이다.

넷째 단계는 구체적인 영향이 생각나지 않는 경우이다. 이때는 나의 감정을 스스로 책임진다는 차원에서 나의 전이감정을 먼저 탐색하여야 한다. 그리고 난 후 상대방의 행위를 서술하고 감정을 표현한 후 나의 전이감정을 상대에게 전달하는 것이다. 나의 전이감정의 탐색과정에서 나 자신의 무의식적 역동을 체크하려는 노력이 필요하며 나의 대처방식에 문제점은 없는가 등등에 대해서 제 3자에게 도움을 요청할 수도 있다.

일반적으로 위의 단계에서 첫째와 둘째 단계를 많이 이용하지만 실제적으로 상대방이 수용하지도 않고 나 자신도 영향을 밝히기가 어려울 정도로 감정이 격해질 때가 많다. 따라서 정신역동적인 입장에서는 상대방 혹은 나의 전이감정을 고려해 보도록 권하고 있다.

인간이 많은 교육에 의하여 상당한 정도의 타당성을 가지고 자신의 의견을 낸다고 할지라도 스스로의 중요한 역동과 맞물릴 때는 순간적으로 타당성을 잃고 자신의 내면을 투사하는 예는 일상생활에서 흔히 볼 수 있는 일이다. 특히 그것이 예민한 이해관계가 얽혀 있거나 자존심에 관련된 문제가 될 경우에는 오히려 사회적으로 상당한 지식을 가지고 있다는 부류에서 더욱 더 지적 혹은 합리성을 가장한 투사를 하는 경우도 허다하다.

이와 같이 말하는 능력은 자기노출의 중요한 수단으로서 모든 인간관계, 특히 대인관계에서는 절대적인 영향을 미친다. 또한 이것은 상호간의 심리적 정화작용 내지는 정신건강에 도움을 주어 성숙한 인격을 형성하는 수단이 될 수도 있다.

앞 장과 종합하여 의사소통에 영향을 주는 요인들을 통해 볼 때 대인관계의 효과적인 의사소통이란 크게 두 가지로 대별된다.

i) 상대방의 말을 들을 때에는 상대방의 언어 혹은 비언어적인 메시지에 관심을 기울여서 나 자신의 요구를 투사하지 않고 상대방의 말을 있는 그대로 듣고 그 메시지에 담겨있는 내면적인 것을 이해하고 표현하는 것이다. 방어적인 마음이 들 때는 자신 또는 상대방의 전이감정과 관련시켜 탐색하여 보는 태도가 바람직하다.

ii) 나 자신의 의사를 전달할 때에는 전달할 내용과 배경 또는 이유를 밝히면서 나의 감정을 명확하게 표시해 주는 것이다. 이 때 감정을 무조건 표현하는 것만이 중요한 것이 아니고 상호역동을 체크하는 의식적인 과정이 필요하다.

위와 같은 의사소통 방법은 건강한 대인관계를 위한 효과적 기초도구로서 나 자신과 상대방 간의 역동에 대한 이해의 노력이 뒤따른다면 좀 더 의미 있는 대인관계를 확립하는 중요 계기가 될 것이다.

5. 억압된 감정의 표출과 과거경험의 재인식

드러나는 모든 행위에는 반드시 그 역사가 있다. 행위는 현상적인 표출양식이며, 그 행동양식을 불러일으키는 이유는 반드시 존재한다. 왜곡된 역사를 가진 국가가 겪는 현실적인 어려움이 있듯이, 왜곡된 역사를 가진 한 개인이 겪는 고통 역시 만만찮다. 물론 그 어려움을 잘 승화시켜 훌륭하게 살아가는 이들이 많다. 그러나 그 긍정적인 것 이면의 문제가 되는 영향을 제대로 발견하지 못하여 생기는 문제점은 간과될 수 없는 것이다. 여기서 개인의 왜곡된 역사라는 것은, 대부분 부모로 대표되는 가족관계에서 야기된 문제가 되는 요인을 말한다.

특히 부모와 자식과의 '상호관계'는 자녀의 선천적인 기질 못지않게 중요하다. 개인이 가진 선천적인 기질은 상황에 따라서 어떻게 기능하는가에 따라서 긍정적 혹은 부정적으로 작용될 뿐이지, 그 자체로서 좋다 나쁘다라고 말 할 수는 없다. 그러한 타고난 기질이 부모와의 상호관계에서 어떻게 처리되었는가, 어떻게 대처되었는가, 어떻게 상호관계를 이루었는가 라는 측면에서 고려되어야 한다. 그들 상호관계에서 발생된 감정적 부분은 쉽게 드러나지도 않으면서, 그 영향은 대단히 오래간다. Saul(1974)은 '정신역동은 운명이다'라는 표현을 사용할 정도이다. 그 영향이 오랜 세월동안 지속되는 이유는 어린 시기의 감정은 대부분 억압될 수밖에 없기 때문이다. 어린 시기는 아직 자기를 지킬 수 있는 자아가 형성되기 이전이다. 그러니까 어른의 반응에 당당하게 맞설 수 없는 경우가 허다하다. 어린 아이는 부모의 반응에 적절하게 대응하지 못한 채, 불필요한 죄책감이나 수치감을 느끼면서 사실상의 자신의 욕구는 좌절되고 감정은 억압될 수밖에 없는 것이다. 만약 당당하게 자기 식대로 맞섰을 경우에 닥치는 두려움 불안 등은 생존의 위험만큼이나 크기 때문에 억압하지 않고 자기욕구를 표출하는 것은 웬만한 성숙된 부모와의 관계가 아니라면 쉽지 않다. 우리의 문제가 되는 행동의 역사는 바로 적절하게 처리되지 못한 억압된 감정의 역사라고 해도 과언이 아니다.

억압된 감정이 제대로 처리되지 않은 채 외부에서 얻는 좋은 가르침은 그 자체로서 의미가 없는 것은 아니지만 그것을 자신의 방식대로 왜곡되어 받아들이기 쉽다. 높은 지능이나 좋은 환경으로 남들이 부러워하는 학교를 졸업하였는데도 불구하고, 바람직한 일에 자신을 투여하지 못하는 사람은 하나 둘이 아니다. 심지어 그 '가진 것' 때문에 사회의 직접적인 악영향을 끼치는 경우도 종종 있다. 자신의 억압된 감정으로 인하여 타인의 말과 행동을 왜곡해서 바라보는 경우는 허다하며, 그 주변인이 당하는 피해는 만만찮다. 좋은 것을 있는 그대로 행복하게 느끼지 못하고, 좋지 않은 것을 상황에 걸맞게 처리하지 못하는 경우도 마찬가지이다.

때와 장소를 가리지 않고 무조건 억압된 감정을 표출하라는 뜻이 아니다. 적절한 교육적 혹은 치료적 분위기에서 알맞게 억압된 감정표현을 하여야 자신

스스로를 객관적으로 바라보고, 그 바라봄을 통하여 타인을 제대로 바라볼 수 있다는 뜻이다.

억압된 감정표출을 하다보면, 억압되었을 당시에는 왜곡되어 보이던 상황과 사실이 제대로 보이게 된다. 과거경험이 스스로 생각하기에는 엄청났던 일들이 '아- 그럴 수 있는 일이었구나' 라는 보통의 상황으로 바뀌어진다. 큰 상처가 점점 줄어들게 된다는 것이다. 그토록이나 큰 아픔으로 느꼈던 것들이 누구나 있을 수 있는 작은 아픔으로 다가온다는 뜻이다. 지독히도 미워했던 누군가가 그냥 그대로의 한 인간으로 이해가 되어지기도 한다. 억압된 의미의 용서가 아니라 진정한 의미의 받아들임이 되는 것이다. 한마디로 과거경험의 재인식이 시작되는 것이다. 그 과거경험으로 인하여 좌절되고 무기력하고 우울했던 감정들이 편해지면서, 현재의 사물이 있는 그대로 보이기 시작하고, 삶의 색깔이 투명하게 맑아진다는 뜻이다.

억압된 감정의 표출을 경험하신 많은 분들의 공통적인 느낌과 이후의 자신에 대한 이해의 반응은 다음과 같다.

i) 후련했다. 이런 말을 하면 안 되는 줄 알았다. 큰일 나는 줄 알았다. 내가 너무 감정적인 이유를 알겠다. 이렇게 감정이 꽉 차 있었으니…

ii) 안심이 된다. 나 혼자만의 고민인 줄 알았다. 항상 이 말을 하면 남들이 나를 어떻게 볼까 수치스럽고 부끄러웠다. 하고 나니 별 것이 아니다.

iii) 힘들었다. 내 감정을 이렇게 마음껏 내 보인 적이 없었다. 마음은 가벼워진 것 같지만 그래도 이렇게까지 감정을 내어서 되는가 하는 염려가 되어 힘들기도 하다.

iv) 미운 xx가 별로 밉지 않고 도리어 이해가 되고 연민이 느껴진다. 마음속으로 미워하던 마음이 진짜 뚫리는 기분이다. 가슴의 뭔가가 내려앉는다.

v) 감정은 유치하여도 소중하다는 것을 알겠다.

vi) 감정표현은 나의 존재를 알리는 것이라는 뜻을 이제야 알게 된다.

vii) 편두통이 사라진 느낌이다.

ⅷ) 있는 그대로 내 감정을 수용 받았다는 느낌이 드니까, 자녀의 감정을 수용해야 한다는 것이 얼마나 중요한가를 깊이 느낄 수 있다.

ⅸ) 감정을 수용하면 어떤 상황을 허락하는 줄 알았다. 상황에 대한 허락과 감정의 수용은 다르다는 것을 알게 되었다.

6. 부모-자녀관계 역동탐색 사례

부부 대화가… (사자, 다람쥐, 토끼)

(달)

큰아이가 동물로 표현한 식구들 상이다.

사자…

남편이다

권력자, 맘대로 휘두르는 무서운 권력자.

아이가 느끼는 표현이다.

남편 입장에서는 충분히 억울할 수 있는 요지가 많다.

왜냐면, 열심히 내 몸(남편) 아끼지 않고 성실하게 일하고, 맘에 안드는 일이 있어도 웬만하면 꾹~참고,

아이들에게나 나에게나 잘하려고 무던히 애쓰는 사람이기 때문이다.

본심은 참 따뜻한 사람이 맞다.

남편은 말이 없다.

열 마디 해도 한마디 대꾸를 할까 말까 할 정도이고, 스스로 먼저 말을 꺼내는 일은 드물다.
옆에서 지켜보면 무슨 생각을 하는 지 어떤 마음인지 도대체 종잡을 수 없는….
두꺼운 벽을 둘러싼 깊은 성, 같은 느낌이다.
이런 남편을 보고 있으면 내 가슴은 답답하고 숨이 턱턱 막힌다.
속을 알 수 없는 사람과의 대화는 긴장을 한시라도 늦출 수가 없고, 눈치가 보인다.
한마디로 편치가 않다.

일상적인 대화가, 깊은 대화로 갈 수 있는 연결고리가 되고, 눈덩이처럼 커질 수 있는 감정도 가볍게 희석시킬 수 있건만… 많이 안타깝다.

그러니 어쩌다 한마디 하는 말이 너무 강하다.
그것이 적개심을 담고 있을 때는 엄청난 위력(?)으로 상대에게 전달된다.
그때의 눈빛은 정말 가슴이 있는 대로 오그라들고, 내 머리 속은 모든 것이 정지상태다.
웬만해서 화를 내지 않는 사람이기에 한 번의 무서운 화는 아이에게 크게 확대되어 느껴질 것이다.

다람쥐
나다. 항상 바쁘게 움직인다.
혼자 집안일은 다해야하고, 만만치 않은 공부도 해야 하고, 연구소에 나가 일도 해야 하고,
짬짬이 운동도 해야 한다.
외로운 역동 때문에 사람과 만나서 나누기도 해야 한다.
밖에서 에너지를 받을 수밖에 없는 나의 기질은 바쁘기도 하지만, 나의 활력소

도 된다.
큰아이는 나의 이런 모습을 본 것 같다.

어릴 적 나의 부모님은 대화도 미주알고주알 잘 나누셨지만, 나에게는 무서운 부부싸움이 크게,
아니, 거의 전부로 느껴진다.
부모님사이에 냉랭함이 느껴짐과 동시에 위기 일촉즉발과 같은 긴장감과 두려움은
가슴이 쪼그라드는 것 같다.
어디 내 한 몸 숨길 곳만 가슴으로 찾았고……왜냐면 거대한 불똥이 나에게 떨어질 것이고….
그다음은 상상조차하기 싫다.

남편의 냉랭함이 나에게는 비례되지 않은 전이감정의 깊은 홀로 끌고 들어가고도 남는다.
나는 웬만하면 큰소리 안나게 덮어버리는 것이 상책이다.
가슴이 지하로 쿵 떨어지는 두려움을 나는 마주하기 겁난다.
그냥 살살살 아무 일 없었다는 듯이 실실실 웃어가면서 대처한다.
성질 건드리지 않고 대충 맞추고 덮는다.
그러나 그것이 덮는다고 덮어지지 않는다는 것을 누구보다 잘 안다.
속으로 밀려들어간 모든 감정은 나의 무력감으로, 나의 신체화로, 폭발적인 분노의 감정으로
아이들에게 가면서,(거의 미친년처럼 날뛴다, 내가 나를 봐도 무섭다) 나와 아이들을 이중삼중으로 멍들게 한다.

이런 비례되지 않은 전이감정으로, 남편과의 대화에서 조그만 자극에도 혼비

백산하여 제대로 대화다운 대화가 될 수 없었다.

토끼….
큰아이다
큰 눈을 이리저리 굴리며 눈치 보기 바쁜 여린 토끼…
아이는 내성적이고 여리고 부드러운 본 기질을 타고난 데다가 집안의 긴장된 분위기는 더욱 아이를 위축시키고 속으로 속으로 파고 들어갔다.

아이들은 부모의 거울인데 대화로 풀어 가는 모델을 보여줄 기회가 없었으니 친구관계도 너무 어렵다
부모가 한 대로, 웬만하면 꾹~참는 것이 본인이 할 수 있는 방법이다
같은 또래끼리의 대화로 활력도 생기고 의욕도 생기는데… 그 대화의 통로를 열 방법을 모르니 본인도 답답하고 일상이 짜증스럽다
내가 그나마 받아줌으로써 짜증도 내기 시작했다

남편이 요즘 동방공부를 시작했다
두껍고 두텁던 벽돌이 하나씩 둘씩 조금씩 치워지는 느낌이다
배운 대로 성실하게 눈도 마주치고, 대답도 응.응하고, 고개도 끄덕끄덕한다.
몇 달 전만 해도 상상도 못했던 일이다

전에는 남편과 얘기를 하고 있지만 거의 나 혼자 독백을 하고 있다 보면 '내가 왜 얘기를 꺼냈을까?!' 후회하면서 슬그머니 말꼬리를 정리할 때가 많았다
그래도 아무반응이 없다….
같이 있지만 나눌 수 없는 막막함과 외로움, 기댈 수 없어 올라오는 적개심은 가슴이 터질듯했다.

요즘은 남편이 가볍게 일상적인 얘기도 잘 꺼낸다.
무겁게 아무 말 없이 있으면 나는 '나 때문에 화가났나? 내가 뭐 잘못했나?…' 또 긴장하고, 눈치보고, 혼자 소설 쓰고…. 하면서 블랙홀로 자꾸자꾸 빠질 수 있는데,
일상적인 대화가 조금씩 되니까 "뭔 일 있어?" 라고 물꼬를 쉽게 틀 수 있다는 것도 큰 수확이다.

남편은 일상적인 대화의 물꼬로 감정을 희석시키고, 나는 비례적이지 않은 전이감정의 두려움을 의식하고 훈습함으로써 보다 질 높은 대화가 되면 아이는 그대로 보고 느끼고 배울 것이라는 희망이 나를 안심시킨다.

제12장 부모와 자녀의 긍정적 역동

1. 부모-자녀 상호간 긍정적인 힘의 발견

대부분의 사람들은 긍정적인 면과 부정적인 면을 동시에 가지고 있다. 예를 들어 독립적인 면을 지닌 사람은 적극성, 추진력이 있는 반면, 세심한 배려, 따뜻한 면이 부족하기 쉽다. 또한 온순한 면을 지닌 사람은 남에게 좋은 인상을 주는 순종, 배려 등을 지닌 반면, 추진력과 통솔력이 부족할 수도 있다. 물론 양쪽 면을 골고루 가진 사람도 있겠으나 한 개인이 가진 특성상 어느 한 쪽이 부각되면 다른 한 면이 다소 부족한 것은 자연스러운 일이다. 마치 고무풍선과 같은 이치이다. 한 쪽이 들어가면 다른 한 쪽이 나오게 되어 뭔가 조화롭지 못한 느낌을 줄 수 있는 것이다.

한 인격이 조화롭게 성장하는 데에 가장 중요한 것은 상대방을 있는 그대로 존중해 주고 인정해 주는 것이라 볼 수 있다. 존중받고 인정받으면서 자란 사람은 언제 어디서나 자신의 성격에서 부족한 부분을 스스로 채워가면서 발전한다. 그러한 발전은 교만하지 않으면서도 자신감을 가지고, 자만하지 않으면서도 자부심을 가지도록 만든다. 이것은 자신 스스로가 자신의 잠재력을 일깨워 실현해 가면서 최선을 다하여 사는 바람직한 인간의 표본이 될 수 있다는 뜻이다.

이러한 것을 많은 사람들은 잘 알고 있으면서도 사실상 상대방을 있는 그대로 존중하고 인정해 주는 것에 상당히 인색하다. 그러면서 겉으로 남을 인정하여 주기도 한다. 그러나 실제적으로 생활에서는 어려운 일이 되기 쉽다. 그 이유는 간단하게 이야기할 수 있다. 자신이 존중과 인정을 못 받고 자랐을 경우, 혹은 자신의 현실의 모습이 이상적인(기대했던) 자신의 모습과 일치하지 않을 경우와 같이 자신의 내면의 문제점과 결부되어 있는 경우가 허다하다. 그러한 자신에 대한 부족한 자신감 내지는 열등감은 상대방(부모인 경우는 자녀를)을 있는 그대로 보는 시각에 많은 걸림돌이 되고 있다.

자기 자신을 사랑하고 가치를 부여하는 것이 인간에게 있어 필수적이라는 말을 듣는 것이 잘 이해되지 않을 수도 있다. 사실 많은 사람들에게 있어서, 자기 자신을 사랑한다는 것은 이기적인 것이며, 그럼으로써 그것은 다른 사람을 적대시하는 행동이고, 사람들 사이의 전쟁이라고 생각된다. 다른 사람을 적대시하는 것을 피하기 위해서 사람들은 자기 자신보다는 다른 사람을 사랑하도록 배워왔다. 이것은 자기 경시의 결과를 낳았다. 만약에 사람들이 자기 자신을 사랑하지 않으면, 어떻게 다른 사람을 사랑하는 방법을 알 수가 있겠는가? 자신을 사랑하는 것이 다른 사람을 사랑하는 것을 가능하게 해 준다는 연구 결과는 수없이 나와 있다.

따라서 상대방의 모습을 사랑과 존중, 인정과 아름다움으로 바라보기 위해서는 자신의 내면의 모습, 즉 내가 가진 멋진 힘들은 무엇인가에 대한 정직한 탐색이 필요하다. 이것은 결코 자만도 교만도 아니며, 나에 대한 당연한 의무요 책임이다. 내가 나를 사랑하지 않으면 누가 나를 사랑하겠는가?

대인관계에서, 나에 대한 긍정적인 면을 자각한다는 것은 바로 나 자신의 부정적인 면을 극복해 낼 수 있는 좋은 도구가 된다.

즉, 내가 지쳐 힘들고 괴로울 때 내가 가진 다른 긍정적인 부분이 그 힘든 부분을 일으켜 세우는 역할을 하게 된다. 따라서 그러한 긍정적인 면은 나의 부정적인 면을 극복해 내는 '힘'이라고 볼 수 있다. 이 '힘'을 자각하지 못하는 많은 사람들은 자신을 괴롭히고 비난하며 자학하게 되고, 그로 인하여 가족들을 괴롭히고 비난하며 학대하는 악순환을 거듭한다. 얼마나 불행한 일이겠는가? 따라서 자신의 힘을 발견해 냄으로써, 상대방의 힘을 발견해 내는 눈을 가지게 되고, 그러한 힘들은 각자의 어려움을 극복하는 좋은 도구가 될 것이다.

자기 스스로에게 가치를 부여하지 못하는 사람은 다른 사람들-아내, 남편,

아들 또는 딸-이 자신에게 가치를 부여해 주기를 바란다. 즉 자기 스스로는 자신을 인정하지 못하면서 타인 또는 사회적 힘(명예나 권력 등)을 빌어서 끝없이 인정받으려고 한다. 인정받지 못하면 경쟁심과 열등감이 올라와 노심초사한 상태를 유지하게 되고, 이러한 감정들은 또다시 상대의 가치를 인정하기 어렵게 만드는 심리적 배경이 된다. 이렇게 자신이 스스로에게 인정받지 못하고 서로가 서로에게 인정받으려고 하는 대인관계 속에서는, 양자 간에 맞불을 지피는 끝없는 속임수를 자신들도 모르게 이끌어내기 쉽다.

조화로운 사람들의 특징은 한마디로 긍정적인 사람이다. 두 말할 나위 없이 이런 사람들은 타인에 대해 관대하며, 자신의 장점과 단점을 솔직하게 시인하고, 그로 인해 지나치게 슬퍼하지도 기뻐하지도 않는다. 따라서 타인의 단점을 비판하지도 않고, 타인의 장점에 대해서도 열등감이나 경쟁심 없이 있는 그대로 받아들인다. 즉, 이기주의에서 이타주의로 삶의 방향을 전환시키면서 자아실현을 향해 최선을 다하는 모습을 보여준다. 그들은 자신과 타인을 괴롭히는 에너지를 힘을 북돋우는 에너지로 바꾸기 때문에 기쁘고 즐거운 인생을 산다. 자신과 타인의 긍정적인 면을 발견할 수 있는 눈을 가진 사람은 행복한 사람이다. 한마디로 편안한 사람들이다.

성숙한 사람이란 자신도 편하고 상대방도 편하게 해 주는 사람이다.

2. 손댈 수 없는 부분

1) 인간의 다양성

유·아동기의 부모-자녀 간 상호작용은 훗날 대인관계에서 많은 부정적, 긍정적 관계를 형성한다. 대인관계를 설명하는 여러 이론 중 융(Jung)의 성격유형론에서는 인간이 어떤 사물을 보고 느끼고 판단하며, 행동으로 옮기는 방법은 제각각 인간이 가지는 선천적인 경향성에 따라 다르다고 보았다. 즉 그 대처 방식은 선천적인 경향성에 따라 대인관계에서 바람직하게 작용될 수도 있고, 마치 만나지 말아야 되었을 관계처럼 힘들게 될 수도 있다. 가족 간(가족과 다름없는 직장생활도 포함)의 관계가 부정적일 경우 좌절과 고통을 겪기도 하고 긍정적일 경우 만족과 기쁨을 느끼기도 한다. 이러한 부정적, 긍정적인 관계가 상호 성숙해지면 통합의 과정을 이루게 되어 조화로운 한 인격체로 형성된다. 그러나 인간의 성격적인 특성과 역동에 대한 이해가 없을 경우에는 대인관계에 있어 많은 오해와 문제점을 야기할 수도 있다.

같은 부모로부터 태어난 형제자매간에도 성격과 능력에는 차이가 있다. 그 차이에 따라 가치관과 행동은 다양하게 달라질 수 있다.

드러나는 행동 면에서, 깔끔하고 꼼꼼하여 정리를 잘 하는 아이가 있는가 하면, 스쳐간 자리는 늘 어지럽혀 있고 더럽게 하는 아이가 있다. 계획적이고 철저하고 사전에 준비가 잘 되어야 안심이 되는 사람이 있는가 하면, 무계획적이고 융통성 있고 그때그때마다 순발력 있게 일 처리를 잘 하는 사람도 있다. 여러 사람과 잘 어울리며 스스럼없이 이야기하고 남 앞에 나가서 발표를 잘 하는 아이가 있는가 하면, 가능하면 소수의 사람과 어울리고 관심 있는 몇 가지 이야기만 나누면서 앞에 나가기 싫어하는 아이도 있다. 운동이나 게임을 즐기면서 열심히 노는 아이가 있는가 하면, 만화나 책을 보거나 조용조용 소꿉장난을 하면서 노는 아이도 있다.

내면에 감정이 풍부하여 남에게 배려를 잘하고 눈물이 많고 가슴이 잘 뛰는 사람이 있는가 하면, 감정보다는 논리 정연하고 잘 따질 수 있어 싸움을 잘 하는 아이도 있다.

형제지간에 동생이 논리적인 경우는 감정적인 형에게 오히려 말대꾸를 잘 하고 조리정연 하여 형을 난감하게 만들어 울게 하는 경우도 있다. 이런 경우에 부모는 아이의 성격적인 특징에 대한 이해가 없으면 형이 동생에게 져서 운다는 식으로 핀잔을 줄 수 있다.

또 어떤 사람은 매우 현실적이라 일 처리가 객관적이고 합리적이면서 처리 방식이 우수하며 수단과 방법이 머리에서 재빠르게 움직이는 사람이 있는 반면, 현실적인 문제를 매우 복잡하게 만들고 뜬구름 잡는 식으로 일을 처리하는 사람도 있다.

다시 말하면 철학적이고 현학적인 느낌이 들어 발을 땅에 딛고 사는 것 같지 않는 사람이 있는 반면, 현실에 잘 적응하며 일어나는 여러 가지의 문제를 신속하고 객관성 있게 처리하는 등 발을 땅에 딛고 사는 느낌이 드는 사람이 있다.

능력과 소질 면에서도 학업에 우수한 능력이 있는 사람이 있는 반면 예술적 재능이 뛰어난 사람도 있다. 이론적인 면으로 우수하여 사물을 탐구하고 연구하며 가르치는 일에 능력을 발휘하기를 원하는 사람도 있고, 경제적 활동에 관심과 흥미를 가지는 사람이 있다. 또한 아름다움의 추구에 가치를 두고 창조활동을 다른 어떤 일보다 좋아하여 주된 경제적 활동보다 부수적인 취미활동에 더욱 더 관심을 가지는 사람이 있다. 고통 받는 사람의 삶에 연민을 잘 느껴 자신의 몸과 마음을 사회를 위해 봉사하는 일에 높은 가치를 두는 사람이 있는가 하면, 국가나 사회발전에 관심이 많아 권력의 힘을 취득하여 자신의 영향력을 행사하고자 하는 정치형의 사람도 있고, 신(神) 또는 절대자에 대한 관심과 인간생애의 궁극적 의미를 추구하는 초월적인 성향을 가진 사람도 있다.

2) 인간의 독특성

가정생활에서나 사회생활에서 인간의 서로 다름을 통하여 배울 수 있는 것은 참으로 많다. 대인관계에서 서로 다름의 차이를 감지할 수 있는 능력을 가지고, 그 다름에서 무엇인가를 얻어 보려는 자세는 성숙한 자세라고 여겨진다.

인간이 지닌 독특성을 있는 그대로 바라볼 기회를 가지지 못한다면, 살아가면서 편협되고 왜곡된 시각을 가지기가 쉽다. 즉 전인적인 인격, 통합된 인격으로 발돋움하기 위해서는 서로 다름을 정확하게 인식하고, 그것을 있는 그대로 볼 수 있어야 한다. 사실, 인간의 독특성은 단순히 선천적인 성향뿐만 아니라 어떤 부모 밑에서, 형제자매의 조건에서, 가족 중 어떤 대우를 받았는가에 따라서, 주변인의 인정과 관심 여부에 따라서… 등등 다양한 상황으로 인한 역동이 작용하기 때문에 한 마디로 설명하기는 어렵다. 이러한 다양한 조건에 의해 형성된 감정흐름, 즉 개인의 정신역동에 따라 형성된 독특성은 그에게 닥친 현실적인 조건에 따라 긍정적으로도 작용하고 부정적으로도 작용한다.

어쨌든 인간에게 그 나름의 독특성이 있다는 뜻은, 다른 의미로는 인간에게는 각자 손댈 수 없는 부분이 반드시 있다는 것이다. 탄생 시 부여된 본성에 대한 이해를 요구하는 부분이다. 만약 상대방의 손댈 수 없는 부분에 대해 누군가 자꾸 반복해서 건드리게 된다면 서로에게 큰 상처를 남기게 되고, 그것이 지속될 경우에는 씻을 수 없는 깊은 골을 만들게도 되는 것이다. 부여된 본성 그대로 상대방을 바라볼 수 있는 사람이라면 아마 성인(聖人)에 가까울 것이다. 그러나 비록 우리가 성인의 경지는 아니라 할지라도 상대방을 있는 그대로 인식하고 바라보려고 노력할 때 아마도 풀리지 않을 것 같았던 대인관계의 문제는 서서히 해결의 실마리를 찾아갈 수 있을 것이다. 예컨대, 부부사이에 의견이 서로 달라졌을 때 '아니 당신, 그것이 말이라고 하세요?'라든지 '세상에 어떻게 그런 생각을 할 수 있어요'라든지 '참으로 상식 밖이네요'라든지 '내가 수차례 얘기했는데 제발 그런 생각은 하지 마세요'라는 반응을 하기 쉽다. 만약 이때 어느 한쪽에서라도 '아– 당신은 xxx 생각했군요. 갑자기 들은 얘기라 제가 조금 당황스럽기는 하지만, 당신의 의견이 그렇다는 것을 알았어요. 평소의 제 생각과 조금 다르지만, 제가 시간을 가지고 생각해 보겠어요'라는 태도를 가지면 상대방은 '아– 나의 이야기를 밀어내지 않는구나. 나도 다시 한번 생각해 보아야겠군' 하는 마음이 생길 것이다.

인간은 그들의 생각과 가치관, 감정상태와 행동양식 등 다양한 측면에서 누구나 가지고 있는 손댈 수 없는 부분이 있다(안형관, 2000). 손댈 수 없는 부분… 이것을 어떤 사람은 단점이라고, 제일 큰 문제점이라고, 고칠 수 없는 부분이라고 말하지만, 어떤 사람은 매력이라고, 장점이라고, 특별한 부분이라고 말할 것이다. 만약 그것을 부정적인 의미로 받아들이는 사람이 있다면, 이 점을 '여백'이라고 생각하면 어떨까? 여백… 동양화의 여백이 허점으로, 단점으로 보였던가? 여백이 있기 때문에 아름다운 것… 꽉 차 있음으로 해서 오는 충만감도 즐겁지만, 여백의 너그러움을 보는 것도 때로는 행복하지 않겠는가!… 여백이 없는 그림은 고요함이 없는 음악과 같다. 때로는 아름다운 멜로디 속에서 고요한 '쉼'이 연주의 최고 순간이 될 수 있다. 고요한 '쉼'은 그것 자체로서 다른 강렬한 부분이 살아나도록 하는 역할을 한다. 즉 여백도 우리의 내적인 힘인 것이다. 여백의 예술품을 감상할 수 있는 눈… 그 눈이 우리를 여유롭게 만들 것임에 틀림없다.

대인관계에서 이 여백의 눈에 불을 밝힌다면 아마도 대부분의 문제점은 해결되리라 본다. 물론 여러 측면에서의 감정순화 노력이 부단하게 필요할 것이다. 여백의 눈은 상대방에게만 향하는 것이 아니다. 자아의 실체를 진실하게 들여다보기 위해서는 자신 역시 스스로를 있는 그대로 느끼고, 부족한 부분을 그대로 여백으로 즐길 수 있어야 한다. 즉 나 자신 스스로에게도 여백의 美를 부여하려고 노력하는 자세는 상대방을 바라보는 또 하나의 새로운 시각이 될 것이다.

여백의 아름다움은 자연스럽게 느껴야 한다. 억압하면서 느끼는 여백은 이미 아름다움이 아니며 고통이다. 억지로 아름다움을 느끼려고 하는 것은 여백을 있는 그대로 느낄 수 있는 능력이 마비되어 있다는 뜻이다. 차라리 억압하는 자신을 바라보면서 다시금 자신을 추스르는 작업이 필요할 것이다.

우리의 눈을 통하여 상대방의 손댈 수 없는 부분을 여백의 아름다움으로 보는 인식의 전환을 시도해 보자. '다름을 같음으로' 바꾸려는 에너지를 '다름을 인정해 주는' 에너지로 바꾸어야 할 것이다.

3. 긍정적 역동의 발견

우리의 생활에서 자기 자신의 전반적인 역동에 대한 통찰은 정말 중요하다. 그것이 긍정적인 방향의 작용이든, 부정적인 방향의 작용이든 제대로 알고, 제대로 생각하고 제대로 행동하면 되는 것이다. 자신의 부정적인 면을 제대로 알지 못하는 경우도 흔하지만, 자신의 긍정적인 면을 제대로 알지 못하는 경우도 허다하다. 특히 자신의 긍정적인 역동을 바로 안다는 것은 흙 속의 보석을 찾는 것으로 비유할 만큼 소중한 것이다. 상담 장면에서는 상담자가 내담자의 보석을 빨리 발견하여, 그 보석에 힘을 주면서 문제가 되는 부분을 치료해 나가는 점은 매우 상식적인 일이다.

지금까지 이미 배워왔듯이, 우리 내부의 정신역동은 상황에 따라 긍정적으로 작용되는 경우도 있고, 부정적으로 작용되는 경우도 있었다. 나의 과거는 이것이 문제였고 저것이 잘못되었다는 식의 평가나 분석 그 자체가 목적이 아니다. '그 과거는 나의 성격이나 행동양식에 이러이러한 양식(정서 · 행동)을 야기시켰구나. 이런 경우에는 긍정적으로 작용하고 있구나. 저런 경우에는 부정적으로 작용하고…'하는 것을 깨달아, 그 다음의 단계를 넘어가는 것이 중요하다는 것이다.

이 긍정적 역동의 발견은 자신에게 무의식적으로 작용되는 부정적 양식을 건강한 양식으로 바꾸는 데 매우 중요한 지렛대의 역할을 하기 때문에 반드시 필요한 인식이다. 자기 자신에 대하여 객관적으로 긍정적 역동을 발견할 수 있는 사람은 부정적으로 작용되는 자신의 양식에 대하여도 객관적으로 바라볼 수 있는 눈을 가지고 있다. 긍정적인 것을 받아들이지 못하는 사람은 자신의 부정적인 면도 받아들이지 못한다. 한마디로 자신을 직면하기 싫어한다.

소울(Saul)의 '결혼생활에서의 아동기 감정양식(Childhood Emotional

Pattern in Marriage)'에서 "결혼생활의 행·불행의 기초적 인자는 어린 시절의 정서적 틀 속에 있는 무의식적 동기와 행동반응들이다. 따라서 부부는 그 무의식적 양식들을 다스리기 위하여 키스나 포옹과 같은 애정 표현, 감사하는 마음 혹은 칭찬 등을 통해 서로가 충분히 성숙하도록 도와줘야 한다."고 한다.

인간은 누구나 사랑받고 존중받고자 한다. 우리의 존재는 절대긍정이 되어야 한다. 궁극적인 자기 모습이 완전하고 긍정되어져야 만이, 스스로가 자신을 통찰하는 힘이 생긴다. 자녀가 자신을 부정적으로 보는 것은, 부모가 자녀를 보는 시각이 '절대긍정'이 되지 않기 때문이다.

정신역동적 상담에서는 지지치료와 통찰치료의 두 체계를 가진다. 지지치료는 내담자에게 갈등을 조성시키지 않고 지지와 격려와 교육 등을 통하여 도와주는 것이고, 통찰치료는 어느 정도의 갈등을 조성시켜서 자신의 내면을 직면하고 깨닫도록 도와주는 것이다. 상대방의 성숙수준에 따라 적절하게 둘 다의 방법을 이용한다. 자녀를 지도할 때나 자신을 진단하고 분석할 때도 긍정적인 역동의 발견을 통한 지지치료가 꼭 필요하고, 점진적으로 자신을 깨닫도록 직면시키는 통찰치료적인 방법이 요구된다.

이런 두 치료체계는 부모가 자식을 기를 때도 꼭 같은 방법으로 적용가능하다. 어릴 때는(어른이라도 유아적일 때는) 지지와 격려가 필요하지만, 점점 자기의 내면이 강해지고, 직면하여야 할 정도의 근기가 생기면, 스스로를 깨닫도록 맞닥뜨리기도 한다(통찰치료적 태도). 전문 상담자들 역시 그들의 상담경험에서 대체로 지지적인 상담이 초반에 이루어지면서 차츰 상담자-내담자간의 신뢰감이 형성된 후, 내담자가 자신의 문제와 역동을 직면할 수 있을 정도의 힘을 가지고 있을 때 서서히 통찰적인 상담으로 접근해 들어가는 것이 안전하며 효율적이라고 하였던 것이다. 다시 말하자면, 부모가 자녀를 지도할 때도 지지적인 태도로 자녀를 도와주고 북돋아 주고 난 후, 차츰차츰 부모-자녀 간에 신뢰감이 형성되면 자기의 모습을 볼 수 있도록 맞닥뜨리는 통찰적인 입장으로 들어가면 매우 효과적이 된다.

따라서 우선적으로 스스로에 대한 긍정적 역동에 대한 인식을 명확하게 하면서, 스스로에 대한 탐색태도, 통찰하려는 노력을 가지는 것이 바람직하다고 본다.

4. 부모-자녀관계 역동탐색 사례

대단한 착각

(정회경)

이번 한 주간은 수업시간에 배웠던 '여백' 이란 단어를 생각하며 나 자신을 탐색하는 시간을 가장 많이 가졌고 매일 매일 배웠던 내용을 조금씩 복습했다.

그런데 나는 아들에게 좋은 엄마가 되기 위해 나의 일에 성실했고 최선을 다했고 새로운 정보를 얻어 남보다 한발 앞서가는 길잡이 역할을 확실하게 보여주는 일등엄마라는 자만과 착각에 얼마나 깊이 빠져 있었나를 깨닫게 되었다. 나의 아들은 나와 다른 하나의 독립된 인격체임을 인식하지 않고 내 마음대로 할 수 있는 소유물처럼 대해왔고 아이의 감정을 헤아리는 일은 나의 저 밑바닥에 잠자고 있었다. 이런 나와 생활했던 아들은 얼마나 숨이 막히고 주눅이 들고 위축되고 겁나고 무서웠겠는가? 아이가 작은 일에도 눈물을 보이면 그 모습이 바보 같고 답답해서 또 혼내고 잔소리하고… 이런 일들을 수도 없이 반복했었다.

여백. 과연 아이의 어떤 부분을 여백으로 봐야할지를 곰곰이 생각했다. 내가 가장 답답하게 생각했던 '행동이 느린 점' 을 '여유가 있다' 로 생각을 바꿨다. 그러고 나니 마음이 한결 가벼웠다.

화요일 날 저녁 아이가 해야 할 공부를 하지 않고 미루면서 다한 척 한 일이 발각되었다. 나는 화나고 있었지만 잠시 진정시키고 아이에게 왜 미루는지 이유를 물었다. "지겨워요-", 이 말을 듣는 순간 아이의 말을 수용했다. 그래, 지겨웠겠구나, 아이의 마음을 이해했다. 아이와 어떻게 할까를 상의한 후 2년 반이나 하던 학습지를 당분간 쉬기로 결정했다. 나도 아이의 마음을 이해했다는 것에 기쁘고 뿌듯했다.

내가 아이의 입장에서 명료화반응을 하면서 다가서니 금방 마음을 열고 학교생활에서 있었던 이야기를 마구 쏟아놓았다. 그 전에는 내가 알고 싶어서 몇 번씩 묻고 또 물었던 이야기들이었다. 아이의 이야기를 들으면서 흐뭇하고 뿌듯하고 해냈다는 성취감에 기뻤다. 내가 그동안 아이의 말을 가로막고 마음을 닫게 하고 나의 방식대로 따라오길 강요하고 협박하고 내 생각만 우선적이고 최고라는 독선에 얼마나 많은 시간 동안 아이를 힘들게 했을까를 생각하니 기가 막혔다.

나는 지금까지 일 중심으로 계획적이고 체계적이고 획일적인 것을 선호하면서 아이에게도 나와 똑같아지기를 강요했고 그 방법 외에는 잘못된 것처럼 착각했다. 나는 알게 되었다. 나의 아들은 나와 같지 안다는 것을, 나의 아들은 나의 강요를 숨막혀 한다는 것을, 아들은 엄마가 자기의 감정을 알아주고 인정해주기를 간절히 바라고 있다는 새롭고도 흥분된 사실을 이제야 깨닫게 되었다.

둘째 아이는 늘 나에게 졸라대고 같은 말을 여러 번 하곤 했다. 이 아이가 왜 이럴까를 곰곰이 생각했다. 아이는 나의 사랑과 관심에 목말라 하고 있었다. 아이에게 "엄마가 이제부턴 네가 하는 말을 들어주도록 노력할게" 라고 약속했다. 아이는 뛸 듯이 기뻐했고 알고 있는 언니들에게 자랑하면서 좋아했다. 그런 아이를 보면 정말 잘못했구나, 얼마나 좋으면 저럴까 생각하니 미안했다. 순간순간 그 약속을 못 지킬 때면 아이는 또 보채면서 "엄마는 거짓말쟁이다" 라고 한다. 그 때는 아이를 누르고 싶지만 차분하게 이유를 설명한다. 이런 나의 모습이 매 순간마다 무너지지 않고 계속되길 희망한다.

제13장 부모의 통찰수준과 자녀지도

1. 부모의 지적·정서적 통찰과 자녀지도

앞에서 언급하였듯이 어린이는 자신에게 감정적으로 중요했던 인물, 즉 거의 대부분의 경우 부모가 자신을 양육한 양식에 어떤 방식으로든 적응하며, 무의식적으로 다른 모든 대인관계서도 동일한 양식을 계속한다. 이러한 정신역동으로 인한 반복적 행동양식을 이해하지 않으면 부모-자녀관계에서 '좋은 감정'에 대한 바람은 마음에서 우러나오는 사랑이 있음에도 불구하고 실제의 행위에는 사랑이 표현되지 않아 부모-자녀 모두를 힘들게 하곤 한다. 이 같은 사실은 건강한 부모-자녀관계를 위해서 부모-자녀간의 역동에 대한 통찰이 중요하다는 사실을 다시 한 번 일깨워주는 부분이다.

통찰이란 무의식적이었던 정서적 요소들이 이해되고 의식되는 과정(아하 그렇구나, 이런 내 모습이 xx 원인으로 xx방식으로 되었구나)으로 소위 말하는 '앎' '깨달음'이라는 것이다(물론 구도적인 차원의 깨달음과는 구별되어야 한다). 이것은 한꺼번에 일어나는 것이 아니고 단편적으로 하나하나 일어난다.

통찰은 지적인 것(지적통찰)에서부터 완전한 정서적 자각(정서적 통찰)에 이르기까지 여러 가지 수준과 깊이가 있다. 지적 통찰은 부모 자신이 그 전에 막연하게 알았던 자신의 상태를 수용하는 단계이다. 이 단계에서의 부모는 자녀에게 행하는 자신의 행위에 대해 머리로 알게 되는 것으로, 지적인 이해가 점차 깊어지는 단계이다. 따라서 부모는 자신의 일상생활의 경험에서 일어나는 새로운 생각이나 개념을 감정적으로 확고하게 이해하는 단계로 발전한다는 뜻이다.

정서적 통찰의 경험은 부모 자신에게 상당한 의미가 있다. 즉 정서적 통찰은 머리로 아는 지적인 이해의 차원을 넘어서 감정적으로 변화가 일어나는 가슴의 움직임을 의미한다. 이 단계에서는 감추고 싶었고 방어하고 싶었던 자신의 무의식적인 갈등을 크게 무리 없이 드러내는, 즉 저항 없이 자신의 내면정서를 인식하고 받아들이게 된다.

무의식적 갈등에 대한 방어와 그에 대한 인식, 수용의 구체적인 예를 들어보자.

어떤 한 부모가 느긋하고 여유 있는 자녀의 행위를 보면 늘 태평스럽고 바쁘게 움직이는 것이 없다고 보여져 답답하게 느껴졌다. 이 때 부모가 '저 아이가 xx해 주면 내가 그렇게 안 답답할 텐데… 다 저 아이 때문이야, 저것 봐. 나를 또 괴롭히려고… 내가 그만큼 얘기했는데… ' 라고 생각한다고 하자. 이 부모는 자신의 욕구 또는 소망(부모가 원하는 방식으로 자녀가 완벽하게 행동해 주었으면 하는 욕구 혹은 소망)과 자녀의 행동양식(아이 자신의 여유 있고 느긋한 태도)이 대치되어 갈등이 일어나고 있는 중이다. 그러나 부모는 자신의 무의식적 욕구와 소망은 전혀 자각하지 못하고 자녀에게만 탓을 돌리고 있는 것이다. 즉 부모는 자녀에게만 자신의 갈등을 투사하면서 내면을 바라보는 작업은 방어하고 있는 것이다.

그러나 만약 부모가 '저 아이는 그냥 TV보고 있을 뿐인데, 나는 왜 이렇게 조급할까? 답답한 것은 나인데 내가 아이 핑계를 대고 있구나. 일단 말은 해보겠지만, 아이를 닦달할 필요는 없지…' 하고 생각한다면 자신의 무의식적 갈등을 수용하고, 자신 내면의 방어태세를 인식하고 수용한다는 뜻이다. 이렇게 되면 자연스럽게 그 이후의 객관적인 대처방식이 뒤따를 여지가 있다.

많은 지적 통찰이 축적되어 정서적 통찰의 기초를 이룬다. 정서적 통찰은 지적 통찰보다 훨씬 생산적이고 강력하다. 따라서 그것은 효과적인 행동의 수행을 초래한다. 즉, 지적 통찰의 수준도 매우 중요하지만 정서적 통찰 경험이 수반되어야 비로소 행동상의 변화가 일어난다고 볼 수 있다.

사실상 부모의 지적 통찰은 정서적인 통찰을 위한 필수 불가결한 단계임에는 틀림없으나 자녀 지도에 있어서 변화를 크게 기대할 수는 없다. 그러나 정서적인 통찰은 자녀 지도에 있어서 부모의 행동 변화를 일으키는 질적인 도구가 되며, 부모 자신의 인격 성숙을 위한 끊임없는 노력을 가능하게 해 주는 중요한 역할을 할 것이다.

정서적 통찰의 기본 핵심은 부모 자신의 진실한 감정 변화를 의미하며, 그 변화가 부모-자녀간의 좋은 감정(good-feeling)의 중요 기저를 마련해 줄 것이다. 만약 부모 자신이 정서적 통찰을 통하여 스스로의 역동에 대한 깊은 이해를 가진다면 자녀에게 향하는 무의식적 태도에 대해 한층 더 깊은 탐색을 꾀할 수 있게 될 것이며, 그렇기 때문에 의식적인 노력이 가능한 것이다.

어떤 부모의 예를 들어보자. 자녀를 위해 희생을 해 왔다고 생각하는 어머니는 자기 딸의 대부분의 행위가 어쩐지 서툴고 늘 산만하게 느껴져서 질책과 잔소리를 하여 왔다. 그 딸이 중학생이 되면서 반항하게 되자 이 어머니는 내가 모든 힘과 수고로 최선을 다했는데 딸이 자기에게 저항한다는 것은 자기를 무시하는 것과 다름이 없다고 여겨 매우 억울해 하고 분하게 생각했다. 그래서 그 딸을 미워하고 괴로움을 주었지만 자기 자신 역시 하루도 빠짐없이 죄책감과 비참함으로 인해 견딜 수 없어 전문가의 도움을 받게 되었다. 그 어머니는 자신의 어머니가 늘 자신을 '멍청하다, 산만하다, 뭘 잘하는 것이 없다'는 등의 질책을 들으면서 '무시당한다'는 감정을 지녀왔다고 한다.

시간이 흐른 후 이 어머니는 자신 스스로에 대한 감정 즉 항상 '뭘 잘하는 것이 없다, 무시당한다'는 것이 바로 딸의 모습 속에 비춰져서 딸을 보면서 자신을 보는 괴로움을 겪게 되었다는 것을 알게 되었다(지적 통찰).

그 뿐만 아니라 그 당시 자신의 어머니로부터 당했던 그 무시당함을 온 몸으로 이야기하면서 분노하고 몸부림치며 흐느끼기 시작했다. 또한 그러한 것이 딸에게 얼마나 괴로움을 주었는지에 대해 몸서리를 치면서 괴로워했다(정서적 통찰).

시간이 흐른 후 자신의 어머니도 그 당시 어쩔 수 없었던 상황을 이해하고 용서하면서 현재 자신은 그 때의 자기가 아니라 새로운 자신이 되어야 함을 깊이 깨닫고, 자신을 재평가하려는 노력을 하게 되었으며, 그 노력은 바로 자기 딸을 객관적으로 보는 시각을 가져다주게 되었다(객관적 대처).

요약하여 보면 다음과 같다.

첫째, 부모는 처음에 자신의 아동기 감정 양식을 탐색한 후, 자녀에게 향하고 있는 자신의 역동을 알게 되는 지적 통찰 경험을 가지게 된다.

둘째, 지적경험이 축적되면 자신의 감정과 직접 수반되는 정서적 통찰 경험을 하게 된다.

셋째, 그 후 앞의 경험을 늘 의식하려는 노력(훈습과정)을 하는 가운데, 현실적으로 객관적인 대처방식을 생각하게 되면서 질적인 행동 변화가 오는 것이다.

본 교육의 기초과정에서는 지적통찰에 초점을 맞추고 있고, 심화과정에서는 정서적 통찰에 우선적인 목표를 두고 있으나, 개인의 차이가 클 것으로 본다. 그 개인의 차이란 교육에 임할 시기의 참가자의 지적 수준, 내적인 욕구, 방어적 자세, 수용하는 태도, 개인의 성격특성 등을
말한다. 따라서 개인의 자기수준에 따른 결과는 달리할 수 있으나 전반적으로는 지적 통찰에서 정서적 통찰로의 이동으로 넘어간다고 볼 수 있다.

2. 통찰의 수준에 따른 부모의 행동변화

부모의 통찰 수준은 자녀에 대한 행동변화와 밀접한 관련성이 있다. 그 구체적인 내용은 다음과 같다.

첫째, '통찰수준 0'의 상태이다. 이 상태에서의 부모는 '저 아이의 어떠어떠한 행동 때문에 못살겠다. 그러나 나에게도 문제가 있기는 있는 것 같다. 그러나 잘 모르겠다' 혹은 '우리 집 큰 아이는 왜 저렇게 행동하는지 속상해 죽겠다.

<표 8> 통찰 수준 단계

수준	주 제	내 용	비고
0	통찰을 위한 준비	문제 상황을 단순 설명하거나 혹은 외부의 탓으로 돌리면서 동시에 현재 자신의 상태에 대해 의구심을 가지는 단계	통찰진입
1	문제의 원인(인과관계)에 대한 통찰	자신의 문제의 선행적 원인과 타인의 문제원인을 깨닫는 단계	지적
2	전이관계에 대한 통찰 및 자기에 대한 수용	전이관계에 대한 자각과 자기에 대한 수용을 하기 시작하는 단계	지적+정서적
3	책임에 대한 자각	전이관계의 책임과 문제를 야기 시키는 주원인이 자기 자신이라는 것을 자각하고 책임을 명확히 받아들이는 단계	정서적
4	문제해결적 태도	이상 3가지 수준의 통찰을 기반으로 하여 자신의 행동과 태도를 변경시키고자 문제해결적 태도가 나타나는 단계	상황에 적절한 대처방식

도대체 무엇이 문제인지 알고 싶다'는 식으로 생각한다. 문제 상황을 설명하지만, 완전히 아이의 탓으로 돌리지는 않고 자신에게도 무엇인가가 문제점이 있지 않을까 고려해 보려는 단계이다. '0' 상태이므로 통찰에 들어간 것은 아니지만, 통찰수준에 진입하기 위해서 고민을 하는 단계이다. 무조건 자녀를 닦달하고 못살게 구는 부모보다는 훨씬 자기성장과 자녀지도에 도움을 주는 부모라고 볼 수 있다.

둘째, '통찰수준 1'의 상태이다.

이 단계에서의 부모는 '아- 우리 집 큰 아이가 저런 행동을 하는 것은 내가 이렇게 저렇게 행동을 하였기 때문이구나' 라든지, '아이들 아빠가 저렇게 아이들을 대하는 것은 시어머님이 이렇게 행동하였기 때문이구나' 라든지, '내가 우리 집 큰아이보다 작은 아이를 특별히 사랑하는 행위가 이런저런 이유 때문이구나' 라는 식으로 결과적인 문제에 대한 선행적 원인을 깨닫는 단계이다. 아직 문제해결의 단계로 나아간 것은 아니지만, 그 해결점을 찾기 위하여 정확하게 진단을 필요로 하는 단계이다. 말하자면 문제발생의 원인을 조금씩 알게 되면서 제대로 상황을 파악할 수 있고, 어떻게 이 문제를 풀어가야 할지를 생각해 보는 첫 관문인 것이다.

셋째, '통찰수준 2'의 상태이다.

이 단계에서의 부모는 좀 더 구체적으로 자신이 내면의 감정을 읽을 수 있고, 그 감정의 원인을 파악하면서, 그 결과로 인하여 자녀에게 어떤 영향을 미치게 되었는가를 인식하고 수용할 수 있다.

예컨대, '우리 집 아이가 공부를 못하면 부모인 나 자신이 기가 죽고 좌절감을 느끼는 구나. 그래, 나는 다른 것으로 인정받고 성취하지는 못했지만, 공부를 통해서 나라는 존재를 인정받았지. 나도 모르게 공부를 못한다는 것은 네 존재자체를 인정받지 못할 것이라는 두려움이 있구나. 그래 나에게는 그런 불안이 많았지. 그 두려움과 불안이 아이가 제대로 공부하지 않을 때 나타나는 감정이구나' 라고 느낄 수 있는 단계이다.

이 부모는 자신의 감정을 이해할 뿐만 아니라, 그 감정을 방어하지 않고 수용하는 자세가 보인다. 그리고 자녀의 학습상태가 바로 자신의 심리적 상태에 자극을 준다는 것을 깨닫는 것이다. 앞의 단계에서는 그 문제의 인과관계를 조금 단순하게 이해하는 단계라면, 이 수준에서는 그 무의식적인 감정을 의식화시킬 수 있는 단계로 진입되었다는 뜻이다. 더욱이 자신의 전이된 감정을 비난하지 않고 죄책감 느끼지 않고 수용하기 시작했다는 것은 부모-자녀관계에 상당한 도움이 된다.

넷째, '통찰수준 3'의 상태이다.

앞의 단계에서는 수용된 자신의 감정 상태를 잘 받아들였다면, 이번 단계에서는 상대방의 잘 잘못을 따지지 않고, 내가 이 문제를 처리하여야 하는 주체이구나 라는 것을 인식하는 상태가 된다. 자녀 혹은 남편의 행위가 잘못되었기 때문에 내가 고칠 필요 없다는 것이 아니라, 상대의 행위에 대하여 내가 할 수 있는 몫이 있구나, 내 스스로도 책임져야 할 부분이 있었구나 라는 것을 확연하게 느끼는 단계를 뜻한다.

많은 사람들은 자녀나 배우자를 문제원인의 핵심인물로 규정하고 비난하면서 살아가기 쉽다. 객관적인 상황으로 보아도 상대방이 문제를 일으켰다고 할지라도, 그 상황에 대한 나의 몫이 있다. 즉 내가 이런 상황에서 어떻게 대처하고 살아왔는가 하는 것을 생각해 보는 성숙한 단계를 뜻한다.

이 단계를 거치지 않고 문제해결을 하는 많은 사람들은 훗날 억울함과 서운함을 그대로 간직한다. 따라서 문제는 해결되었다 할지라도, 사실상 감정적인 문제는 남아있다고 보아야 한다. 그 억울함과 서운함이 어떻게 다른 문제에 묻어나올지 알 수 없기 때문이다.

다섯째, '통찰수준 4'의 상태이다.

이 단계는 '이제 구체적으로 문제를 어떻게 해결해 나갈까'하는 단계이다. 소위 말하는 문제해결단계를 의미한다. 흔히 사람들은 앞의 통찰수준을 생략한 채 문제가 발생되면 바로 문제를 해결하는 방법을 찾는다. 경우에 따라서, 즉 위급하거나 현실적으로 간단히 처리하는 문제 등은 그런 방법이 더욱 더 좋을 것이다. 그러나 오랫동안 반복적으로 발생되는 문제이거나 가족관계에서 발생되는 문제, 특히 상호 정서적인 부분에서 깊은 문제점이 있는 것은 앞의 단계를 거치지 않는 즉각적인 문제해결은 임시로 된 것이지, 궁극적인 해결점은 아니다. 같은 정서의 뿌리로 인하여 일파만파 갖가지 문제점이 발생하기 때문에 임시조치는 또 다른 문제점을 대기시키고 있는 것과 다름없다. 앞의 단계를 하나하나 거치면서 해결되는 문제점은, 많은 유사한 문제를 예방하는 근본적인 해결책이 되는 것이다.

3. 부모-자녀관계 역동탐색 사례

새로이 돋아난 새 살

(미리내)

월요일 날 장에서
나의 모든 생활을 엉망으로 만든 그 쓰레기 같은 찌꺼기를 내뿜고 이제는 새롭게 앉아있다.
내 잘못도 아닌, 그 어린 날의 악몽에서 나는 늪 속에서 허우적거리며 너무 마음 아프게, 그 상처 받은 마음을 가장 사랑하는 자식에게 때로는 남편에게 퍼붓고 너무너무 괴로워 미칠 것 같은 아픔으로 하루하루를 힘겹게 살았던 내 모습을 떠나보내었다.

어린 날 부모로부터 보호받고 사랑받지 못한 그 허전함으로 단지 옆에 있는 조금의 친절에 남이 하자는 대로 아무 방어 없이 내 어린 마음을 남에게 놓아버려~ 그 수많은 상처가 내 평생을 흔들어 헤어 나올 수가 없었다.
자식을 낳아 아이를 키우면서 불쑥 불쑥 나오는 그 쓰레기 같은 욕설과 폭력은 아이에게 공포로 가고
남편에게는 마음을 닫아버리게 하는 악 순환으로
더욱더 나는 혼자의 창살에 묶여져 나올 수가 없었다.
내 잘못이 아닌데 하는 피해의식으로 상대방에 대한 예민함으로
신경이 곤두서있었고, 상대방에 대한 피해를 받지 않으려고
내 식으로 주변의 말을 듣지 않고, 내 귀를 닫고 내 말만 하는 모순을 만들고,
수치감으로 남자들 사이에서는 숨어 버리고 오해를 받고 자신없어했었다.

그 찢어지는 아픔을 안보이려고 무단히 애썼지만 항상 무의식중에 나는 그 덫에 걸려 넘어져
내 가슴을 치면서 울면서 자책하고 그 자책은 또 상대방에게 비수로 날아가고 정말로 내 마음이 아닌 그 모습으로 처절하게 살았다.
남편에게 내 어린 상처를 이야기 하면
나를 버릴 것 같은 생각으로 난 절대로 말하지 않으려고 했다.
도저히 같이 살 수 없고, 내쫓길 것 같은 두려움과 비참함으로
내 남편에게 매달려 있었다.
혼자가 되면 너무 힘들고 아프기 때문에 그 따뜻한 남편과 있기 위해
내 어린 날의 상처를 꼭꼭 숨기고 상처를 주면서 살았다.
월요일 날 장에서 , 도반들은 나의 아픔을 위해 진정으로 울어 주었고 내 어린 날 떠올리고 싶지 않은 그 상처를 남편에게 이야기 하라고 진정으로 울어주고 아파해주어 난 용기를
내어 마지막 남은 그 말을 했다.

내가 욕하고 할퀴고 했던 상대가 당신이 아니고 내 어린 날 나를 무참히 짓밟았던 자기 욕심 때문에 나를 평생 동안 힘들게 했던 상대가 있었다고 이야기 했다.
그 동안 당신에게 너무 미안하다고 이야기하고 싶었다.
내 마음은 남편을 그처럼 싫어하고 증오하고 복수하고 갈기갈기 찢게 하고 싶지 않았는데 내 어린 날 마음 아픈 독기로 남편과 아이에게 그다지도 아프고 억울하게 했던 세월이 너무 미안했었다 라고 말했다.
변명하는 듯해서 차마 내 아픔을 이야기 못했다라고,
내 이야기를 들으면
너무 마음 아파할 것 같아서 나 혼자만 가지고 있으려고 했는데
이제는 그 아픔을 이야기해서 이해받고 공감 받아서 따뜻해져서 당신과 아이

에게 상처 주지 않으려고
도반들의 용기를 주는 그 울음으로 난 당신에게 이해 받으려고 내 상처를 이야기했었다.
그 못할 것 같은 그 마지막 말을 하고 나니 이제는 새로운 생활이 나에게 있었다.

마음의 쓰레기를 다 꺼집어내니, 매일 보는 일상에 나는 새로이 태어난 듯하며 이제는 밝고 경쾌한 마음, 편한 마음만 담아 낼 것이다.
내 속에서 나를 긁어내리는 말은 과감히 뿌리치고 우울하고 아픈 기억 속에서 허우적거린 마음은 이제 담지 않을 것이다.
내 마음을 소중히 모시고 호호 불면서 사랑하련다.

이제부터는 힘차고 가볍게 살 것이다.
그 아픈 망상이 내 옆에 있으면 " 너는 이미 망상일 뿐이다. " 라고 가볍게 이야기 할 것이다.

그동안 함께했던 동방식구들과 월요일 저녁반 도반님들께 감사드립니다.

제14장 건강한 대처방식으로의 전환

1. 부모-자녀간의 상호반응양식의 분석

앞에서 생활 속에서 쉽게 사용하는 방법으로 방어기제를 학습하였다. 적절한 방어기제를 통한 대처방식은 사실상 불가피하여 때로는 자신을 지켜주는 힘이 되기도 한다. 특히 그 중에서도 사회적으로 용인되는 방향으로 에너지를 사용하는 '승화' '이타주의' 등의 대처방식은 매우 건강한 방식이라고 보았다. 그러나 그것이 비록 긍정적으로 작용된다 할지라도, 자신의 욕구와 감정을 자각하지 못한 채 계속 사용되어질 경우 미성숙한 방식이 될 가능성이 높다. 여기서는 좀 더 구체적으로 상호 반응양식과 조절하고 통제하기 위한 방식을 살펴보도록 한다.

프로이드(Freud)는 인간의 마음의 구조를 3가지 즉, 원욕(id), 자아(ego), 초자아(superego)로 나눈다.

i) 원욕은 쾌락의 원리에 기초한 내면의 충동, 본능적인 욕구에 따라 움직이는 마음상태를 의미한다.

ii) 초자아는 사회, 도덕, 양심과 같은 도덕의 원리에 따라 움직이는 마음상태를 말한다.

iii) 자아는 성숙한 기능으로서 원욕을 조절하면서도 초자아가 비대해지는 것을 적절히 조절해 주는 현실의 원리에 따르고 있는 기능이다.

대체로 성숙하지 못한 부모는 '원욕'이 통제되지 않거나, '초자아'가 지나치게 비대하거나 부족하여 '자아'가 미성숙하게 작용하는 사람을 뜻한다. 따라서 현실상황에서 건강하게 대처하는 부모는 원욕과 초자아를 적절하게 조화를 이루게 하는 자아기능이 적절하며, 불건강한 방어기제 방식을 가능하면 사용하지 않는 사람을 말한다.

그러면 부모-자녀관계의 문제 상황에서 성숙한 자아를 작용시키기 위해, 다시 말하면 건강한 대처방식을 위해 어떠한 방법으로 노력하여야 하는지에 관한 구체적인 내용을 살펴보자.

일상의 문제로 인하여 부모와 자녀가 대치되는 상태가 발생되었다고 하자. 이때 대부분의 부모와 자녀들은 좀 더 근본적인 문제를 뒤로 한 채 사실 그 자체를 가지고 옥신각신한다. 물론 때때로 그들은 계속되는 악순환의 굴레를 느끼면서도 자신도 모르게 그 고리 속으로 다시 빠져 들어가는 경험을 반복한다. 이런 경우 대부분의 부모들은 문제 그 자체뿐만 아니라 자신 스스로에 대해서도 좌절감, 비참함, 혼란스러움 등을 맛보게 될 것이다. 즉, 과거의 왜곡된 감정의 상태에서 자녀와의 관계를 지속하기 때문인 것이다. 전이감정에 의한 대처방식을 그대로 사용한다는 뜻이다.

그러나 좀 더 성숙된 문제해결을 위해 대치되는 문제 상황을 주의 깊게 살펴본다면 다음의 양상을 발견할 수 있다.

어떤 문제이든, 반복되는 부모의 반응양식이 있으며, 그 부모의 반응에 대한 자녀의 반복되는 반응양식이 있다. 이들 두 반응양식은 마치 보이지 않는 수레바퀴처럼 함께 굴러간다. 즉, 그 두 반응양식은 부모 · 자녀 각각 조건화되어 굴러가고 있으므로 자신들도 모르는 무의식적인 반응에 의하여 생활 가운데서 묻어 나온다.

이 반응이 문제시되면, 갈등의 시작이요 막힘의 상태가 되는 것이다. 따라서 문제가 되는 것은 처음에는 사실 그 자체였는데, 차츰 사실 그 자체보다는 그 사실로 인해 발생되는 반응양식인 것이다. 더욱이 그 반응양식의 과정에서 나오는 감정의 갈등은 심각한 관계에 빠뜨리기도 한다.

그러면 어떻게 대처할 것인가?

우선 각각의 반응양식을 주시한다는 것은 매우 중요하다. 그리고 그 반응양식을 스스로 검토하고 분석해 보면서 왜 그런 반응양식을 반복해 나가고 있는지 자신에 대한 통찰을 해 보는 것은 바람직하지 못한 자신의 대처방식을 찾아내는 데 도움이 되리라 본다. 즉, 우선 자신의 반응양식을 인정하고, 그것을 수용하는 작업은 자신의 양식을 바꾸는 데 첫걸음이 될 것이다. 그리고 다른 사람이 나의 입장이라면 어떻게 반응했을까? 왜 나는 지난번과 똑같은 양식을 되풀이하면서 괴로워하는가? 나의 욕구는 무엇이며, 이 욕구는 어디서부터 출발되었을까? 상대방(자녀)의 행위에 대해 반복적으로 느껴지는 이 감정은 어떤 전이감정에서 출발되었을까? 등등에 대해 느껴보고, 타인과 직접 대화해 보거나 조언을 구하는 등 객관적인 방법을 취하려는 노력, 즉 성숙한 자아기능을 발휘하는 것이 건강한 대처방식이 될 수 있다.

위의 내용을 정리하면 다음 표와 같다.

<표 9> 건강한 대처방식

단계	내 용
1	현실적으로 문제가 되는 것은 무엇인가?
2	문제가 발생되는 즉시, 사실 그 자체보다도 감정적인 측면에 휩싸이지 않는가?
3	지금까지의 조건화된 대처방식(습관적으로 해 왔던)은 무엇인가?
4	이 방식은 언제, 어떻게, 어떤 원인으로 형성되었는가? (전이감정 탐색)
5	같은 문제 상황에서 타인들의 대처방식은 무엇인가?
6	실행을 위해 예상되는 문제점과 그 극복방안은 무엇인가?
7	현재의 나의 조건에서 결론적인 대처방식은 무엇인가?

2. 자녀양육과 예후

지금까지 우리는 부모의 정신역동으로 인하여 부모자신의 행위와 그 영향을 받은 자녀의 문제점을 고려하여 보았다.

출생에서부터 6-7세 사이의 아동을 관찰해 보면 그가 성인이 되었을 때 어떤 문제를 갖게 될 것인가 하는 문제양식을 예견할 수 있다. 다시 말하면 부모의 양육방식에 따라 자녀의 성인기 양식을 예측할 수 있고, 그 자녀가 성인이 되어 자녀를 기르는 기초적인 방식 또한 예측할 수 있다. 이러한 점에서 Saul(1977)의 '정신역동은 운명이다'라는 표현은 시사하는 바가 크다.

최근 비교적 많은 부모나 학생들이 관심을 보이고 있는 학생상담의 경우도 아무리 본인이 성공적으로 상담을 받을 수 있는 경우라도 부모로 인해서 실패로 돌아가는 경우가 많다. 왜냐하면 정서적인 문제점의 원인이 가족 특히 부모에게 있기 때문에 부모의 태도를 변경시키기 전에는 학생만의 상담은 별 효과를 거둘 수 없기 때문이다.

특히 반사회적인 행동, 노이로제나 신경증 증세를 가진 10대 청소년들은 필수적으로 부모 특히 어머니를 다루지 않을 수 없다. 그 중요한 이유는 모든 정서 장애의 원인이(가벼운 신경질적 반응, 공격적인 어투, 고집, 짜증 등도 포함) 어린 시절의 부모, 형제 또는 그의 대리자 특히 어머니와의 정서교류의 장애라는 인식이 깊어지기 때문이다.

현실적으로 훌륭한 자녀양육이란 부모들의 많은 관심에도 불구하고 쉬운 일은 아니다. 그러나 훨씬 단순할 수도 있다. 앞서 언급하였듯이 부모교육의 기본적인 핵심은 부모와 자녀간의 좋은 감정(good feeling)의 관계라고 본다. 적절한 자녀양육은 기술적인 문제가 아니다. 즉 수용해야 하느냐 수용하지 말아야 하느냐의 문제가 아니며, 때려야 하느냐 때리지 말아야 하느냐의 문제도 아니라는 것이다. 중요한 것은 상호간에 좋은 감정이 오고 가느냐의 문제라고 본다. 아이라는 유기체가 이 세상에 태어날 때는 현상적으로는 무력한 상태인 것이며 잠재력은 씨앗처럼 보존되어 있다. 말할 나위 없이 그 잠재력의 씨앗은 부모와 주변 사람들에 의해 피울 수도 있고 꺾일 수도 있다.

만약 자녀가 부모와 주변 사람들의 사랑을 느끼고 그의 인격과 존재가 존중받는 느낌을 받는다면, 그리고 그의 욕구와 감정을 이해하려는 노력을 느낀다면, 아이는 수용적이고 긍정적인 감정으로 반응하면서 그 주변에 있는 사람들과 동일시 할 것이다. 따라서 주변 사람들을 닮게 되려는 노력을 자신의 인격속에 통합하면서, 그도 다른 주변 사람들에게 동일한 방식으로 행동하게 되면서 바람직한 사회인으로 발돋움하게 될 것이다.

특히 부모로 대표되는 주요 양육자와 자녀가 어떤 감정을 지녔느냐의 문제는 그 자녀가 부모가 되었을 때 다음세대의 자녀와의 관계가 어떠할 것인가를 충분히 짐작할 수 있는 것이다.

출생부터 만 3세까지의 아이의 환경이 서로 사랑하고 존중하는 안정감 있는 가정이라면 그 아이는 아주 기본적인 정서적 안정과 정신건강의 기초가 형성되어 있다고 본다. 따라서 혹시 3세부터 6-7세까지 덜 이상적인 환경을 만나더라도 기본적인 자아의 힘이 그 환경을 이겨낼 수 있는 힘을 갖추게 될 것이라고 보는 것이다. 물론 6-7세까지의 전 기간 동안 부모와 주변 사람들과의 상호 좋은 감정을 유지한다면 훨씬 더 안정되고 강인하면서도 적응력 있는 성품의 기초가 될 것이며, 만약 이 같은 상황이 청소년기까지 계속된다면 그에게 아주 극단적인 문제(전쟁 시의 체포, 고문, 범죄 등)가 닥치지 않는 한 그는 일생 동안 심한 정서적 문제없이 지낼 수 있을 것이다.

어린이가 그의 성인생활을 어떻게 영위할 것인가를 예측해본 위와 같은 예후 평가는 일반적으로 그 어린이가 다시 성인이 되어 결혼해서 자녀를 출생하여 어떻게 키울 것인가 하는 예후 평가도 거의 동일하게 생각하여 볼 수 있다.

3. 부모-자녀관계 역동탐색 사례

습이라는 것… 역동이라는 것…

(큰사랑)

습이라는것은…
업이라는것은…

회피하면
폭발하면
그것을 너무 좋아하며 그 에너지를 먹고 산다.

그렇게 해서
생명을 연장하며
윤회의 수레바퀴를 돌리며
대물림을 하며 살아남는다.

정신을 차리고 똑바로 주시하면 그것은
한낱 비어 있음 그 자체다.
"무" 란 말이다.

역동의 수레 쳇바퀴에 휘몰려
화내거나…
도망 다니거나…

그래서 다람쥐 바퀴에서 내릴 줄 모르고 끊임없이 윤회의 삶 속을 돌고 있다.
대물림을 받고 대물림을 하고…

역동도 습도… 진정한 나가 아니다.
내 마음 깊숙한 곳에는 보석 같은 "자성" 부처가 있다.
그것을 찾기 위해…

나를 사랑하자.
나를 인정하자.
닦고… 윤내고…

고요 속으로…
잔잔한 바다를 보듯이
비움의 자세로…

나를 사랑함에 아상이 있으면 안되고,
나를 사랑함에 타인과의 분별이 있으면 안되고,
나를 사랑함에 더더욱 집착하면 안된다.

인생에 최대의 적은
아상과 집착이다.

아상과 집착을 놓고…
본래 아무것도 없었다는 것을 인정하고…("습" 역동.)

고요 속으로…

고요 속으로…

평화 속으로…

제Ⅳ부

정신역동적 부모교육 프로그램의 시행 및 평가

제15장 정신역동적 부모교육 프로그램의 시행

정신역동적 부모교육 프로그램의 효과를 실증적으로 밝히고자 다음과 같은 시행방법, 즉 실시대상, 측정도구, 실시절차, 자료처리에 대한 구체적인 내용을 제시하고자 한다.

1. 실시대상

1) 참여자

피험자의 모집은 울산광역시 청소년 상담실의 위탁단체인 YWCA의 게시판과 기타 교육 및 상담단체의 newsletter에 광고형식으로 게재하였으며, 울산대학교 사회교육원에서 수업하고 있는 학생 중 자녀를 둔 부모에게도 홍보하였다. 그들 중 연령, 학력과 직업, 경제상태 등에서 유사한 집단원을 설정하여 15명은 실험집단에 15명은 통제집단으로 무선표집 하였다.

실험집단과 통제집단의 동질성 여부를 통계적인 수치로 참고하기 위하여 검증하였다. 부모의 학력은 학교를 다닌 연한으로 산출하였으며, 가정의 경제상태는 '최상' 5점, '상' 4점, '보통' 3점, '하' 2점, '최하' 1점으로 배점을 주었다. 연구대상의 배경변인에 따라 부모의 연령, 학력, 가정경제상태는 t검증을 하였고 자녀수, 자녀나이는 평균과 표준편차를 산출하였다. 실험·통제 집단을 무선표집 하였던 사실과 피험자 구성 및 차이검증의 결과인 <표 10>에서 나타난 바에 의하여 동질집단이라는 것이 검증되었다.

<표 10> 피험자 구성 및 차이검증

표준편차 ( )

피험자집단	인원수	평 균 연 령	평 균 학 력	가정경제 상 태	평 균 자녀수	평 균 자녀나이	종교 유/무인원
통제집단	15	35.07(4.13)	12.80(4.06)	3.0(0.38)	1.93(0.46)	8.46(4.61)	10/5
실험집단	15	35.20(4.21)	13.07(1.83)	3.0(0.38)	1.93(0.46)	11.07(4.70)	12/3
자유도		28	28	28			
차이검증		t=-.97(ns)	t=.23(ns)	t=0(ns)			

2) 지도자

본 연구자에 해당하는 지도자는 1994년 이후 한국심리상담연구소를 비롯한 각 단체의 부모교육강사 자격증을 취득한 후 소집단 부모교육 지도자로서의 경험을 쌓았으며, 1995년 한국심리학회 산하 한국상담 및 심리치료학회에서 부여하는 상담심리사, 1998년 상담심리전문가 자격증을 취득하였다. 그 과정에서 개인상담 전문가와 집단상담 전문가에 의해 개인상담, 집단상담, 심리검사, 지도감독 등의 훈련을 받았으며, 주로 정신역동적 접근에 해당하는 상담수련 경험을 쌓았다.

2. 측정도구

1) 통찰수준 분류척도

Hill의 언어반응 유목척도가 양적변화를 평면적으로 분석하는 데는 유용한 척도가 되지만 (Strupp, 1980), 내담자의 통찰의 질적 변화나 감정경험의 질적 변화를 분석할 수 없다는 제한점에 따라 정방자(1985)는 Dewald(1969), Ellis(1979)의 이론을 근거로 지적수준에서부터 정서적 수준에 이르는 4가지 수준으로 구성된 분류척도를 작성하였다. 즉, 수준 1은 문제의 원인(인과관계)에 대한 통찰단계, 수준 2는 전이관계에 대한 통찰 및 자기에 대한 수용단계, 수준 3은 책임에 대한 자각단계, 수준 4는 문제해결적 태도단계로 구분되었다.

본 연구에서는 이를 활용하는 과정에서 통찰수준에 진입하기 직전의 준비상태가 교육 및 상담의 초기에는 많이 발생한다는 사실을 참가자의 경험보고서나 참관자의 '녹음과 기록'에서 발견하고 그 수준을 '통찰 0수준'으로 명명하고 분류에 포함하였다. 왜냐하면 이 수준은 통찰이 없어서가 아니라 '통찰 1수준'으로 들어가기 위해 일정시간동안 누구에게나 꼭 필요한 단계로서, 개인의 문제 상황을 단순하게 설명하거나 외부의 탓으로 돌리는 등의 상태를 보이면서도 동시에 자신의 그런 부분에 대한 의구심을 스스로 가지는 단계를 의미하기 때문이다. 따라서 '통찰 0수준'은 지적통찰의 단계로 보기는 어려우나, 통찰을 위한 내담자 혹은 피교육자의 필수적인 사전단계로서 그 중요성이 평가되어야만이 상담 혹은 교육장면에서 통찰의 전체적인 단계를 객관적으로 평가할 수 있을 것으로 본다.

이것은 상담전공교수 2인, 상담심리전문가 1인, 상담심리사 3인, 상담심리전문가 수련인 1인과 검토하였다. 이들 모두는 한국 상담 및 심리치료 학회가 인정하는 자로서 약 7-20년 정도의 상담 및 교육경력자들이다. 정방자(1985)의 연구에서 나타난 '통찰 4수준'까지의 3평정자간의 상호일치도가 유관계수 .75-.84를 보였으며. '통찰 0수준'을 포함한 본 연구에서의 세평정자간의 상호일치도는 유관계수 .70-.82 이었다.

<표 11> 통찰수준의 정도

통찰수준	통 찰 정 도
0 수준	통찰을 위한 준비. 문제의 인과관계를 깨닫기 전, 문제 상황을 단순 설명하거나 혹은 외부의 탓으로 돌리면서 동시에 현재 자신의 상태에 대해 의구심을 가지는 단계
1 수준	문제의 원인(인과관계)에 대한 통찰. 자신의 문제의 선행적 원인과 타인의 문제원인을 깨닫는 단계.
2 수준	전이관계에 대한 통찰 및 자기에 대한 수용. 전이관계에 대한 자각과 자기에 대한 수용을 하기 시작하는 단계.
3 수준	책임에 대한 자각. 전이관계의 책임과 문제를 야기시키는 주원인이 자기자신이라는 것을 자각하고 책임을 명확히 받아들이는 단계.
4 수준	문제해결적 태도. 이상 3가지 수준의 통찰을 기반으로 하여 자신의 행동과 태도를 변경시키고자 문제해결적 태도가 나타나는 단계.

2) 부모교육 프로그램 평정지

본 연구에서는 프로그램에 직접 참가한 실험집단이 교육의 종결 즉시 혹은 일정 기간 후 프로그램의 타당성을 검토하는 것은 좀 더 경험적이고 현실적이며 객관적이라고 보아 프로그램 평정을 위한 '교육목표별·주제별 도움정도'를 기초과정과 심화과정으로 나누어 제작·구성하였다. '교육목표별 도움정도'는 각 회기 상에서 교육내용이 본래의 목표에 잘 부합하였는지를 알아보기 위해 제시되었으며, '교육주제별 도움정도'는 구성원 자신이 프로그램의 각 회기별 주제영역별로 평정한 정도를 알아보기 위해 작성되었다.

기초과정의 '교육목표별 도움이 된 정도'의 문항 수는 11개 주 문항 속에 36개의 부 문항으로, '주제별 도움이 된 정도'의 문항은 11개의 주 문항 속에 36개의 부 문항으로 짜여졌다. 심화과정의 '교육목표별 도움이 된 정도'의 문항 수는 6개의 주 문항 속에 23개의 부 문항으로, '주제별 도움이 된 정도'의 문항은

6개의 주 문항 속에 23개의 부 문항으로 구성되었다.

이 도구는 정신역동적인 접근의 상담전문가 수련자이면서 부모교육강사(PET, APT, 지역사회협의회) 3인의 검토를 취하였으며 '목표별 도움정도'는 Cronbach α= .89, '주제별 도움정도'는 Cronbach α= .96으로 매우 높게 나타났다. 결과는 각 요인에 따라 5점 척도로 채점하였으며, 점수에 따른 양호도의 정도는 1.0-1.9이면 아주 양호, 2.0-2.9이면 양호, 3.0-3.9이면 불량, 4.0-5.0이면 아주 불량으로 볼 수 있다.

3) 회기별 평가질문지 (Session Evaluation Questionnaire: SEQ)

Stiles & Snow(1984)에 의해 개발된 교육회기별 평가질문지(SEQ)는 국내의 상담관련 연구에서 회기의 즉시적 영향력을 재는 도구로 사용되어왔다(최윤미, 1987). 최근 이상희 외(1993)도 108회기의 자료를 요인분석, 변량원 분석, 상관분석하여 SEQ의 타당성을 검증하기도 하였다. 본 연구에서는 최윤미(1987)의 번안내용을 적용시켜 양극 형용사 쌍으로 제시된 15개 문항으로 구성된 설문지를 사용하였다. 이 질문지는 회기의 깊이와 순조로움을 측정하는 회기자체에 대한 평가차원과 교육후의 긍정적 정서를 측정하는 교육직후 느낌에 대한 평가차원으로 구성되며 각 요인별로 5문항씩 제시되어 있다. 그리고 각 문항은 7점 척도로 평정하도록 되어 있다. 3개의 요인 각각에 대한 Cronbach α 계수는 .90-.95로 보고되어 있다. 교육장면에 적용시킨 상담과정상의 질문지이므로 본 연구에서 신뢰도를 재검토하여 보았으며, 그 결과는 Cronbach α= .96 이다.

4) 상담자 평정 질문지(Counselor Rating Form-Short Version: CRF-S)

상담자 평정 질문지(CRF-S)는 상담자의 3가지 특성, 즉 전문성, 신뢰성, 호감성에 대한 내담자의 지각을 측정하기 위하여 Barak & LaCrosse(1975)가 만든 CRF를 Corrigan & Smith(1983)가 CRF-S로 개정한 것이다. 지도자의 전문성, 신뢰성, 호감성에 대한 평정을 실시한 본 연구에서는 오경희(1986)가 번안한 CRF-S를 사용하였는데, 번안된 요인분석결과는 원 자료와 동일한 문항대로 세 요인이 확인되었고 도구의 내적 신뢰도는 Cronbach α= .91로 나타났다. CRF-S는 세 요인마다 4개의 긍정적인 형용사의 형태로 구성되어 있고, 지도자 특성에 따라 7점 척도로 평정하도록 되어 있다(부록 5 참조). 교육장면에 적용시킨 상담과정 상의 질문지이므로 본 연구에서 신뢰도를 재검토하여 보았으며, 그 결과는 Cronbach α= .97 이다.

3. 실시절차

98. 5. 20. - 7. 22 과 98. 9. 24. - 11. 26 '울산광역시 청소년 상담실(전, 동부청소년 상담실)'의 집단상담실에서 기초과정의 피험자 11명과 9명이 참여하였고, 기초과정이 끝난 참가자 중 15명이 98. 12. 7 - 99. 3. 9 심화과정에 참석하였다. 기초과정 참가자 20명 중 미혼자가 3명, 자녀가 없는 기혼자가 2명 있어 그들은 연구대상에는 제외시켰으나 본인들이 수업참가를 원하였으므로 교육시간에는 투입되었다. 교육시간은 기초과정에서는 1회 3시간씩 10회 총 30시간, 심화과정에서는 1회 3시간씩 12회 총 36시간을 소요하였다. 피험자에게 매 회기마다 경험보고서, 교육회기별 평가질문지(SEQ), 그리고 지도자 평정질문지(CRF-S)를 배부하여 작성·체크하도록 하였다. 아울러 참관자를 투입시켜 지도자와 함께 교육시간 중의 참가자토론 내용과 발표 등을 녹음 또는 기술하도록 하였다. 참관자는 한국 상담 및 심리학회 공인 상담심리사로서 평균상담경력 약 7년, 연령 약 33세로서 사전에 참관에 필요한 교육을 받았다. 통제집단은 실험집단과 동일시기에 사전·사후 검사지를 배부하였다.

프로그램의 장기적 효과를 알아보기 위해서 추후평가를 간략하게 실시하였다. 본 평가를 위해 실험집단의 추후변화를 살펴보아야 함이 타당하나, 실험집단의 교육 종료 후부터 약 2개월밖에 경과되지 않아 예비프로그램으로 실시한 기초과정 97. 12. 17 - 98. 2. 25 심화과정 98. 3. 5 - 5. 7 에 참가한 참가자를 대상으로, 과정이 끝난 지 약 8개월 후(1999. 2. 20) 프로그램 참가자 중 12명에 대한 개별 및 집단면담과 경험보고서를 받았다. 그 면담 내용과 경험보고서는 통찰수준을 분류하는 척도로 이용하였으며, 그 후 결과를 산출하였다. 위의 실시절차를 그림으로 나타내면 아래와 같다.

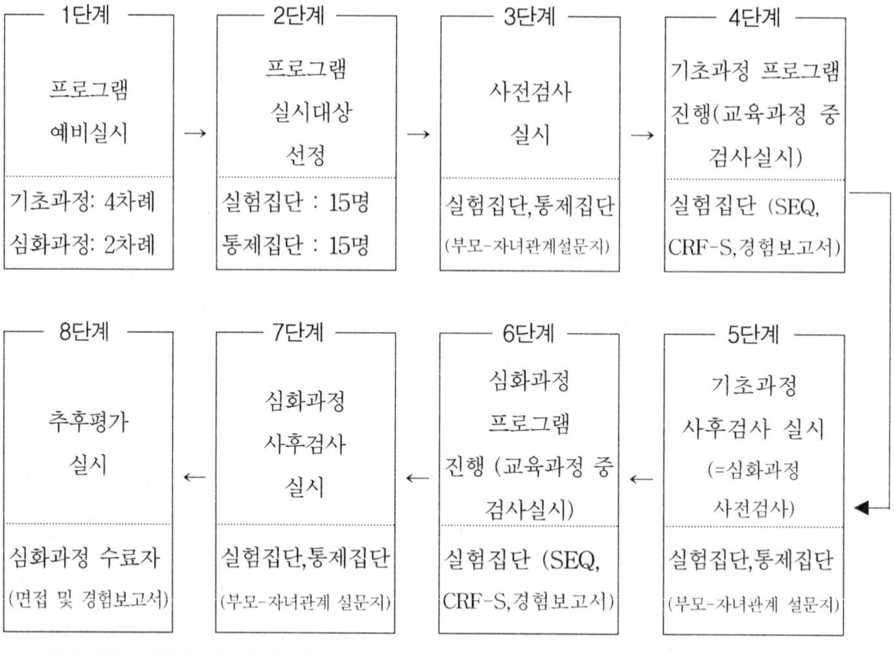

* 프로그램 예비실시 후의 수정·보완작업은 III장에 수록하였음.
* 추후평가는 8개월 후에 실시되었음.

<그림 4> 정신역동적 부모교육 프로그램 실시절차

4. 자료처리

통찰수준 분류는 빈도분석과 일원변량분석, Duncan-test, 단순 상관분석 등의 방법을 사용하였다. 분류를 위하여 3명의 평정자를 선임하여 사전에 본 연구와 관련 교육을 시켰다. 그들은 한국 상담 및 심리치료 학회가 인정하는 1명의 상담심리전문가와 3명의 상담심리사로서 상담 경력이 평균 9년 정도이다. 3명의 평정자가 개별적으로 평정을 한 후 1명의 상담심리전문가가 그것을 통합하는 형식을 취하였다. 이들은 참가자의 경험보고서와 참관자의 참관기록 자료를 의미문장으로 구분하여 통찰수준척도에 따라 평정하였다. 평정자들에게 평정을 부탁할 때는 교육회기를 알 수 없도록 하였다.

추후 면담내용 역시 위와 동일한 방법으로 자료 처리하였다.

내용분석을 위하여 프로그램 목표별·주제별 평정은 평균과 표준편차를 산출하는 기술적인 통계를 이용하였고, 지도자와 교육회기 평가는 평균과 표준편차의 산출과 단순상관분석을 실시하였다.

그 외 기타의 연구방법으로서, 정신역동적 상담이론을 적용한 부모교육에 대한 이론적 근거를 제시하기 위하여 국내·외에서 간행된 정신역동적 상담이론 문헌을 중점적으로 참고하였으며, 이 이론을 적용시킬 수 있는 준거체제인 프로그램 개발에 관련된 문헌 및 자료들을 수집하여 분석·종합하였다. 또한 이 연구를 위하여 본 연구자는 부모교육과 관련된 각 연수 프로그램의 경험과 정신역동적 접근의 각종 상담교육 및 사례연구를 중점적으로 행하였으며, 프로그램의 내용의 기초작업과 수정·보완 작업의 과정에서 정신역동적 접근의 상담 및 임상 심리전문가들의 자문을 받았다.

제16장 정신역동적 부모교육 프로그램 평가

1. 부모의 통찰수준에 미친 효과

앞 절의 연구방법에 의해 실시 된 부모교육 프로그램이 부모의 통찰수준의 변화에 미친 효과를 알아보기 위하여 기초과정 1-10회기에서 2회기를 한 구획으로, 심화과정 1-12회기에서 2 또는 3회기를 한 구획으로 묶어 교육진행에 따른 다양한 변화를 I, II, III, IV, V 구획별로 살펴보았다.

심화과정의 구획을 2회기 또는 3회기로 구분한 이유는 교육내용의 특징을 고려하여 I, V 구획은 3회기씩으로, II, III, IV 구획은 2회기씩으로 묶었다. 통찰수준 평정을 위하여 두 가지 측면에서 자료를 수집하였다. 하나는 참가자들이 매주 강의 후 가정에 돌아가서 경험한 내용을 중심으로 기록해 오는 경험보고서이며, 또 다른 하나는 참관자 1-2인이 참가자의 토론·발표 내용을 기록 또는 녹음하고 그 축어록을 문장화시켜 평정할 수 있는 적절한 문단으로 다시 구분시킨 것이다.

<표 12>, <그림 5>에서 나타난 바와 같이 통찰 0수준은 기초과정 I, II 구획에서 높게 나타난 후 차츰 그 비율이 낮아지면서 기초과정 IV 구획과 심화과정 I 구획에서 약간 상승하나 그대로 낮은 비율을 보이며, 통찰 1수준은 기초과정 I, II, III 구획에서 높게 나타나고 그 후에는 점진적으로 낮게 나타나고 있다. 통찰 2 수준은 기초과정 II, III 구획에서 상승하다가 기초과정 IV, V 구획에서 다소 낮은 비율을 보이고, 심화과정 I, II 구획에서 약간 상승하는듯하다가 심화과정 III, IV, V 구획에서 하강곡선을 보이고 있다. 통찰 3 수준은 기초과정 I, II, III 구획에서는 매우 낮게 나타난 후 기초과정 IV 구획에서 다소 상승한 이후 계속 유지하고 있다. 통찰 4 수준은 기초과정 I, II, III 구획에서는 거의 보이

지 않고, 기초과정 IV, V 구획과 심화과정 I, II에서는 약간 상승하는 비율을 보이면서 심화과정 III, IV, V 구획으로 오면서 상승하고 있다.

<표 12> 교육진행에 따른 통찰수준의 변화

빈도수(백분율)

과정/구획/수준	기초						심화					
	I	II	III	IV	V	계	I	II	III	IV	V	계
0	10.67 (42.68)	4.67 (22.24)	0.67 (3.72)	0.67 (5.15)	0.00	16.68 (17.19)	1.00 (6.25)	0.33 (1.50)	0.67 (3.19)	0.00	0.00	2.00 (1.85)
1	9.33 (37.32)	6.00 (28.57)	6.00 (33.31)	2.67 (15.70)	1.00 (6.25)	25 (25.77)	3.00 (18.75)	3.33 (15.14)	2.00 (9.52)	3.33 (12.81)	0.67 (2.91)	12.33 (11.42)
2	4.00 (16.00)	7.33 (34.90)	9.67 (53.69)	4.67 (27.45)	3.00 (18.75)	28.67 (29.55)	4.67 (29.19)	8.33 (37.88)	4.67 (22.23)	5.67 (21.81)	2.67 (11.60)	26.01 (24.08)
3	0.67 (2.68)	3.00 (14.29)	1.67 (9.21)	4.67 (37.21)	5.67 (35.44)	17.34 (17.87)	5.00 (31.15)	7.33 (33.33)	7.67 (36.51)	7.67 (29.50)	8.00 (34.77)	35.67 (33.02)
4	0.33 (1.32)	0.00	0.00	6.33 (15.70)	6.33 (9.62)	9.33 (9.62)	2.33 (14.56)	2.67 (12.14)	6.00 (28.56)	9.33 (35.88)	11.67 (50.92)	32 (29.63)
계	25 (100)	21 (100)	18.01 (100)	17.01 (100)	16 (100)	97.02 (100)	16 (100)	21.99 (100)	21.01 (100)	26 (100)	23.01 (100)	108.01 (100)

*기초과정 I=1,2회기 II=3,4회기 III=5,6회기 IV=7,8회기 V=9,10회기

*심화과정 I=1,2,3회기 II=4,5회기 III=6,7회기 IV= 8,9회기 V=10,11,12회기

*빈도수는 3평정자의 점수를 평균한 것임.

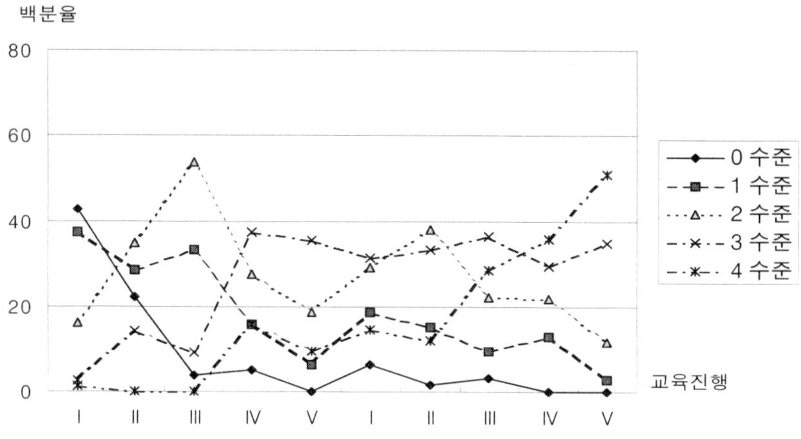

*좌측의 I, II, III, IV, V구획은 기초과정, 우측의 I, II, III, IV, V구획은 심화과정을 나타냄

<그림 5> 교육진행에 따른 통찰수준의 변화

<그림 6>에서는 위의 내용을 통찰수준별로 기초과정과 심화과정을 비교하고 있다. 즉 기초과정에서는 심화과정에 비하여 통찰 0, 1, 2 수준은 그 비율이 높았으나, 통찰 3, 4수준은 낮은 비율을 보이며, 반대로 심화과정에서는 기초과정에 비하여 통찰 0, 1수준은 낮은 비율을 보이나, 2, 3, 4수준의 비율은 높게 나타남을 알 수 있다. 전체적으로 기초과정에서는 통찰 2수준이 가장 많으며, 심화과정에서는 통찰 3수준이 가장 많은 것을 나타내고 있다.

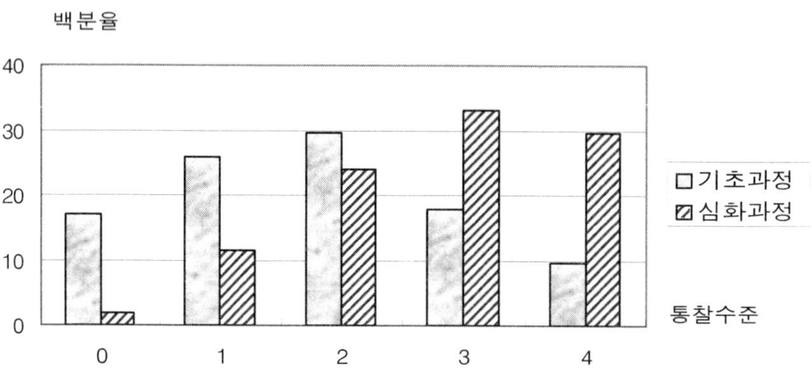

<그림 6> 참가자 통찰수준에 대한 기초 · 심화과정의 비교

<표 13>, <그림 7>에서는 기초·심화과정별 구획별로 구분하여 평균통찰수준의 점수를 산출하였다. 이 점수는 통찰 수준과 점수를 동일하게, 즉 통찰 0수준=0점, 1수준=1점, 2수준=2점, 3수준=3점, 4수준=4점으로 환산하였다. 표 에서 기초과정의 점수의 의미는 통찰의 정도가 평균 0-3수준이라는 뜻이며, 심화과정의 점수의 의미는 통찰의 정도가 평균 2-3수준이라는 뜻이다. 이러한 결과를 그림으로 살펴보면, 기초과정에서는 평균 통찰수준의 점수가 0수준에서 3이하의 수준 정도까지 상승하다가, 심화과정 초기에 들어가서 일시적으로 하강한 후 다시 2수준에서 3수준 정도로 상승하고 있다.

<표 13> 교육과정별 구획별 평균통찰수준의 점수

구획 / 과정	I	II	III	IV	V
기 초	0.826	1.413	1.685	2.451	3.083
심 화	2.291	2.393	2.777	2.884	3.333

※평균통찰수준의 점수는 0수준=0점, 1수준=1점, 2수준=2점, 3수준=3점, 4수준=4점으로 환산하였음.

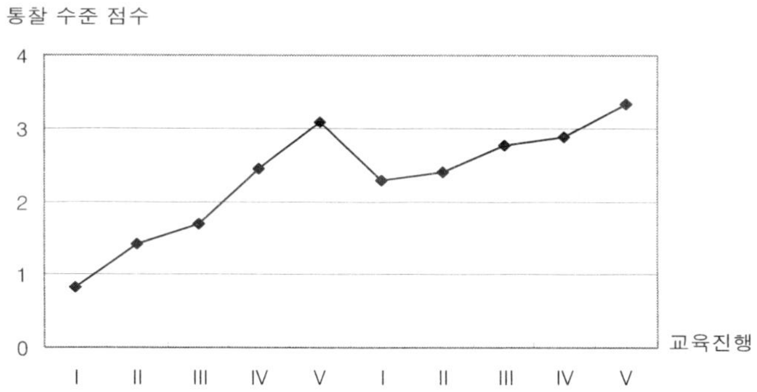

*좌측의 I, II, III, IV, V구획은 기초과정, 우측의 I, II, III, IV, V구획은 심화과정을 나타냄.

<그림 7> 교육진행에 따른 평균통찰수준 점수

<표 14>에서는 3명의 평정자가 평가한 통찰수준 점수를 합산하여 각 구획별 변량분석을 실시한 결과, 기초과정과 심화과정 모두 각 구획별로 유의미한 변화를 나타내 보이고 있다 (기초과정; F=53.69, P<.001, 심화과정; F=10.92, P<.001). 이러한 변화를 Duncan Multiple Range Test 하여 구체적으로 살펴본 결과, 기초과정에서는 95% 수준에서 I 구획, II III 구획, IV 구획, V 구획 간에는 유의미한 차이가 나타났으나, II 구획과 III 구획 간에는 의미 있는 차이가 없음을 나타내고 있다. 심화과정에서는 95% 수준에서 I II 구획, III IV 구획, V 구획 간에는 유의미한 차이가 나타났으나, I 구획과 II 구획 간에, III 구획과 IV 구획 간에는 의미 있는 차이가 없음을 나타내고 있다.

<표 14> 통찰수준 점수에 대한 일원변량분석 및 Duncan Multiple Range Test

( ) 표준편차

구획 / 과정	I	II	III	IV	V	F값
기 초	0.83(0.89)	1.41(0.99)	1.69(0.70)	2.45(1.06)	3.08(0.92)	53.69***
심 화	2.29(1.13)	2.39(0.94)	2.78(1.07)	2.88(1.04)	3.33(0.80)	10.92***

***P<.001

기초과정	95% 수준	I II III IV V
심화과정	95% 수준	I II III IV V

<표 15>에서는 3 평정자가 평정한 자료인 참가자의 경험보고서와 참관자의 관찰기록지에서 통찰 수준의 차이를 보이고 있다. 즉 참가자 자신이 직접 보고한 경험보고서에서 나타난 평균통찰수준의 점수는 구획별로 1.2, 1.7, 2.1, 2.1, 3.3점으로서 통찰 수준 1-3수준 정도를 뜻하며, 참관자가 수업 중에 관찰한 것을 기록한 평균통찰수준의 점수는 구획별로 0.8, 1.4, 1.7, 2.5, 3.1점으로서 통찰 수준 0-3수준 정도로 평가되어 참가자보다도 다소 낮은 통찰수준을 보고하고 있다. 이러한 점에 대해서는 다음 장의 논의에서 구체적으로 밝히겠으나 주관적인 보고와 객관적인 관찰에 의한 통찰수준의 차이가 다양한 사유에 의해서 비교되는 자료가 될 수 있다.

<표 15> 평균통찰수준 점수에 대한 참가자 경험보고와 참관자 관찰기록 비교

구분 \ 구획	I	II	III	IV	V
참가자 경험보고서	1.186	1.708	2.125	2.151	3.250
참관자 관찰기록지	0.826	1.413	1.685	2.451	3.083

프로그램의 장기적 효과를 알아보기 위해서 통찰수준의 정도를 추후평가에서도 간략하게 알아보았다.

추후평가를 위하여 개별 혹은 집단 면담의 실시는 99. 3. 9.에 기초·심화과정을 끝낸 실험집단 참가자에게는 경과시간이 너무 짧아, 예비프로그램으로 실시한 기초과정 97. 12. 17 ~ 98. 2. 25, 심화과정 98. 3. 5~98. 5. 7 에 참가한 참가자를 대상으로, 전 과정이 끝난 지 약 8개월 후(1999. 2. 20.) 프로그램 참가자 중 12명에 대한 개별 혹은 집단면담과 경험보고서를 받았다. 예비 프로그램은 세 차례 정도의 수정·보완 작업이 이루어진 본 프로그램에 비하여 수업방법이나 내용조직이 다소 부족하였으나 대부분의 교육과정과 내용의 이론적 기초는 동일하였으므로 추후 결과를 알아보는 데 손색이 없다고 사료되었다. 추후면담의 결과에서 나타난 결과를 살펴보면, 통찰 2수준부터 약 30%의 비율을 차지하면서 3수준은 약 20%, 4수준은 약 44%로서, 이러한 결과는 심화과정의 II 구획부터의 수준과 유사하다는 것을 알 수 있다. 추후 면담 내용과 경험보고서는 통찰수준을 분류하는 척도로 이용하였으며, 3평정자간의 분석결과는 다음 <표 16>과 같다. 추후 통찰수준에 대한 3평정자간의 일치도는 유관계수 .73-.82 이었다.

<표 16> 추후 면담에서 나타난 통찰수준별 백분율

통찰수준	0	1	2	3	4	계
빈 도 수	1	1	14	9	20	45
백 분 율	2.22	2.22	31.11	20.00	44.44	100

2. 목표별 · 주제별 도움정도

본 연구에서 개발된 부모교육 프로그램에 대하여 교육목표별과 주제별로 도움정도의 전체적인 결과는 아래와 같다.

<표 17> 부모교육 프로그램의 교육목표별 · 주제별 도움정도 (기초과정)

구분	내 용	평 균	표준편차	도움순위
목표별	· 부모자신의 감정인식능력 향상	1.58	.34	3
	· 아동기 감정의 중요성 인식	1.62	.55	4
	· 전이감정의 이해	1.63	.44	5
	· 기존의 대처방식과 그 영향 인식	1.69	.51	9
	· 감정수용력 및 표현력 증진	1.57	.37	2
	· 내면의 힘(power, 인정, 지지 등의 개념)의 이해	1.68	.49	8
	· 부모의 주요 정신역동의 이해와 탐색	1.67	.33	7
	· 통찰과 훈습의 중요성	1.47	.46	1
	· 조건화된 행동양식 통찰	1.63	.52	5
	· 전체적인 면에서	1.53	.52	
주제별	· 자기소개 및 감정포착의 중요성	1.59	.43	8
	· 대상관계이론, 관계방식 이해	1.76	.56	10
	· 전이감정/부모-자녀간의 정신역동	1.47	.34	4
	· 기존의 대처방식과 그 영향/자녀의 양육과정 탐색	1.45	.42	2
	· 부모-자녀 관계 향상을 위한 기본 노력(1)(2)	1.53	.45	5
	· 부모-자녀 관계 향상을 위한 기본 노력(3)(4)	1.45	.32	2
	· 부모의 주요 정신역동	1.56	.41	6
	· 꿈의 연상/통찰의 수준에 따른 자녀지도	1.58	.51	7
	· 교정적 사후교육; 자동화된 무의식적 행동방식 변화	1.73	.38	9
	· 자녀양육과 예후	1.33	.49	1
	· 전체적인 면에서	1.40	.49	

*평균점수가 1.0-1.9이면 아주양호, 2.0-2.9이면 양호, 3.0-3.9이면 불량, 4.0-5.0이면 아주불량을 의미함.

<표 17>에서는 기초과정에서의 교육목표별·주제별 도움정도를 나타낸 것

으로서, 전체적인 면에서 아주 양호한 점수(1.53, 1.40)를 보여주고 있다. 특히 목표별에서는 통찰과 훈습의 중요성(1.47)과 감정수용력 및 표현력 증진(1.57), 부모자신의 감정인식능력 향상(1.58)에 높은 점수를 보여 주고 있다. 주제별에서는 부모의 정신역동으로 인한 자녀양육의 예후에 대한 인식(1.33)에 매우 높은 점수를 보였으며 부모-자녀간의 긍정적 측면과 상호 손댈 수 없는 부분의 인식을 주요내용으로 하는 부모-자녀관계 향상을 위한 기본노력(3)(4)(1.45), 전이감정의 이해(1.47), 방어기제 및 부모의 감정에 따른 자녀의 양육과정 탐색(1.45) 등에도 높은 점수분포를 보였다.

<표 18> 부모교육 프로그램의 교육목표별 · 주제별 도움정도 (심화과정)

구분	내 용	평 균	표준편차	도움순위
목표별	ˋ자기분석 및 탐색 능력 향상	1.07	.26	1
	ˋ자신의 주요핵심감정 자각능력 향상	1.42	.51	2
	ˋ억압된 감정의 직면 및 왜곡된 면의 재구조화	1.70	.46	5
	ˋ자유연상을 통한 부모-자녀간 전이감정 다루기	1.62	.28	4
	ˋ건강한 부모-자녀관계의 실제	1.47	.55	3
	전체적인 면에서	1.20	.41	
주제별	ˋ자기 역동 진단(반복되는 행위의 명료화)	1.50	.63	4
	ˋ핵심감정 진단의 실제	1.38	.30	2
	ˋ억압된 감정의 표출 및 재경험	1.66	.60	5
	ˋ자유연상을 통한 부모-자녀관계의 전이감정 다루기	1.39	.43	3
	ˋ긍정적 역동진단/병리적 역동의 대처방식 전환	1.35	.42	1
	전체적인 면에서	1.20	.41	

* 평균점수가 1.0-1.9이면 아주양호, 2.0-2.9이면 양호, 3.0-3.9이면 불량, 4.0-5.0이면 아주불량을 의미함.

<표 18>에서는 심화과정의 교육목표별·주제별 도움정도를 나타낸 것으로 전체적인 면에서 기초과정보다 더욱 더 높은 점수를 보이고 있다(1.2, 1.2). 구체적으로 목표별에서는 자기분석 및 탐색능력 향상 경험(1.07)에 대단히 높은 만족도를 표현했으며, 자신의 주요핵심감정 자각능력 향상(1.42)과 건강한 부모-자녀 관계의 실제경험(1.47)에 대해서 높은 점수 분포를 보였다. 주제별에서는 목표와 동일한 긍정적 역동진단/병리적 역동의 대처방식 전환 (1.35)과 핵심감정 진단의 실제(1.38), 자유연상을 통한 부모-자녀관계의 전이감정 다루기(1.39) 등에서 높은 점수를 보였다.

3. 교육회기 및 지도자 평가

본 연구에서 개발된 부모교육 프로그램의 교육진행에 따른 실시과정에 대한 분석을 위하여 지도자에 대한 평가와 교육회기에 대한 평가 분석을 실시하였다. 각 과정의 회기에 따른 평가를 알아보기 위하여 기초과정 1-10회기 동안 2회기를 한 구획으로, 심화과정 1-12회기 동안 3회기를 한 구획으로 묶어 교육진행에 따른 다양한 변화를 살펴보았다. 구조적인 수업방식을 사용했던 기초과정에서는 매 회기마다 평정 가능하여 세밀한 변화 상태를 살펴볼 수 있었으나, 심화과정에서는 비구조적인 수업방식의 특징으로 인하여 참가자의 정서적 경험이 이루어진 후에 매 회기마다 설문지를 제시하기가 곤란하였다. 따라서 3회기를 한 구획으로 묶어서 설문지가 작성되었다. 그 구체적인 결과는 다음과 같다.

<표 19> 교육진행에 따른 지도자 평가의 평균과 표준편차

과정 / 회기 / 하위척도	기 초										심 화			
	I		II		III		IV		V		I	II	III	IV
	1	2	3	4	5	6	7	8	9	10				
전문성	25.13 (4.38)	26.50 (2.10)	26.64 (1.80)	25.50 (4.13)	26.09 (2.63)	26.07 (2.43)	25.91 (2.07)	26.91 (2.19)	26.90 (2.08)	26.91 (2.09)	25.87 (1.77)	26.27 (1.53)	26.80 (1.52)	27.27 (1.28)
신뢰성	24.63 (4.76)	26.75 (1.77)	26.73 (1.49)	25.25 (4.28)	26.64 (2.25)	26.65 (2.02)	26.82 (1.40)	27.33 (1.23)	27.20 (1.32)	27.32 (2.81)	26.20 (1.93)	26.33 (1.68)	27.20 (1.26)	27.33 (1.29)
호감성	23.75 (3.91)	25.38 (2.03)	26.19 (1.78)	24.94 (4.02)	25.73 (2.80)	26.07 (2.16)	25.91 (2.34)	26.58 (2.07)	26.90 (1.66)	26.88 (2.07)	24.13 (2.80)	24.87 (1.92)	26.13 (1.77)	26.60 (1.64)
전 체	73.50 (12.68)	78.63 (5.58)	79.55 (4.37)	75.69 (12.08)	78.45 (7.31)	78.79 (6.45)	78.64 (5.46)	80.83 (5.39)	81.00 (4.88)	81.11 (8.27)	76.20 (5.17)	77.47 (4.61)	80.13 (4.37)	81.20 (4.04)

( ) 표준편차

※ 28점 만점: 각 하위척도 당 4문항, 1문항 당 7점

※ 기초과정 I구획: 1,2회기, II구획: 3,4회기, III구획: 5,6회기, IV구획: 7,8회기 V구획: 9.10회

※ 심화과정 I구획: 1,2,3회기, II구획: 4,5,6회기, III구획: 7,8,9회기, IV구획: 10,11,12회기

<표 19>, <그림 8>에서는 교육진행에 따른 지도자 평가를 보여주고 있다. 전체적으로 28점 만점에 24점 이상의 분포를 보이고 있고 대체로 긍정적으로 평가하고 있다. 구체적으로 전문성 신뢰성 호감성 측면 모두에서 기초과정 1회기에서 낮은 점수를 보인 후 다소 상승하지만, 4회기에서 다시 낮은 점수를 보인다. 그러나 그 이후 점진적으로 상승곡선을 보이고 있으며, 심화과정 I 구획에서 일시적으로 낮다가 다시 상승하고 있다. 특히 심화과정 I 구획에서는 전문성과 신뢰성은 비교적 그대로 유지하고 있으나(25.87, 26.20) 그에 비해 호감성에서 낮은 점수분포(24.13)를 보인 후 다시 상승하는 것을 볼 수 있다.

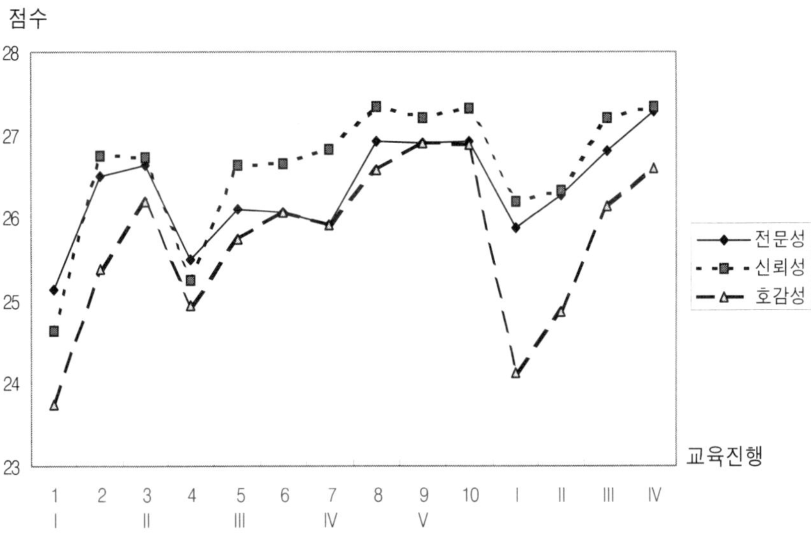

*좌측의 I, II, III, IV, V구획은 기초과정, 우측의 I, II, III, IV구획은 심화과정을 나타냄.
*심화과정 I구획: 1,2,3회기, II구획: 4,5,6회기, III구획: 7,8,9회기, IV구획: 10,11,12회기

<그림 8> 교육진행에 따른 지도자 평가 점수

<표 20> 교육진행에 따른 교육회기 평가의 평균과 표준편차

( )표준편차

과정 / 회기 / 하위척도	기초										심화			
	I		II		III		IV		V		I	II	III	IV
	1	2	3	4	5	6	7	8	9	10				
깊이	28.76 (5.19)	29.69 (5.10)	31.08 (3.09)	30.59 (4.93)	31.58 (2.75)	30.67 (4.58)	32.15 (3.11)	32.92 (2.78)	30.62 (3.97)	30.85 (2.88)	31.14 (4.85)	28.86 (5.19)	31.21 (3.58)	33.86 (2.18)
순조로움	29.47 (4.23)	28.56 (5.39)	27.46 (6.63)	30.18 (5.35)	30.42 (5.32)	28.93 (7.02)	30.15 (4.32)	30.69 (7.18)	30.15 (3.72)	30.80 (6.65)	23.93 (7.04)	26.43 (5.05)	27.71 (3.58)	33.36 (2.31)
긍정적 정서	27.77 (8.13)	30.19 (4.72)	30.31 (2.59)	30.88 (4.53)	32.58 (3.20)	29.87 (5.04)	30.69 (4.70)	31.38 (5.32)	31.08 (3.50)	30.43 (4.75)	28.71 (7.03)	28.36 (3.97)	29.00 (5.51)	33.43 (1.83)
전 체	86.00 (13.70)	88.44 (13.00)	88.85 (11.14)	91.65 (13.11)	94.58 (10.42)	89.47 (16.08)	93.00 (11.56)	95.00 (15.01)	91.85 (10.67)	92.08 (12.76)	82.79 (18.27)	83.64 (11.82)	87.93 (10.25)	100.64 (4.16)

※ 35점 만점: 각 하위척도 당 5문항, 1문항 당 7점

※ 심화과정 I구획: 1,2,3회기, II구획: 4,5,6회기, III구획: 7,8,9회기, IV구획: 10,11,12회기

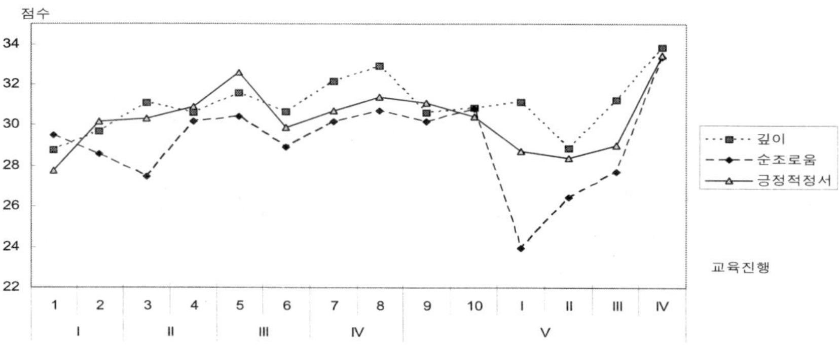

*좌측의 I, II, III, IV, V구획; 기초과정, 우측의 I, II, III, IV구획; 심화과정(한 구획당 3회기)

<그림 9> 교육진행에 따른 교육회기 평가 점수

<표 20>, <그림 9>에서는 교육진행에 따른 교육회기 평가를 보여주고 있다. 전체적으로 35점 만점에 27점 이상의 분포를 보여주고 있어 대체로 긍정적으로 평가하고 있다. 구체적으로, 깊이 순조로움 긍정적 정서 측면 모두에서 기초과정 I 구획에서부터 약간의 굴곡이 있으나 점진적으로 상승률을 보여주고 있으며 심화과정 I, II 구획에서 다소 떨어지는 면을 동시에 보여주고 있다. 특히, 비구조적인 수업방식으로 바뀐 심화과정 I, II구획에서의 순조로움 점수(23.93, 26.43)는 다른 하위점수에 비하여 떨어지고 있으며, 그 이후 점진적으로 상승하고 있다.

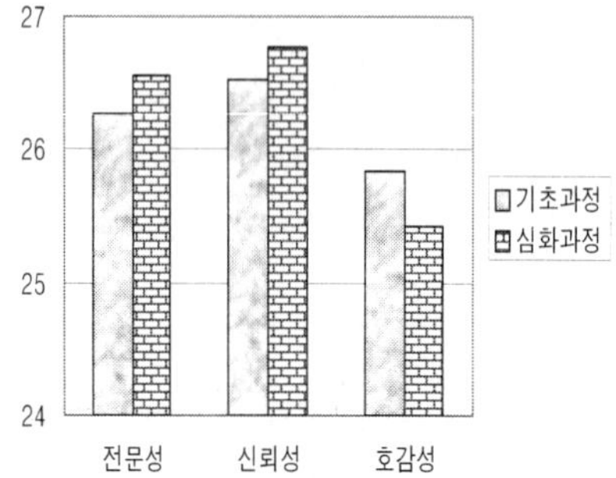

<그림 10> 교육과정별 지도자평가 점수비교

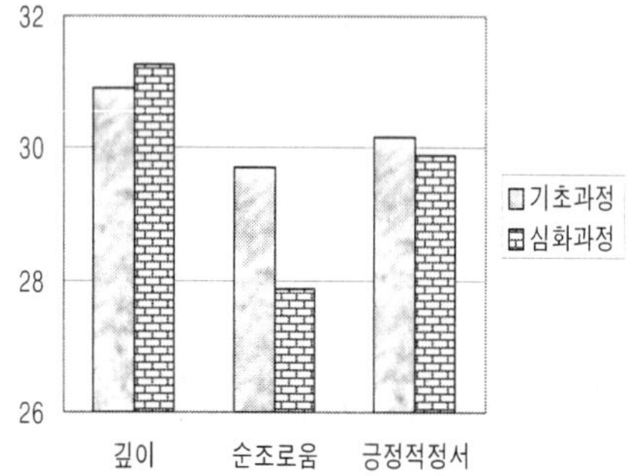

<그림 11> 교육과정별 교육회기 평가점수 비교

<그림 10>, <그림 11>에서는 위의 점수에 의한 두 기초·심화과정의 평가점수를 비교한 것이다. 지도자 평가 점수를 비교한 결과, 두 과정 모두에서 비교적 비슷한 분포를 보였으며, 전문성과 신뢰성에 비하여 호감성에서 다소 낮은 분포를 나타내고 있는데 기초과정에 비해서 심화과정에서 더욱 더 그러한 경향을 보이고 있다. 교육회기 평가 점수를 비교한 결과, 깊이 측면에서 두 과정 모두 가장 높은 점수를 주었으며 순조로움 측면에서 상대적으로 낮은 점수를 주었다. 특히 심화과정에서의 순조로움 점수는 기초과정에 비하여 상대적으로 매우 낮은 분포라고 볼 수 있다.

지도자·교육회기 평가간의 상관관계는 <표 21>에서 보여주고 있다. 즉 전문성과 깊이 측면(.48, $p<.001$), 전문성과 긍정적 정서(.45, $p<.001$) 호감성과 깊이 면(.47, $p<.001$)에서 높은 상관을 보여 주었으며 그 외에도 전반적으로 $p<.05$, $p<.01$, $p<.001$ 수준에서 정적 상관을 보여주고 있다.

<표 21> 지도자 · 교육회기 평가간의 상관계수

지도자교 / 육회기	전문성	신뢰성	호감성
순조로움	$.42^{**}$	$.31^{*}$	$.43^{**}$
깊이	$.48^{***}$	$.29^{*}$	$.47^{***}$
긍정적 정서	$.45^{***}$	$.28^{*}$	$.42^{**}$

$^{*}p<.05$, $^{**}p<.01$, $^{***}p<.001$

제17장 정신역동적 부모교육 프로그램의 시행 및 평가에 대한 논의

정신역동적 부모교육 프로그램의 시행과 평가에 대한 논의를 하면 다음과 같다.

실시 결과, 교육진행에 따른 부모의 통찰수준의 변화측면에서, 부모교육 프로그램이 부모의 통찰수준에 미친 성과는 기초·심화과정의 교육진행에 따라 유의미한 변화를 초래하였다. 통찰 0수준에서 4수준의 분류가운데 낮은 수준이었던 0수준은 교육회기가 경과할수록 그 빈도수가 줄었으며, 높은 통찰에 해당하는 4수준은 교육회기가 진행될수록 그 빈도수가 증가하였다.

이는 초반에서는 문제 상황에 대해 단순하게 얘기하거나 외부의 탓으로 돌리는 상태였으나 교육이 진행됨에 따라 문제의 원인을 자신의 선행적 원인과 관련시키면서 전이관계를 자각하고 수용하는 단계로 진행되고, 점차 상황에 대한 자신의 책임을 자각하고 문제해결적인 태도를 취하는 것으로 발전하고 있다고 볼 수 있다. 또한 지적인 수준에서 정서적인 수준으로 변화되는 과도기에 해당되는 기초과정 말기에서 심화과정 초기단계에서는 오히려 통찰수준이 낮아지고 있는 것은 문제의 책임을 수용하기 위한 단계에서 발생하는 내부의 혼란스러움, 자신에 대한 정서적인 직면세서 발생하는 일시적 갈등이 표출되고 있다는 것을 알 수 있다. 즉 이것은 무의식적인 갈등이 자각되는 시기에 발생하는 저항을 의미하며, 그 저항이 점차 감소됨으로써 생산적이고 강력한 효과적인 해동수행이 뒤따른다는 Kaplan et al.(1985)의 연구와 일치하고 있다. 즉 자기방어나 충동의 행동화에 사용하여 오던 힘을 통찰함으로써 자신에 대한 새로운 자상과 자기개념의 발전의 과정이라 볼 수 있다(Raimy, 1948; Rogers, 1951).

또한 평균 통찰수준으로 살펴 본 통찰의 전환 시기는 전이감정에 대한 이해를 통한 자각과 수용의 시기에 해당하는 2수준부터 나타나는데 이는 기초과정 Ⅳ 구획 '통찰수준 전환기'를 상담회기 30회기를 기준으로 전 상담과정의 1/2 또는 2/3에 해당하는 시기라는 점과 일치한다고 볼 수 있다.

그리고 평균통찰수준에 대한 평정 점수에 있어서 참가자가 직접 보고한 경험보고서에 의한 평정과 참관자가 관찰하면서 기록 혹은 녹음한 것과는 다소 간의 차이가 있었다. 즉 참가자 스스로가 보고한 통찰수준의 정도가 참관자가 관찰한 것 보다 높게 평정된 것은 다양한 의미를 시사할 수 있겠으나, 그 중에서도 지도자를 의식한 경험의 보고나 글을 통하여 표현하게 될 때의 정서 상태에서 좀 더 긍정적인 입장으로 기술하였으리라 추측해 볼 수 있다. 물론 이것은 의식적인 부분도 있겠으나 본인 스스로의 무의식적인 방어가 작용하였을 수도 있으며, 참관자 관찰기록은 수업진행과정에서 직접 표현하는 언어를 사용하였으므로 글로 나타내는 보고보다는 좀 더 꾸밈없는 직접적인 표현이 나타났기 때문이라고도 볼 수 있다.

통찰수준의 효과성은 추후면담을 통해서도 그 변화를 점검하였다. 추후면담의 결과는 본 프로그램의 실시 후의 기간이 너무 짧아(약 2개월) 형성평가를 위한 예비 실시 때의(약 8개월 이후) 참가자를 대상으로 하였다. 그 이유는 비록 본 프로그램의 실험집단 참가자가 추후면담의 연구대상이 아니라 할지라도 시간적인 문제점과 내용이 바뀌어진 것이 아니라 내용구성이나 수업진행상의 변화 혹은 보완된 교육 내용의 골격은 기본적인 교육을 벗어나지 않았으므로 프로그램의 추후분석을 통한 교육효과의 지속성 점검을 위해 8개월 정도 후의 결과를 참고해 본다는 것은 의의가 있다고 보았던 것이다.

추후 면담을 통해서 본 통찰수준의 결과는 심화과정의 Ⅲ, Ⅳ, Ⅴ 구획에서의 수준과 유사한 정도 즉 2-4수준 정도를 유지하고 있었다. 물론 그들 참가자들 중에는 프로그램 참가 자체가 계기가 되어 자신에 대한 지속적인 탐색과 행동변화를 위한 훈습 활동을 개인적으로 해 왔거나, 지속적으로 다른 유사한 교육을 받았을 수도 있다. 왜냐하면 기초와 심화과정이 끝나고 난 후의 후속모임에서 대부분의 참가자들은 지속적인 자기탐색에 대한 욕구를 표현했고, 자신의 역동탐색을 위한 작업은 인간관계 특히 부모-자녀 관계에서 거의 평생 동안 중요하게 훈습하여야 할 몫이라는 점을 밝혔기 때문이다. 비록 그것에 대한 실증적인 검증과 직접적인 개별 확인을 시도하지는 않았다 할지라도, 8개월 후의 추후면담에서 통찰 2-4수준 정도의 수준이 유지되어 온 결과는 지속적인 자기탐색에 대한 욕구와 교육의 지속적인 효과를 반영하고 있다. 앞으로 추후 기간 동안의 참가자 개인의 경험에 대한 변인을 감안한 통계처리와 타당성 있는 설문지를 통한 양적인 변화를 살펴보는 것이 더욱 더 바람직하리라 본다.

프로그램의 목표별•주제별 도움정도에서, 부모교육 프로그램은 교육이 끝난 후 실시한 평가에서 프로그램의 목표별•주제별 평정은 전체적으로 아주 양호한 점수 분포를 보였다. 기초과정에서는 부모의 아동기 핵심역동이 자녀의 양육과정이나 생활 속의 방어적인 감정에 많은 영향이 있다는 점 등의 지적 측면에 도움을 많이 받았고, 심화과정에서는 건강한 부모-자녀관계를 위한 실제적인 중요성 즉, 아무리 지적으로 통찰했다 할지라도 현실상황에서는 무의식적 반복적 행위가 나타나므로 실재의 재 경험을 통한 정서적 통찰경험의 실습에 많은 도움을 받은 것으로 나타났다. 전체 측면에서 가장 큰 도움을 받은 것은 심화과정에서의 자기 분석 및 탐색능력의 향상이었다. 이러한 점은 본 연구의 이론적 뿌리가 되는 정신분석적 입장이 그 이후 확대된 정신역동적인 개념, 즉 과거의 비뚤어진 영향이 무엇이고 어떻게 상호작용하며 그 양식을 어떻게 교정할 것인가 하는 교정적 정서경험 혹은 자아 재교육으로 발전되었던 점(Alexander, 1948; Saul, 1979)이 매우 중요하게 작용되지만, 그 기본적인 핵심적 방법은 역시 분석 및 탐색작업이라는 점을 보여주고 있다.

교육회기와 지도자에 대한 평가측면에서, 부모교육 프로그램의 회기별 분석을 위하여 교육진행에 따른 지도자와 교육회기에 대한 평가를 실시하였다. 구조적인 프로그램을 실시한 기초과정에서는 각 회기별로 평정하여 세밀한 변화를 알 수 있었으나 비구조적인 프로그램을 실시한 심화과정에서는 각 회기별 평정이 곤란하여 3회기를 묶어 1구획으로 처리하였으므로 기초과정에 비하여 세밀한 변화를 나타내 보이지는 않았다. 이 점은 교육과정의 내용상 지적경험을 하는 기초과정에 비하여 심화과정에서는 매 회기마다 정서적 경험이 일어난 직후 회기별로 설문지를 제시하는 것 자체가 참가자들에게 통찰과 탐색의 지속성을 약화시킬 수 있다는 점 등이 예비실시 때 검토되었기 때문이다. 즉 연구를 위해서는 매 회기마다 평정이 필요한 것이나 참가자에 대한 윤리적인 차원에서 그들을 보호한다는 것이 우선되어야 할 것으로 보았기 때문이며, 앞으로 이 점은 참가자를 보호하면서 연구의 목적에도 상응하는 방법이 모색되어야 할 것으로 본다.

결과에 대해 구체적으로 살펴보면, 지도자 평가(CRF-S)의 하위척도인 전문성, 호감성, 신뢰성 측면에서는 28만점에 전체적으로 약 25-26점 분포의 높은 점수를 보여주고 있다. 즉 기초과정 I 구획에서 낮은 분포로부터 시작하여 몇 차례의 굴곡을 그리고 있으나 전체적으로 상승곡선을 타고 있는 점으로 보아 교육과정상 지적 혹은 정서적 경험으로 인한 내적인 변화를 잘 반영하고 있다고 볼 수 있다. 그러나 전문성과 신뢰성에 비하여 호감성이 기초과정 3, 4회기에서 조금 떨어지면서, 특히 심화과정 I 구획에서는 그 폭이 매우 낮아지는 점을 알 수 있다. 이 점은 지도자 개인의 분위기 혹은 성향에 대한 평가이기도 하며, 교육과정상 지지와 격려로서 도움을 주었던 기초과정을 넘어서 직면과 억압된 무의식이 올라왔던 심화과정의 초기단계에서의 내면의 저항 혹은 방어작용을 반영한 것으로 볼 수 있다.

이러한 점은 교육회기 평가(SEQ)에서도 나타나고 있다. 즉 전체적으로는 35점 만점에 27-33점의 높은 분포를 보여주고 있으며, 하위척도인 깊이, 순조로움, 긍정적 정서 중에서 깊이와 긍정적 정서는 전문성과 신뢰성과 유사한 폭을 나타냈으나, 순조로움 면은 지도자 평가에 대한 호감성과 유사한 면을 보여주고 있다. 즉 내적인 방어기능을 충분히 격려하고 지지하며 이해하는 기초과정의 분위기에서 참가자의 자아강도의 수준에 맞게 직면시켜 나가면서 해석해 주는 심화과정으로 넘어오면서 기초과정에 비해서 상대적으로 순조로움이 낮아졌다고 볼 수 있다. 이것은 지적인 측면에서 정서적인 측면으로 전환되는 정상적인 분포로서 간주되며, 이러한 정도는 심화과정 Ⅱ, Ⅲ, Ⅳ 구획으로 넘어오면서 다시 정상적으로 회복되어 가는, 즉 내적인 안정감을 재 경험하는 체험을 보여주고 있다. 또한 이것은 상담장면에서 SEQ가 지도자나 참가자의 특성을 반영하기보다는 회기마다 변화하는 어떤 것을 재고 있다는 것을 보여주고 있다. 이와 같은 결과는 이전의 변량분석의 결과(Howard & Orlinsky, 1976; Stiles & Snow, 1984; Dill-Standiford et al., 1988)와도 일치한다. 또한 이러한 회기별 차이는 내담자의 진전과 상담자와 내담자 관계의 체계적인 발전을 포함하는 것이라고 보고 있으므로(Stiles, 1980), 결국 교육의 효과로 간주될 수 있다.

그 외 추후연구를 위하여 몇 가지를 제시한다면, 첫째, 프로그램의 실시측면에서 다양한 지역별 계층별 연령별 집단에 대한 연구가 이루어져야 할 것으로 보며, 둘째, 연구자 자신이 지도자가 되었던 관계로 연구자의 주관성과 성향 등이 교육장면에 게재될 수 있었으므로 앞으로는 이러한 점이 보완되어야 하며, 셋째, 타 부모교육 프로그램과의 비교•분석을 통한 효과가 검증되어야 하며, 넷째, 프로그램 실시와 관련된 제반 문제들에 대한 구체적인 검토가 있어야 할 것으로 본다.

마치면서

상담 및 심리치료 이론에서는 정신분석적, 행동주의적, 인본주의적, 인지적인 측면 등 다양한 접근방법이 그 배경을 이루고 있다. 그 중에서도 정신분석적인 기초개념은 제반 영역에 중요한 심리학적 뿌리를 지속적으로 제공하여 왔다. 즉 이미 오래 전부터 정신분석을 기초로 한 정신역동적 상담이론은 내담자의 무의식적 갈등과 유·아동기 핵심감정에 대한 중요성을 강조하였으며(Dewald, 1969; Winnicott, 1971; Kernberg, 1976; Saul, 1977; Corey, 1986; McLoughlin, 1995 등), 이것은 유·아동기의 감정양식은 한 개인의 정서·인지·행동 측면의 생활전반에 영향을 끼친다는 인식의 틀을 제공하는 데 중요한 근거를 제시하였다. 이러한 근거는 부모교육의 장면에서 정신역동적인 상담이론을 통하여 부모의 무의식적 감정을 진단하지 않고는 부모-자녀 관계의 행동적 변화를 이루어내는 데 있어서 악순환을 거듭하기 쉽다는 점을 시사하는 데 중요한 단서가 되고 있다.

부모들은 스스로 원치 않는 행동을 자녀에게 하고 난 뒤 죄책감을 많이 느낀다. '다시는 이러지 말아야겠다' 라는 말을 하면서도, 저절로 또 다시 반복되는 행동패턴이 나오게 되는 것이다. 반복하고 난 뒤 또 다시 스스로를 자책하게 되기도 하고, 자녀가 밉기도 하면서 괴로움을 당할 때도 많은 것이다. 바로 이러한 점은 정신역동적인 접근의 부모교육을 통하여 부모자신의 문제행동의 진단을 위하여 핵심역동에 대한 이해를 기초한 교정적 사후교육이 행하여질 때 비로소 자신과 자녀에 대한 바른 이해와 행동수정이 이루어진다는 것을 적극적으로 제시하고 있다.

그러므로 정신역동적 상담 이론을 적용한 부모교육 프로그램 개발 작업은 첫째는 부모의 감정적 성숙에 바탕을 둔 부모역할의 효율화를 위해 필요할 것으로 보며, 둘째는 정신분석적 전통을 기본골격으로 하는 부모교육 프로그램의 제작의 기틀을 마련할 것으로 보며, 셋째는 단기과정으로 구성되어 있는 지금까지의 부모교육이 지적통찰에 머무는 것을 보완하는 한 방안으로 필요할 것으로 본 것이다. 따라서 이 책의 배경은 정신역동적 상담이론을 적용하여 부모가 자녀에게 갖는 감정을 성인답게 성숙시킴으로써, 자동화된 무의식적인 대처방식을 합리적이고 객관적인 대처방식으로 바꾸도록 도와주는 부모교육 프로그램을 제시하는데 목적을 두고 발간되었다.

이 교재에서 제시된 내용은 다음과 같다.

첫째, 정신역동적 상담을 적용한 부모교육 프로그램 개발의 필요성을 제시하였다. 이론적 측면에서의 이론적 근거뿐만 아니라, 심리 사회적 요구를 위한 요구조사 실시결과를 부록에 제시하면서 필요성의 근거를 제시하였다.

둘째, 부모교육 프로그램 구성을 위한 구체적인 조직 작업을 제시하였다.

프로그램 구성의 단계는 요구사정 - 기본원리 진술 - 성취목표 진술 - 내용구성과 조직 - 실행방법 제시 - 형성평가의 설계 및 실시 (전문가 중심적 평가, 참여자 지향적 평가)를 통한 수정·보완 작업 - 목표 진술부터 새롭게 출발, 각 단계별 수정 작업 - 총괄평가 설계 및 실시(목표 지향적 평가, 참여자 지향적 평가)이다. 이러한 프로그램 개발을 위한 구성요인들은 교육과정 개발, 수업체제 개발, 코스 개발과 같은 다양한 접근에서 본 연구에 적합하다고 여겨지는 부분을 발췌하여 재구성된 것이다.

특히, 목표설정에서는 정신역동적 상담에서의 목표와 기존 부모교육에서의 일반목표, 그리고 요구사정에서 도출된 목표를 종합하여 본 프로그램의 목표로 설정하였다. 목표설정은 과정별(기초, 심화), 회기별로 구체적 목표와 하위 목표로 구분하여 설정하였다. 기초과정의 목표는 부모의 감정인식 능력의 향상,

아동기 감정의 중요성 인식, 전이감정의 이해, 기존의 대처방식과 그 영향인식, 감정수용력과 표현력 증진, 내면의 힘의 증진, 부모의 주요 정신역동의 이해 및 탐색, 꿈의 연상과 통찰의 중요성, 교정적 사후교육, 왜곡된 시각에서 건강한 시각으로의 전환 등을 설정하였다. 심화과정에서는 자신 역동진단, 부모의 핵심역동의 자각과 통찰, 억압된 감정의 표출 및 재 경험, 자유연상을 통한 부모-자녀 간 전이감정 다루기, 긍정적 역동인식과 병리적 역동의 극복을 위한 대처방식의 전환 등을 들 수 있다. 결국 이러한 목표설정은 전체적으로 부모의 감정적 성숙과 효율적인 부모역할 수행에 초점을 맞추었다고 볼 수 있다.

내용구성과 조직은 기초과정과 심화과정으로 나누어서 설정하였다. 구체적 목표와 밀접한 관계를 맺고 있는 이 두 과정에서의 교육내용 선정은 정신역동적 상담장면과 교육장면을 적절하게 조화시켜 본 연구의 목적과 목표에 부합하는 내용으로 구성되어졌다. 이러한 과정에서, 3차례에 걸친 수정·보완 작업은 기초과정 4차례, 심화과정 2차례 등 몇 차례의 작업을 정리한 것이었다. 또한 이것은 전문가들의 조언이나 참가자들의 설문지와 구두표현 등의 피드백을 통하여 목표의 일부 수정과 아울러 내용변화가 조금씩 계속 이루어졌다. 물론 프로그램의 수정·보완 작업은 수업자료인 학습용 교재의 수정·보완 작업과 동시에 이루어졌다.

실행방법은 집단의 크기, 공간적 요인, 시간, 실시자, 실시대상자, 그리고 수업방법에 대해서 간략하게 서술하였다. 집단의 크기와 공간적 요인은 보편적인 집단상담의 형태와 거의 비슷한 20명 내외로서, 기초 심화과정 모두가 약 20명 내외가 적절할 것으로 보았다. 실시자의 자격요건도 정신역동적인 상담이론의 특징상 부모 혹은 권위자로 보여지기까지 하므로 이로 인한 역전이가 발생되지 않으면서 집단내의 전이감정을 오히려 집단교육에 활용할 수 있는 능력과 태도, 적절한 해석기술 등을 가질만한 전문 수련인이어야 한다는 점이 밝혀졌다. 이런 점은 집단 정신분석학자들의 연구에서도(Slavson, 1964; Foulkes, 1965; Wolf, 1969; Corey & Corey, 1977) 동일한 의견이 제시되고 있다.

수업방법도 강의, 토의, 시범 등의 전통적 수업방식과 탐색, 발견, 문제해결 기법 등의 현대적 수업방식으로 다양하게 이루어졌다. 강의는 구체적이고 명료하게 하며 시범을 통한 탐색방법, 토의 등이 중요하게 다루어졌는데 이 점은 Bandura & Walters(1963), Bandura(1969), Napier & Gershenfeld(1973), Guerney(1977) 등의 의견과 일치하였다.

셋째, 프로그램의 전반적인 내용을 구체적이고 상세하게 기술하였다.

넷째, 프로그램의 시행 및 평가 작업의 결과를 제시하였다.

다섯째, '정신역동적 부모교육 프로그램'에 대한 몇 가지 의의점을 제시한다면 다음과 같다.

하나, 지금까지의 정신역동적인 상담이론이 상담장면을 위한 유효한 접근방법으로만 이용되어 왔으나, 자녀들의 문제발생을 미리 예방하는 부모교육 장면에 적용되어 프로그램이 구성되었다는 점,

둘, 일반적으로 국내의 부모교육은 외국의 프로그램을 번역 혹은 보완하여 사용하여 왔거나 여러 심리학적, 교육학적 이론을 종합적으로 정리하여 국내 부모교육으로 개발·활용하여 왔으나, 본 연구에서는 심리학의 가장 기초적인 뿌리를 제공하는 정신분석적 전통의 정신역동적 상담을 활용하여 국내에서 직접 프로그램을 제작하였다는 점,

셋, 대부분의 부모교육 프로그램이 단기과정으로 구성되어 있으나 정신역동의 무의식적인 측면의 탐색을 위한 기초·심화, 훈습과정의 세 과정으로 구성되어 있어 지적인 통찰에서 정서적인 통찰경험에 기여하리라는 점,

넷, 상담장면의 효과로서 중요하게 여기는 통찰수준을 교육장면을 통하여 그 효과를 기대할 수 있다는 점 등을 들 수 있다.

앞으로 이 교재가 더욱 더 발전된다면, 현재 진행되고 있는 훈습과정의 내용이 수록될 것이며, 현재 이 교육을 접하신 여러분들이 자신에 대한 이해를 넓히고, 타인을 수용하는 힘을 가져서, 앞으로 삶에 좋은 비료역할이 되었으면

하는 바람이다.

마지막으로 기초과정 워크북 첫 페이지에 수록된 '자녀의 바람직한 성장을 바라는 부모님께' 내용을 적으면서 이 교재를 마무리하고자 한다.

『삶의 길에서 방향을 전환한다는 것은 참으로 큰 용기와 지혜가 필요합니다. 외부로 향하여 달려가던 힘을 내부로 돌려 자신의 내면을 탐구하는 쪽으로 변경하기란 결코 쉬운 일은 아닐 것입니다. 그것이 가정에서 자녀를 기르는 상황일 경우 더욱 더 어려울 것입니다.

자녀양육의 과정에서 우리가 한 번쯤 '나는 과연 누구이며, 어떤 부모인가?'라는 물음과 그것에 대한 답을 구하려는 진지한 태도를 가진다면, 아마도 우리는 훌륭한 인격체가 되기 위한 첫 관문에 들어섰다고 볼 수 있습니다.

이 물음에 대한 답을 추구하는 자세가 바로 자아탐구의 자세입니다. 지금껏 무관심하게 던져두었던 자기를 객관적으로 바라보고 새로운 모습을 발견하는 일, 그리고 자신의 참된 모습을 정립하고 가꾸어 나가려고 노력하는 일은 자녀를 기르는 데 있어서 그 어떤 것보다도 소중한 것이 아닐까요! 왜냐하면 부모가 자신에 대한 이해 없이 자녀를 양육한다는 것은 자기도 모르는 사이에 자식에게 자신을 비춘 결과가 되기 때문이죠. 다시 말하면 부모는 자기 부모로부터 양육되어진 방식대로 '자식을 또다시 양육'하는 악순환을 거듭하기 쉽다는 것입니다.

아무쪼록 이 교육이 여러 부모님들의 내면의 성장을 촉진시켜, 자녀를 비롯한 가족에게 삶의 알찬 결실을 가져다주는 경험이 되기를 진심으로 바랍니다.』

참 고 문 헌

강봉규, 이종성(1991). 교육과정·교육평가 신강. 서울: 형설출판사.

곽병선(1991). 교육과정(중판), 서울: 배영사.

광덕, 1996(89). 보현행원품 강의, 불광출판부.

금명자, 이장호(1994). 상담단계와 내담자의 체험수준에 따른 상담자 개입패턴의 즉시적 성과, 한국심리학회 상담과 심리치료, 제 6권 1호.

김계숙(1990). 인간성장, 발달과 건강, 신광출판사.

김광일 외(1984). 간이 정신진단 검사의 한국판 표준화연구 III, 정신건강연구 제 2집, 한양대학 정신건강연구소, 278-309.

김병석(1999). 청소년의 심리평가와 성격장애, 아동·청소년상담연구회, 부산광역시 상담기관협의회 제 2회 동계교육연수 workshop 자료집.

김수경(1998). 대상관계이론의 시각에서 본 '놀이'에 대한 연구, 한신대 신학대학원, 석사학위청구논문.

김용수(1990). 요구사정 모형의 개발과 모형 적용 방안에 관한 연구, 계명대학교 석사학위 청구논문.

김윤희(1989). 부부관계, 부모-자녀 의사소통, 가족기능과 청소년 자녀 비행과의 관계연구, 숙명여대 대학원 박사학위논문.

김종서, 이영덕, 황정규 및 이홍우(1989). 교육과정과 교육평가. 서울: 교육과학사.

김현오(1990). 현대인의 인성, 서울: 홍익제출판사.

류지후(1996). 유아를 위한 적극적 부모역할 훈련 프로그램의 적용성 연구, 서울여자대학교 박사학위논문.

무비(1997). 보현행원품 강의, 민족사.

문형춘(1993). 초기상담에서 내담자의 주관적 반응에 따른 상담자 반응양식의 연계단위와 즉시적 성과와의 상관관계, 서울대학교 석사학위논문.

민하영(1991). 청소년 비행정도와 부모-자녀간 의사소통가족의 응집 및 적응과의 관계, 서울대학교 대학원 석사학위논문.

박성연 · 최미경(1991). 부모교육 경험이 부모의 자녀교육관에 미치는 영향, 이화여자대학교 대한가정학회지, 제29권 3호.
박지희(1987). 가정환경과 정신건강과의 관계연구, 숙명여자대학교 교육대학원 석사학위논문.
박혜정, 권경안, 권기욱(1985). 부모교육 프로그램 모형 개발 연구: 취학 전 자녀의 부모를 대상으로, 한국교육개발원. 연구보고 RR 84-20.
변창진, 문수백, 권대훈 및 나귀옥(1993). 연수교육 평가체제: 반응평가. 금성사.
서봉연·유안진(1982). 인간발달, 서울: 서울대학교 출판부.
손병환, 최경희(1998). 대학생이 지각한 부모의 정신건강에 관한 조사연구(1), 대구효성가톨릭대학교 교육연구소 제 6집(1999).
대학생이 지각한 부모의 정신건강에 관한 조사연구(2), 대구효성가톨릭대학교 학생생활연구집 제 12집.
송대현 외,(1985). 심리학개론, 성화사.
신혜영(1996). 예비부모교육 프로그램 개발에 관한 연구, 동아대학교 교육학과 박사학위논문.
아동·청소년 상담연구회, 부산광역시 상담기관 협의회(1999). 제 2회 동계 교육연수 workshop 자료집.
안상환(1975). 인성검사 및 간편 MMPI에 대한 고아와 정상아의 성격 차 비교, 고려대 교육대학원 석사학위논문.
안형관 강의(1998). 화이트헤드와 화엄경 연구모임. 대구 동서정신과학회.
양영희(1987). STEP 부모교육 프로그램의 효과에 관한 연구, 이화여자대학교 석사학위논문.
연미희(1994). 한국부모에 대한 PET 부모교육 프로그램의 적용성 평가, 경희대 박사학위 청구논문.
오경희(1986). 초기상담에서 상담자의 반응의도 전달이 내담자의 의도지각 및 상담의 효율성 평가에 미치는 영향, 서울대학교 석사학위논문.
오세덕(1993). 부모역할훈련 프로그램과 부모의 자기이해 프로그램의 효과 비교, 전남대 박사학위 청구논문.
오영희 (1993). 2세 유아를 위한 가정방문 부모교육 프로그램 개발 및 효과에 관한 연구, 서울여자대학교 아동학과 박사학위논문.
울산광역시 청소년 상담실(1999). '99 사업계획 및 '98 상담활동 보고 제 2 호.

이경섭(1993). 교육과정 유형별 연구. 서울: 교육과학사.

이동길(1993). 부모역할훈련이 어머니의 양육태도와 결혼만족도에 미치는 효과, 효성여자대학교 대학원 석사학위논문.

이동식(1974). 노이로제의 이해와 치료, 서울; 일지사.

______(1974). 한국인의 주체성과 도, 서울; 일지사.

이상용 (1970). 가정의 물리적 환경과 과정변인이 학업성취에 미치는 영향, 서울대학교 교육대학원 석사학위 청구논문.

이상희, 김계현(1993). 상담회기 평가 질문지(Session Evaluation Questionnaire)의 타당화 연구, 한국심리학회지 상담과 심리치료 제 5권 제 1호.

이영분(1990). 부모역할 훈련을 위한 한국적 프로그램에 관한 연구, 이화여자대학교 대학원 사회사업학과 박사학위 청구논문.

이재연, 김경희(1989). 부모교육, 서울: 양서원.

이재훈(1998). 대상관계이론 동계 Workshop, 상담 및 심리치료학회 영남분회.

이한교(1975). 부모의 훈육이 청소년 비행에 미치는 영향, 강원대 연구논문집 제 9집.

이혜란(1997). 부모역할에 대한 인식과 PET, 한국심리상담연구소, 생활심리 12호.

이훈구(1980). 한국 1971-80: 그 가치관의 변화, 행동과학연구보고 제124집, 행동과학연구소.

장연집,박경,최순영 공저(1997). 현대인의 정신건강, 학지사.

장인숙(1998). 대상관계이론에서 본 성 이냐시오 로욜라의 종교경험에 대한 정신분석, M · Div.과정 실천신학전공, 서울신학대학 석사학위논문.

정기언(1997). 부모훈련이 자녀가 지각한 부모양육태도와 자녀의 자아존중감에 미치는 효과 대구효성가톨릭대학교 교육대학원 석사학위논문.

정방자(1985). 정신역동적 상담과정에서의 상담자와 내담자의 언어반응 변화 분석, 서울대학교 심리학 박사학위청구논문.

______(1988). 정신역동적 심리치료에서의 치료관계의 문제, 대구효성가톨릭대 학생생활연구소, 생활연구 제 6집.

______(1988). 자기연구의 새로운 조망, 정신치료 2권 2호.

______(1998). 정신역동적 상담, 서울:학지사.

정방자, 최경희(1995). 건강한 부모-자녀관계를 위한 정신역동적 접근, 영남대 학생생활연구소 제26권 1호.

정일환(1991). 교육정책 평가연구, -자연주의적, 반응적 평가모형을 중심으로-, 교육행정학 연구. vol. 8. no. 2, 14-22.

조혜란(1985). 우울성향과 부모의 양육태도에 관한 일 연구, 고려대학교 대학원 석사학위 논문.

조파태차랑(早坡泰次郎)(1960). 인간의 사회심리, 동경: 성신서점, 88-89.

청소년 대화의 광장(1994). 총론적 부모교육 평가보고서, 부모교육자료집. (1997). 비행청소년 부모교육 프로그램 p5.

최경희(1993). 소집단 부모교육 프로그램이 의사소통수준과 부모에 대한 자녀의 지각에 미치는 효과, 울산대학교 석사학위청구논문.

______(1996). Thomas Gordon의 부모교육 프로그램의 평가연구 - 전문가 중심적 평가 모델을 중심으로-, 교육학논총, 대구경북교육학회, 제15집.

______(1997). 부모교육을 위한 정신역동적 심리치료의 이론적 고찰, 교육학논집 제18집.

최동근(1995). 교육공학 및 교수매체(증보판), 대구 효성가톨릭대학교 출판부.

최동근, 양용칠, 박인우(1997). 교육방법의 공학적 접근, 대구: 교육과학사.

최윤미(1988). 상담자의 반응의도와 상담회기의 효율성에 관한 분석적 연구, 상담과 심리치료 1권 1호, 한국심리학회, 상담 및 심리치료 분과.

최태진(1993). 부부문제와 각자의 핵심문제(감정), 한국정신치료학회 93′ 제1차 학술연찬회.

최호성(1993). 교육과정 평가의 모형정립과 목표의 평가 준거 설정 및 타당화. 경북대학교 박사학위논문.

추석호(1994). 학교카운슬러 양성교육과정 개발, 계명대학교 대학원 교육학과 박사학위논문.

한국교육개발원(1985). 우리나라 부모교육 요구분석.

한기은(1985). 부모교육 프로그램 참여 효과에 관한 실험연구, 숙명여자대학교 대학원 석사 학위논문.

한성심(1983). 부모훈련 프로그램 모델(STEP)에 관한 실험연구, 숙명여자대학교 대학원 석사학위논문.

허동 외(1974). 가정환경의 제 변인과 학업성취도와의 관계, 서울: 한국행동과학연구소.

홍강의(1995). 위기에 처한 부모역할과 아동양육, 한국정신치료학회 제 9권 1호.

홍경자 역, Popkin(1995). 현대의 적극적 부모역할 훈련, 지도자용 지침서, 한국심리교육

센타 출판부.
홍경자, 오세덕(1996). 적극적 부모역할의 기본개념과 프로그램, 한양대학교 대학 생활연구논집 제 14집.
홍성화(1991). 부·모의 관계양식과 청소년의 문제행동, 대구대 박사학위논문.
황옥자(1987). STEP 부모교육 프로그램이 어머니의 자아개념, 양육태도 및 유아행동 지각에 미치는 효과, 중앙대학교 대학원 박사학위논문.
황정규(1979). 한국학생의 의식구조, 고려대 교육문제연구소, p1-7.
황정희(1997). 부모교육 프로그램이 자녀양육태도 변화에 미치는 효과, 울산대학교 교육대학원 석사학위논문.
Ackerman. N.(1958). The psychodynamics of family life (New York: Basic Books), pp.85-89.
Alexander, F.(1948). Fundamentals of Psychoanalysis. New York: W.W.Norton.
________(1963). The Dynamics of Psychotherapy in the Light of Learning Theory. American of Psychiatry, 120. p440-448.
Anchor, K.N., & Thomason, T.C.(1977). A Comparison of two parent training models with educated parents. Journal of Community Psychology, 5(2), 134-141.
Bacal, Howard A., & Newman, Kenneth M.(1990). Theories of Object Relations: Bridges to Self Psychology. New York: Columbia University Press.
Beauchamp. G.A.(1981). Curriculum theory. Illinois: Peacock.
Behavior Associates(1977). Comparison of two parent training models with educated parents, Journal of Community Psychology, 5,134-141.
Bergin, A. E., & Lambert, M.(1978). M. The evaluation of therapeutic outcomes. In S.L. Garfied & A. E. Bergin(Eds.). Handbook of psychotherapy & behavior change; An empirical analysis (2nd ed.). New York: Wiley.
Bienvenu, M.J.(1971). "An Interpersonal Communication Inventory," The Journal of Communication, Vol.21 (Dec.).
Bienvenu, M.J., & McClain, S.(1970). Parent adolescent communication and self-esteem, Journal of Home Economics, 62.
Bloom, B.S.(1964). Stability and Change in Human Characteristics, N.Y.: John Wiley & Sons, Inc., p.187.

Boldwin, A.L.(1945). Patterns of parent behavior, Psychology Monographs, Vol. 58.

Boyle, P.G.(1981). Planning better programs. New UYork: McGraw-Hill Book Co.

Brenner, C.(1974). An Elementary Textbook of Psychoanalysis. New York: Anchor Books.

Butter, T.(1970). Sex differences in children's responses to family stress, In. F. Anthony, & C. Koupernik (Eds.), The child in his family (New York: Wiley-Interscience), pp.74-137.

Colby, K.M.(1951). A Primer for Psychotherapist. New York : The Ronald Press.

Coles, E.K.T.(1977). Adult education ;in developing countries (2nd ed.). New York: Pergamon Press.

Coopersmith, S.(1967). The antecedents of self-esteem, San Francisco: W.H.Freeman.

Corey, G.(1986). Theory and Practice of Counseling and Psychotherapy, Calif: Brooks/Cole. '상담과 심리치료의 이론과 실제', 김충기,김현옥 공역, 서울: 성원사, 1991.

Cross, Ted, & Urato, Matthew & Lyons, Heather and Cavanaugh, Doreen(1996). Measuring How We care: Tools for Assessing Children's Mental Health Services, Programs and Systems. Boston: Judge Baker Childrens Center. p12.

Dave, R.H.(1963). The Identification and Measurement of Environment Proctess; Variables that are Related to Educational Achievement, unpublished Ph.D dissertation, Univ. of Chicago.

Dembo, M., Sweitzer, M., & Lauritzen, P., (1985). An evaluation of group parent education behavioral, PET, and Adlerian programs. Review of Educational Research, 55(2), 155-200.

Dewald, P.A.(1969). Psychotherapy-A Dynamic Approach(2nd.).. New York : Basic Books.

________(1978). The theory and practice of individual psychotherapy. (psychotherapy tape library의 녹음, 1974), 김기석 역, 서울: 고려대학교 출판부.

Dickie, J.R., & Gerber, S.C.(1980). Training in social competence : The effects on mother, father, and infants, Child Development, 51.

Dick W. & Carey L.(1996). The Systematic design of Instruction (4th ed.) New York:

Harpercllins. 김형립·김동식·양용칠 편역(1996), 체제적 교수설계 -이론과 기법-, 서울: 교육과학사.

Dickinson, G.(1973). Teaching adults: A handbook for instructors> Toronto: New Press.

Dill-Standiford, T.J., Stiles, W.B., & Rorer, L.G.(1988). Counselor-Client Agreement on Session Impact. Journal of Counseling Psychology, 35, 47-55.

Dinkmeyer, D., & Mckay, G.D.(1976). Systematic training for effective parenting. American Guidance Service: circle pines.

Doherty, W., & Ryder, R.(1980). Parent effectiveness training : Criticisms and caveats, Journal of Marital and Family Therapy, October, p409-419.

Deutsch, M.(1964), Facilitating development in the preschool child: social and psychological perspectives, Merrill-Palmer Quarterly of Behavior andevelopment,10.

Education Development Center(1982). Choosing Parenthood Starting a Family in Young Adulthood, Massachusetts: Newton.

Ellis(1963). Toward a more precise definition of emotional and intellectual insight, psychological Reports, 13, 125-126.

_______(1979). Rational Emotive TherapyCorsin, In R.T. : Current Psychotherapies, MASCA: Peacock, 185-229.

Erikson, E.H.(1963). Childhood and Society(2nd ed.) New York : Norton.

Fairbairn, W. R. D.(1952). "Endopsychic Structure Considered in Terms of Object-Relationships'in Psychoanalytic Studies of the Personality (London: Routledge and Kegan Paul) p.84. (1954). An object relations theory of the personality. New York: Basic Books.

Fenichel, O.(1945). The Psychoanalytic Theory of Neurosis. New York : W.W. Norton.

Fine, M. J.(1988). The Second Handbook on Parent Education. N.Y.: Academic Press.

Fisher, S. Boydmm, I. Walker, D. & Sheer, D., (1969). Parents of schizophrenics, neurotics and normals, Archives of General Psychiatry, 1, pp.149-166.

Freud, S.(1917). Delusion and Dream. London: Allen & Unwin.

_______(1923). The descriptive and the dynamic unconscious, S.E.19, p52.

________(1935). The ego and The ld, London: Hogarth Press.
________(1940). Outline of Psychoanalysis, S.E. 23.
Gabbard, G.L.(1994). Psychodynamic Psychiatry in Clinical Practice. Washington, D.C.: American Pstychiatric Press, Inc. p53, p75.
Gassner, S., & Murray, F.(1969). Dominance and conflict in the interaction between parents of normal and neurotic children. Journal of Abnormal Psychology, 74. pp.33-41.
Gibbs, J.(1970). "Defensive Commuication" Interpersonal Dynamics: Essays and Readings on Human Interactions, Warren B.et. al.(eds.), Homewood; The Dorsey Press.
Glueck, S., & Glueck, E.(1962). Family Envoirnment and Delinquency, Boston: Houghton Mifflin Co.
Gomes-Schwartz, B.(1978). Effective ingredients in psychotherapy prediction of outcome from process variables. Journal of Consulting and Clinical Psychology, 46, 5, 1023-1035.
Gordon, T.(1970). A theory of healthy relationships and a program of Parent Effectiveness training in J.T.Hart and T.M.Tomlinson (Eds.), New Directions in Client-Centered Therapy, Boston : Haughton Mifflin.
Greenberg, J.R., & Mitchell, S.A.(1983). Object relations in psychoanalytic theory. Cambridge, MA: Harvard University Press.
Hanley, D.(1974). Changes in parent Effectiveness Training and a family enrichment program.
Hedges, L.E.(1983). Listening perspectives in psychotherapy. New York: Jason Aronson. p.109.
Hill,C.E., Carter,J.A., & O'Farrell, M.K.(1983). A case study of the process and outcome of time-limited counseling. Journal of Counseling Psychology, 30. 1, 3-18.
Hill, C.E., & O'Grady, K.E.(1985). List of therapist interventions illustrated in a case study and with therapists of varying theoretical orientations. Journal of Counseling Psychology, 32, 3-22.

Honig, A.(1972). Infant developement projects: Problems in interrention. Syracuse, N.Y.: Syracuse University Children's Center.

Horner, Althea J.(1984). Object Relations and the Developing Ego in Therapy. Northvaleand London: Jason Aronson ;Inc.

House, E.R.(1980). Evaluating with Validity. California: Sage.

Howard, K.I., Orlinsky, D.E., & Perilstein, J.(1976). Contribution of therapists to patients'experiences in psychotherapy: A components of variance model for analyzing process data. Journal Of Consulting and Clinical Psychology, 44, 520-526.

Hunt, J. McV.(1961). Intelligence and Experence, New York: Ronald.

Jacobs, M.(1988). Psychodynamic Counselling in Action, London: Sage.

Johnson, K.A., & Foa, L.J.(1989). Instructional design: New alternatives for affective education and training. New York: Macmillan Publishing Co.

Kaplan, H.I., Freedman, A.M., & Sadoch, B.M.(1980). Comprehensive Textbook of Psychiatry/III(3rd ed.). Vol.2. Baltimore : Williams & Wilkins.

Kemp J.E., Morrison G.R., & Ross S.M.(1998). Designing Effective Instruction --2nd ed. Prentice-Hall, Inc. New Jersey, p4.

Kernberg, O.F.(1966). Structural derivatives of relationships. International Journal of Psychoanalysis, 47, p236-253.

________(1975). Borderline conditions and pathological narcissism. New York: Jason Aronson.

________(1976). Object-relations theory and clinical psychoanalysis. New York: Jason Aronson.

Kidd, J.R.(1976). How adults learn. New York: Association Press.

Kim, B.(1995). The differences in cognitive complexity and affect-tone of object representations reflected in the early childhood memories between borderline personality disordered and normal subjects. Doctoral dissertation. Florida State University.

Klein, M. Plutchik, B., & Conte, H.(1973). Parental dominance-passivity and behavior problems of children, Journal of Consulting and Clinical Psychology, 40.

pp.416-419.

Klein, M.(1961). Narrative of a child analysis. New York: Basic Books.

_______(1975). The psycho-analysis of children. New York: Dell.

Knight, N.A.(1975). The effects of changes in family interpersonal relationships on the behavior of enuretic children and their parents. (Doctoral Dissertation, University of Hawaii). Dissertation Abstracts International, 36, 383a.

Knox, A.B., & Associates(1980). Developing, administering, and evaluation adult education. San Fransico: Jossey- Bass, Publishers.

Kohut, H.(1971). The analysis of the self. New York: International Universities Press.

_______(1984). How does pschoanalysis cure? Chicago: University of Chicago Press.

Korchin, S.J(1961). Modern Clinical Psychology, New York : Basic Books.

Kraochvil, D., Carkhuff. R.R., & Berenson, B.G.(1969). Cumulative effects of parent and teacher-offered levels of facilitative conditions upon indices of student physical. emotional and intellectual functioning. Journal of Educational Research. 63. 161-164.

Lally, J.R., & Honing, A.S.(1977). The family developement research program, In M.C. Day R.K.Parker (Ed S.), Inc.

Lamont, J., & Gottlieb, H.(1975). Convergent recall of parental behaviors in depressed students of different racialgroubs. Journal of Clinical Psychology.

Leighton, D., Stollak, G., & Ferguson. L(1971). Patterns of communication in normal clinic families, Journal of Consulting and Clinical Psychology, 36. pp. 252-256.

Lidz, T. Fleck, S., & Cornelison, A.(1965). Schizophrenia and the family (New YUo가: International Universities Press, 1965), pp.254-269).

Ligan, R.S.(1979). A state of the art assessment of instructional systems development. In H.F. ONeil. Jr. (Ed.), Issues in Instructional Systems Design. New York: Academic Press.

Lorenz, K.(1957). Companionship in bird life, In C.H. Schiller(ed.), Instructive Behavior, New York : International Universities Press.

Lteatherington, H., & Pasre, K.(1979). Child Psychology: A contemporary viewpoint (2nd. ed., New York: McGraq-Hill)

Ludin, J., & Strazicich, M.(1985). Instructional Patterns: Curriculum for arenthood tion, California State Dept. od Education, Sacramento.

Mahler, M.S.(1968). On human symbiosis or the vicissitudes of individuation. New York: International Universities Press.

Mahler, M.S., Pine, F., & Bergman, A.(1975). The Psychological Birth of the Human Infant. '유아의 심리적 탄생'. 이재훈 역, 서울: 한국심리치료연구소, 1997.

Martin, J.(1984). The cognitive mediational paradigm for research on counseling. Journal of Counseling Psychology, 31, 558-571.

Masterson, J.F.(1981). Early memories and character structures. Journal of projecxtive Techniques and Personality Assessment, 32, p303-316.

Mcloughlin, B.(1990). The client becomes a counsellor', in D.Mearns and W.Dryden(eds), Experiences of Counselling in Action. London:Sage

_______(1995). Developing Psychodynamic Counselling, Sage Publications.

Metzl, M.N.(1981). Teaching parents a strategy for enhanscing infant developement, Child Developement, 51.

Miles, J. M.(1974). A comparative analysis of the effectiveness of verble reinforcement group counseling and parent effectiveness training on certain behavioral aspects of potential dropouts, Dissertation Abstracts International, 35(12-A), 7665.

Myers, I. B. with Myeres, P.B.(1980). - Gifts Differing. Palo Aalto, CA: Consulting Psychologists Press.

National Institute of Mental Health(1978). Directory of child rearing programs suitable for school-age parents, Rockville, MD: NIMH (manuscript).

Nicholls, A., & Nicholls, A. H.(1978). Developing a curriculum: A practical guide, London: George Allen & Vwin.

Noller, P., & Taylor, R.(1989). Parent education and family relations. Family Relations, 38. 196-200.

Nunberg, H.(1951). Transference and Reality, International Journal of sycho-Analysis, 32, 1-9.

Nye, F. L.(1958). The Family Relationships and Delinquent Behavior, N.Y.: John Wiley & Sons, Inc.

Oliva, P.F.(1982). Developing the curriculum. Boston: Little Brown.

Pinsker, M.A.(1977). A comparison of parent effectiveness training and behavior modification parent training groups on behavior change in target children: self-concept, family interaction and patterns of behavior change. Dissertation Abstracts International, 38(8-A), 4694-4695.

Pinsker, M., & Geoffray, K.(1981). A comparison of parent effectiveness training and behavior modification parent training. Family Relations, 30, 61-68.

Popkin, M.(1983). Active Parenting Handbook, Atlanta: Active Parenting, Inc. Porter, B., & Leary, K.O.(1980). Marital discord and child behavior problems, Journal of Abnormal Child Psychology, 8, pp.287-295.

Quay, B.(1977). Measuring dimensions of deviant behavior: The behavior problem checklist, Journal of Abnormal Child Psychology, 5. pp.277-287.

Raimy, V.C.(1948). Self-reference in counseling interviews. Journal of Consulting Psychology, 12, 153-163.

Raskin, A., Boothe, H.H., Reating, N.H., Schoterbrandt, J.G., & Odle, D.(1971). Factor analysis of normal and depressed patients' memories of parental behavior, Psychological Reports.

Rinn, R., & Markle. A.(1977). Parent effectiveness training; A review. Psychological Reports, 41, p91-109.

Robinson, P.A.(1980). Research and the child: The family, In Dale G. Ranged(ed.). Aspects of early childhood education. New York: Academic Press.

Rogers, C.R.(1951). Client-centered therapy. Boston : Houghton. mifflin, 1951.

________(1972). Counseling and Psychotherapy, (김기석 역), 서울: 중앙적성연구소.

Roy Littlejohn Associates, Inc. (1978). Exploring Parenting, U.S. Department of Health and Human Services.

Saul, L.(1958). Technique and practice of psychoanalysis, philadelphia, J. B. Lippincott.

________(1971). Emotional Maturity(3rd Ed), Philadelphia: Lippincott, Chap, 25, 207

________(1972). Psychodynamically Based Psychotherapy, New York; Science House. Chap. 5.

________(1977). The Childhood Emothional Pattern, The key to personality, Its

disorders and therapy. New York; Van Nostrand Reinhold company.
_______(1979). The Childhood Emotional Pattern in Marriage, New York.
Saylor, J. G., & Alexander, W. M. (1974). Planning curriculum for schools. New York: Holt, Rinehart & Winston.
Saylor, J. G., & Alexander, W. M., & Lewis, A.J.(1981). Curriculum planning forbetter teaching and learning. New York: Holt Rinehart, and Winston.
Schaefer, E.S.(1969). A home tutoring program. Children Development, 16, 59-61.
Schofield, R.G.(1976). A comparison of two parent education programs : Parent effectiveness Training and behavior modification and their effects on the child's self-esteem. Dissertation Abstracts International, 37(4-A), 2087.
Schuhman, A.(1970). Power relations in emotionally disturbed and normal family triads, Journal of Abnormal Psychology, 75. pp.30-37.
Schultz, C.L., & Nystul, M.S.(1980). Moter-Child interaction behavior as an outcome of theoretical models of parents group education. Journal of individual Psychology, 36, 3-15.
Schultz, C.L., Nystul, M.S., & AU. H.T.(1980). Attitudinal outcomes of theoretical models of parent group education. Journal of individual psychology, 36, 16-28.
Seels, B., & Richey, R.(1994). Instructional technology: The definition and domain of the field. Washington, D.C: AECT.
Seeman, J.(1949). A study of the process of non-directive therapy. Journal of Consulting Psychology, 13, 157-168.
Skelbeck, M.(1984). School-based curriculum development, York: Harper & Row.
Spiegel, J., & Bell, N.(1959). The family of the psychiatric patient, In S. Ariety, R.K. Brodie(Eds.), American handbook of psychiatry (New York: Basic Books), pp.584-726.
Stiles, W.B.(1980). Measurement of the impact of psychotherapy sessions. Journal of Consulting and Clinical Psychology, 48, 176-185.
Stiles, W. B., & Snow, J.S.(1984). Counseling session impect as viewed by novice counselors and their clients. Journal of Counseling Psychology, 31, 3-12, 119-130.
Strupp, H.H.(1955). An objective comparison of Rogerian and psychoanalytic

technique. Journal of Consulting Psychology, 1, 1-7.

_______(1980). Success and failure in time-limited psychotherapy: A systematic comparison of two cases: Comparion 1. Archives of General Psychiatry, 37, 595-603(a).

Sullivan, H. S.(1954). Psychiatric Interview Th. New York : W.W. Norton & Company.

Summerlin, M.L., & Ward, G.R.(1978). The effect of parental participation in a parent group on a child's self concept. Journal of Psychology, 100, 227-232.

Symonds, P.M.(1947). The Dynamics of parent-child Relationship, NY; Breau of publications, Teachers College, Columbia University.

Taba, H.(1962). Curriculum developemt: Theory and practice. New York: Harcourt, Brace & World.

Tarachow, S.(1963). An introduction to psychotherapy. New York : International University Press.

Tyler, R.(1962). 이해명(역)(1987), Basic principles of curriculum and instruction. Chicago University Press, 3-125. 교육과정과 학습지도의 기본원리, 교육과학사.

Unruh, G. G., & Unruh, A.(1984). Curriculum development: Problems, processes, and progress. McCutchan Publishing Corporation.

Vandenberg, B. (1986). "Play Theory", In Fein, G. & Rivkin(Eds), The Young Child at Play: Reviews of Research, Vol. 4 (Washington, D.C.: NAEYC) pp.17-27.

Washington, K.R.(1977). SUCCESS A parent effectiveness approach for developing urban children's self-concepts, Young Children, 5-10.

Wheeler D.K.(1974). Curriculum process. London: University of London Press.

White, B.L.(1978). Experience and environment: Major influences on the development of the young child (vol.I.II), Englewood cliffs: Prentice-Hall, Inc.,33.

Whitehead, L.(1979). Sex difference in children's responses to family stress: A re-evaluation, Journal of Child Psychology and Psychiatry, 20, pp. 247-254.

Williams, J., & Smith, M.(1980). Middle childhood; Behavior and development(2nd ed.)., New York: Macmillan.

Winnicott, D.W.(1958). The Capacity to Be Alone, International Journal of

Psycho-Analysis, 39, 416-420.

_______(1971). Play and Reality. New York: Tavistock Publications. 이재훈 역. 놀이와 현실. 서울: 한국심리치료연구소, 1997., p.16.

_______(1987). The Child, The Family, and The Outside World. Addisonwesley Publishing Company, Inc. pp.167-168.

_______(1990). Home in Where We start From: Essays by a Psychoanalyst. New York and London: W.W.Norton & Company.

Wolf, R.M.(1964). The Identification and Measurement of Environment Process Variables Related to Intelligence, Unpublished Ph.D. Dissertation, University of Chicago.

Worthen, B.R., & Sanders J.R.(1987). Educational Evaluation-Alternative Approaches and Practical Guidelines, Longman. New York & London.

부 록

[부록 1]

정신역동적 부모교육 프로그램의 사회적 요구조사

정신역동적 상담이론을 적용한 부모교육 프로그램 개발에 대한 부모의 의견을 반영하기 위하여 요구조사를 실시하였다. 조사대상, 조사도구, 조사절차, 자료처리에 대한 것을 제시하면 다음과 같다.

1. 조사대상

조사대상의 배경변인의 특성을 살펴보면, 40세 이상의 경우가 약 41%에 해당되었고, 35세-39세가 약 34%에 해당되었다. 또한 30-34세의 어머니는 25.0%, 29세 미만은 6.3%이었다. 직업은 아버지인 경우는 사무직, 전문직이 대부분이었고 (약 91%) 기능직은 9.1%에 해당되었으며, 어머니인 경우는 전업주부인 경우가 가장 많았고(약 68.7%) 사무직 26.3%, 전문직 5.0%에 해당되었다. 학력의 경우는 부모 모두의 경우가 고졸이 58.8%로 가장 많았으며, 대졸은 약 39.2%, 대학원 졸은 약 5%에 해당되었다. 월수입은 100만원 이하 1.2%, 150만원-200만원은 32.4%, 200만원 이상이 33.3%으로 비슷하였으며, 응답하지 않은 사람도 17.4%나 되었다.

자녀수는 2명으로 가장 많았으며(61.8%) 1명이 31.4%, 3명은 6.7%이었다. 부모교육 경험여부는 경험자는 44명으로 43.1%, 미경험자는 58명으로 56.9%이었다. 이는 기존의 부모교육에 대한 의견을 물어보기 위해 경험자를 사전에 물색하여 설문지를 돌렸기 때문이며(약 50명 중 39매 회수, 78%), 그들을 제외한 인원 130명 중에서는 부모교육 경험자는 단지 5명으로 약 3.8%에 해당하였다.

부모교육의 필요성은 느꼈으나 교육경험이 없었던 이유에 대해서는 '정보를 접하지 못해서'인 경우가 53.5%로 가장 높았으며, '시간이 부족한 이유'도 36.2%나 되었고, '문제가 없어서'라고 느끼거나 '추천자가 없어서'인 경우는 각각 3.5%에 해당되었다.

<부표 1> 요구 조사대상 부모의 배경변인

(N=102)

배경변인		구 분	사례수	백분율(%)
연령	아버지인 경우 (N=22)	~29세	0	0
		30세~34세	0	0
		35세~39세	12	54.5
		40세~	10	45.5
	어머니인 경우 (N=80)	~29세	5	6.3
		30세~34세	20	25.0
		35세~39세	23	28.7
		40세~	32	40.0
직업	아버지인 경우 (N=22)	사무직	12	54.5
		전문직	8	36.4
		기능직	2	9.1
	어머니인 경우 (N=80)	사무직	21	26.3
		전문직	4	5.0
		전업주부	55	68.7
학력	아버지인 경우 (N=22)	고졸미만	0	0
		고졸	12	54.5
		대졸	8	36.4
		대학원졸	2	9.1
	어머니인 경우 (N=80)	고졸미만	0	0
		고졸	48	60.0
		대졸	32	40.0
		대학원졸	0	0

배경변인	구 분	사례수	백분율(%)
월수입	100만원 미만	1	1.2
	100만원~150만원	18	19.6
	150만원~200만원	33	32.4
	200만원 이상	34	33.3
	무응답	16	17.4
자녀수	1명	32	31.4
	2명	63	61.8
	3명	7	6.7
부모교육 경험	경험자	44	43.1
	미경험자	58	56.9
미경험 이유 (N=58)	문제가 없어서	2	3.5
	정보가 부족해서	31	53.5
	시간이 부족해서	21	36.2
	추천자가 없어서	2	3.5
	기타	2	3.5

2. 조사결과

정신역동적 상담을 적용한 부모교육 프로그램 개발의 사회적 요구로서, 부모의 견해를 반영하기 위하여 본 프로그램에 대한 요구조사를 실시하였다. 앞 장에서 제시한 연구방법에 의하여 다음과 같은 결과를 제시하고자 한다.

첫째, 프로그램의 목표를 설정함에 있어서 부모의 요구를 조사한 결과는 아래 <부표 2>에서 나타난 바와 같이 정서적인 발달, 즉 감정을 인식하고 감정을 조절할 수 있는 능력에 대해 5점 만점에 4.52로 가장 높은 요구도 순위를 나타냈다. 또한 의사소통개선 (4.35), 부모의 왜곡된 시각에서 객관적인 시각으로의 전환(4.34), 기존의 대처방식에서 새로운 대처방식으로의 전환(4.34) 등의 순으로 높게 나타났다. 이러한 것은 부모들이 자녀양육에 있어서 감정에 휘말리는 부분에 대한 조절과 독립된 인격체로서의 자녀 대하기 등에서 욕구를 나타낸 것이라고 볼 수 있다. 그 외 부모-자녀 간의 자존감 향상(4.29), 부모-자녀관계의 전이감정 진단(4.15), 자녀의 사회성 발달 협조(4.07), 자녀성장에 대한 지식(4.03) 등 유사한 점수가 나타난 것으로 보아 부모들은 설문지에서 제시한 목표에 대한 전반적인 요구를 지녔다고 볼 수 있다.

<부표 2> 부모교육 프로그램 목표에 대한 요구조사 결과

(N=102)

목 표	평 균	표준편차	요구도 순위
ˋ정서발달 (감정인식, 감정조절력 등)	4.52	.68	1
ˋ의사소통 개선	4.35	.75	2
ˋ자녀성장에 대한 지식	4.03	.73	8
ˋ사회성 발달	4.07	.75	7
ˋ부모-자녀 관계 전이감정 진단	4.15	.80	6
ˋ대처방식 개선	4.34	.75	3
ˋ부모-자녀간의 힘(자존감)의 향상	4.29	.76	5
ˋ부모의 왜곡된 시각에서 객관적인 시각으로의 전환	4.34	.78	3

둘째, 부모교육 프로그램 내용에 대한 부모의 요구는 아래 <부표 3>에서 나타난 바와 같이 목표와 유사한 몇몇 반응을 나타냈다. 즉, 5점 만점에 '지속적인 훈습교육'(4.42)에 가장 높은 점수를 보였으며, '감정수용력과 표현력 증진을 위한 활동'(4.39)도 높았다. 또한 '왜곡된 대처방식에서 새로운 대처방식의 전환'(4.32), '고유한 개인영역'(4.32), '부모-자녀 내면의 힘(자존감) 증진을 위한 활동'(4.29), '나와 가족과의 관계방식 이해'(4.28), '부모의 통찰의 중요성 인식 활동'(4.20) 등에도 높은 반응을 보였다. 이런 반응은 지금까지 대부분의 자녀

에 대한 부모지도는 학업 · 진로문제였으나 최근 들어 자녀의 인성, 성격, 정서적인 문제에 대한 관심도 고조되고 있다는 것을 알 수 있다. 이러한 점은 울산광역시 청소년 종합상담실(1999)에서 실시한 부모교육 의식조사에서 '고민한 자녀문제'에서나 '도움 받고자 하는 자녀교육 부분'에서 학업·진로 문제와 성격·정신건강에 대한 문제 부분이 거의 동일한 점수(33.1%, 31.5%; 23.6%, 23.6%)로 나타나고 있는 점과 일치한다.

<부표 3> 부모교육 프로그램 내용에 대한 요구조사 결과

(N=102)

목 표	평 균	표준편차	요구도 순위
'정신역동에 대한 이론파악	4.01	.79	12
'감정인식능력에 대한 활동	4.14	.81	9
'나와 가족과의 관계방식이해 활동	4.28	.76	6
'부모의 감정세력 탐색활동	4.15	.78	8
'감정수용력과 표현력 증진을 위한 활동	4.39	.69	2
'부모-자녀간의 내면의 힘의 증진을 위한 활동	4.29	.75	5
'고유한 개인영역에 대한 인식활동	4.32	.72	3
'부모의 왜곡된 시각에서 객관적 시각으로의 전환	4.03	.80	10
'부모-자녀간의 전이감정 탐색활동	4.02	.82	11
'부모의 통찰의 중요성 인식활동	4.20	.81	7
'왜곡된 대처방식에서 새로운 대처방식 전환	4.32	.72	3
'집단상담 형식의 훈습활동	4.42	.67	1

셋째, 부모교육 프로그램의 실행방법에 대한 부모의 요구를 아래 <부표4>와 같이 살펴보면, 프로그램 참여를 위한 안내자료 배포에는 88.2%가 찬성, 11.8%

는 반대하였으며, 만약 프로그램에 초대한다면 참여하겠다는 의사는 경험자나 미경험자 모두 약 95.5%, 87.9%의 높은 찬성률을 나타냈다. 경험자가 미경험자보다 약 8%나 더 높은 찬성률을 보인 것은 부모교육 경험 후, 자녀지도에 대한 폭넓은 지적·정서적 관심과 자녀지도에 대한 적극적인 태도의 반영이라고 볼 수 있다.

또한 부모교육 미경험자는 요구조사 배경변인에서도 나타난 바와 같이 정보부족과 시간부족에 의해 부모교육을 받지 못한 사람의 비율이 많은 것과 관련하여 앞으로 부모교육의 홍보와 아울러 시간편성의 다양화가 이루어져야 함을 시사하고 있다. 예컨대, 공공기관의 소식지, 방송매체를 활용한 정기적인 광고, '좋은 부모가 되려는 사람들의 모임' 등을 통한 상호토론의 장소를 마련하여, 야간이나 주말 반 또는 방학의 마라톤식 교육 등 다양한 방법에 의해 시간을 편성할 수 있다.

지도자에 대한 자격문제에 대하여는 복수응답을 하도록 하였는데, 결혼여부는 86.3%가 기혼자를 원하였으며 '상관없음'도 13.7% 정도였다. 성별로는 '남녀 상관없음'이 49.0%에 해당되었으며, 여자는 44.1%이었으나 남자는 불과 6.9%에 해당되었다. 나이는 40-45세가 46.1%이었으며, 35-39세는 30.4%에 해당되었으므로 적어도 35세 이상, 가능하면 40세 이상의 교육자를 선호하였다. 결국 지도자는 남녀 누구나 상관없이 자녀를 둔 40세 이상의 석사과정 이상인 전문수련자를 원한다고 볼 수 있다.

교육시간은 오전 10시-오후 1시에 응답한 자가 42.0%로서 가장 많았으며 오후 6시 이후도 약 20%나 되었다. 일반적으로는 오전 10시-오후 1시를 적절한 시간으로 보지만, 직장인들을 위해서는 퇴근 후인 오후 6시 이후가 적절하다는 것을 보여주고 있다. 교육시간 배당에 있어서는 기초과정은 총 30시간을 1주 1회 3시간씩 42%가 원하였으며 1주 2회 6시간씩 원하는 사람도 31.7%나 되었다. 심화과정은 총 36시간을 1주 1회 2시간씩 36.8%가 원하였으며, 1주 1회 3시간씩 원하는 사람도 31.4%나 되었다.

시간배당에 대한 비율을 연구자의 예비실시 과정에서 나타난 참여자 부모들의 의견과 견주어 본다면, 1주 1회 3시간씩 2회 주당 6시간을 원하는 것은 약 3개월이라는 기간이 길다고 느껴졌거나, 빨리 부모교육을 접하고 싶은 욕구에서 비롯된 것이라 볼 수 있다. 또한 심화과정에서 1주 1회 2시간씩을 원하는 것도 기초교육 후 잘 극복되지 않는 부분을 위해 지속적인 만남을 통한 훈습 욕구에 대한 것으로 보아진다. 그러나 실제로 직장을 가지지 않은 부모라 할지라도 최근 부모들의 동향이 매우 다양해지고 활발해져 1주 두 번씩의 시간을 투자하기가 마음과는 달리 어려우며, 1주 2시간씩의 문제는 한번 참석하기 위한 시간적인 투자에 비해 시간이 아쉽다는 것을 표출하고 있는 실정이다. 특히 심화과정에서는 교육과정상 참가자-참가자, 참가자-지도자간에 발생하는 내부역동을 부모-자녀 관계의 상황으로 다루어야 하므로 2시간은 1회의 시간으로는 사실상 상당히 부족하며, 3시간도 아쉽다는 피드백을 거의 대부분의 참가자들로부터 받고 있다. 따라서 1주 1회 3시간씩의 시간배당이 적절할 것으로 본다.

후속교육에 해당하는 심화과정 교육을 원하는 사람은 77.5%나 되었으며, 반대하는 사람은 22.5%에 해당되었다. 이 점은 지적인 통찰이 온 후에도 정서적 통찰이 지속되는 과정이 필요하며, 그것을 바탕으로 끊임없이 훈습하는 자세라야 만이 진정한 부모의 역할이 가능하다는 것을 거의 대부분의 사람들이 인식하고 있다는 것을 보여준다.

<부표 4> 부모교육 프로그램 실행방법에 대한 요구조사 분포

(N=102)

내 용			구 분	사례수	백분율(%)
프로그램 참여문제	안내자료 배포		찬성	90	88.2
			반대	12	11.8
	참여의사	경험자 (N=44)	찬성	42	95.5
			반대	2	4.5
		미경험자 (N=58)	찬성	51	87.9
			반대	7	12.1
지도자문제	자격 <복수응답>		전문수련자	76	58.0
			학교교사	9	6.9
			프로그램 경험자	12	9.2
			관련학과 학사이상	14	10.7
			관련학과 석사이상	18	13.7
			기타	2	1.5
	결혼여부		기혼	87	86.3
			미혼	1	1.0
			상관없음	14	13.7
	성별		남자	7	6.9
			여자	45	44.1
			상관없음	50	49.0
	나이		25세 이상~29세 이하	0	0
			30세 이상~34세 이하	11	10.8
			35세 이상~39세 이하	31	30.4
			40세 이상~45세 이하	47	46.1
			45세 이상	13	12.7
교육시간 <복수응답>			오전 10시~오후 1시	55	42.0
			오후 2시~오후 5시	30	23.0
			오전 9시~12시	13	10.0
			오후 4시~오후 7시	7	5.3
			오후 6시 이후	26	19.8
교육시간 배당	기초과정		1주 1회 3시간씩	43	42.0
			2주 1회 6시간씩	3	3.0
			1주 2회 3시간씩	32	31.7
			1주 2회 2시간씩	24	2.4
	심화과정		1주 1회 3시간씩	32	31.4
			1주 2회 3시간씩	30	29.4
			1주 1회 2시간씩	37	36.8
			3박 4일 집중식	3	3.0
심화과정 필요성			찬성	79	77.5
			반대	23	22.5

넷째, 기존 부모교육 프로그램에 대한 경험자의 의견분포는 <부표 5>에서 제시한 바와 같이, 응답자 44명 중 PET 정규 혹은 소개강좌를 받은 인원수가 25명으로 가장 많았으며, 지역사회협의회에서 실시하는 '자녀에게 약이 되는 부모교육'은 3명, 기타 기관교육(청소년 대화의 광장, 청소년 상담실, 강연 등)도 15명이나 되었다. 교육시간은 대부분의 프로그램의 정규 시간인 20-30시간은 41%에 해당되었고, 20시간 미만에 해당하는 사람도 54.5%나 되었다. 이것은 PET를 비롯한 많은 부모교육 프로그램이 24시간 정도인 것으로 보아 PET 정규강좌를 경험한 인원이 25명 중 약 15명이라는 점을 추정할 수 있으며, 그 외는 간단한 대중강의나 소개강좌를 접했을 것으로 본다.

복수응답을 실시한 긍정적인 측면은 자녀지도방법, 자녀의 성격이해, 기타 여러 측면에서 골고루 도움을 받은 것으로 나타났고, 부정적인 측면에서 부모의 감정조절 · 통제에 실패했다는 응답이 29%에 해당되었고, 후속의 연습시간이 부족한 점도 27.5%에 해당되었으며, 무의식적인 습관적 행위의 반복이 25.2%인 것으로 나타났다. 즉 경험자들 역시 부모의 내부 정서적 요인으로 인하여 무의식적으로 작용되는 습관적 행위에 대한 어려움을 호소하는 것을 알 수 있다. 이 점은 정신역동적 상담을 적용할 경우 추구하는 부모교육 프로그램의 목표를 뒷받침 해 주는 자료로 활용할 수 있다.

효과의 지속성 측면에서는 '약간 오래'가 44명 중 24명이 응답하였으며(54.5%), '짧게' 14명(31.9%), '매우 오래' 5명(11.4%), '교육마친 즉시' 1명(2.3%)으로 분포되었다. 이것은 비교적 많은 부모들이 (65.9%) 기존 부모교육을 통한 효과가 있었다는 것을 보여주지만 그 지속성에 대한 것은 아쉬움을 표현해 주고 있다. 또한 거의 1단계 과정만으로 종결되는 기존 프로그램으로서는 충분히 예측될 수 있는 지속정도로서, 심화과정 또는 그 뒤의 훈습 과정 등 후속 교육의 필요성을 시사하고 있다.

<부표 5> 기존 부모교육 프로그램에 대한 경험자의 의견 분포

(N=44)

내용	구분	사례수	백분율(%)
프로그램의 종류	PET 정규 및 소개강좌	25	56.8
	지역사회협의회	3	6.8
	APT	1	2.3
	기타기관 교육	15	34.1
교육시간	20시간 미만	24	54.5
	20~30시간	18	41.0
	30시간 이상	2	4.5
긍정적인 면 <복수응답>	자녀지도방법	12	23.1
	성격이해	12	23.1
	부모문제파악	8	15.4
	기타	20	38.5
부정적인 면 <복수응답>	부모의 감정 조절·통제	38	29.0
	훈습시간 부족	36	27.5
	무의식적 습관적 행위 반복	33	25.2
	기타	24	18.3
효과의 지속성	매우 오래	5	11.4
	약간	24	54.5
	짧게	14	31.9
	교육종료 즉시	1	2.3

[부록 2]

정신역동적 부모교육 프로그램의 조직배경

프로그램의 구성내용을 조직함에 있어서 대구, 울산 등의 상담연구소와 종합상담실에서 기초과정 4차례, 심화과정 2차례에 걸친 예비실시와 전문가들의 토의를 통해서 수정·보완되었다. 실시과정에서는 상담 및 교육경험 6-10년의 참관자를 두어 직접적인 수정·보완의 도움을 받았다. 그 내용과 사유 등을 구체적으로 제시하면 다음과 같다.

1. 1차 프로그램 개발

1차 프로그램은 96년 10월에 본 연구자의 부모교육 지도자경험, 각종 관련 저서와 논문 등을 기초한 자료를 근거하여, 기초과정은 1회 3시간 총 8회 24시간동안 부모-자녀관계에서의 부모역할의 효율적인 수행과 부모의 감정적 성숙을 위한 지적인 이해 및 통찰에 중점을 두었고, 심화과정은 1회 3시간 총 10회 30시간 동안 기초과정과 동일한 목적을 위한 정서적인 통찰에 초점을 맞추어서 구성하였다. 그 내용 구성은 초급단계에서는 지적인 측면을 위한 교육, 토론, 활동 등으로 조직하고, 심화단계에서는 정서적인 측면을 위한 집단상담 형식의 탐색 및 문제해결 활동으로 조직하기로 하였으며, 이것을 상담심리전문가 2인, 전문가 수련인 3인, 부모교육 지도자 2인과의 협의에 의해 재구성하여 1차 프로그램이 개발되었다.

2. 2차 프로그램 개발

1차에 개발된 프로그램 중 기초과정을 97. 3. 15.-6. 20. 대구 (전)한국상담심리연구소에서 11명의 부모와 97. 12. 17.-98. 2. 25. (매주 수요일 10:00-13:00, 14:00-17:00) 울산 동부청소년 상담실(현, 울산광역시 청소년 종합상담실)에서 18명의 부모를 대상으로 오전 팀과 오후 팀으로 나누어 실시한 결과, 구체적인 표현(예, 자신과 가족에 대한 감정 등), 보다 더 깊이있는 개념 (예, 대상관계이론의 Winnicott 내용 등), 부족한 시간배당 (예, 부모-자녀관계향상을 위한 노력들 (1)(2)(3)이 묶여져 있는 점 등), 첨가해야 할 내용(예, 전이감정, 성격적인 역동성 등), 그리고 시간배당의 효율성 등이 요구되어 앞의 전문가들과 의논 후 수정·보완되었다.

기초과정에서의 수정·보완된 구체적인 내용은 다음과 같다.

첫째, '자신과 가족에 대한 표현'을 '자신과 가족의 행동양식 및 성격특성에 대한 감정'으로 구체화시키고, 눈으로 확인할 수 있고 누구나 이해할 수 있는 행동 및 성격특성을 기술하고 그에 대한 감정을 표현하도록 하였다.

둘째, 대상관계이론영역에서 Winnicott의 이론 중 0-3세기간의 부모-자녀 관계에서 발생되는 놀이, 중간대상의 개념을 더 보완하였다. 보완된 개념을 통하여 활동과 토론을 위한 구체적인 내용이 '학습용 교재'에 첨가되었다.

셋째, 부모-자녀간의 성격적인 이해를 위한 노력과정에서 손댈 수 없는 성격의 고유성에 대한 인정부분, 그리고 역동적인 관계성을 더 보완하였다. 특히 성격장애와 관련된 정신역동적인 부분을 대상관계접근의 이론으로 더 첨가시켰다.

넷째, 교정적 사후교육은 1차에서 '자동화된 무의식적 행동방식'에 초점을 맞추었으나, 특히 반복적으로 부딪치는 현실의 행동방식에 대한 의식적인 인식을 보완하여 내용에 첨가하였다. 또한 1회기에서의 행동방식과 성격특성 탐색에서도 반복적인 행위에 초점을 맞추도록 지도내용을 보완시켰다.

다섯째, '부모-자녀관계 향상을 위한 노력들'의 내용이 삽입된 3회기에서 꽉 짜여진 시간 배당으로 인하여 충분한 토론과 활동시간이 주어지지 않는 점과 부모자신의 전이감정을 탐색할 수 있는 기회를 늘리는 점을 감안하여 1회의 내용을 2회로 분산시킴으로써 총 9회 27시간으로 보완되었다.

여섯째, 그 외 전체토론으로 인한 시간지연문제를 다소 해소하기 위하여 2인 1조, 3인 1조 로 그룹화 시켜 전체토론보다 그룹토론을 더 활성화시키는 수업방식을 사용하였다.

98. 3. 5. - 5. 7.(매주 목요일 19:00-22:00), 기초교육이 끝난 참가자 중 9명을 (8-12명으로 제한하였음) 대상으로 (전) 울산 동부청소년 상담실 (현, 울산광역시 청소년 종합상담실)에서 심화교육을 실시하였다. 앞의 전문가들과 검토 후 수정·보완된 사유와 내용은 다음과 같다.

첫째, 정신역동적 이론의 중요한 이슈인 개인별 핵심역동의 진단을 한 회기의 시간으로는 부족하다는 점과, 진단 시 대부분의 시간이 지도자와 발표자 개인 간의 탐색작업만이 이루어져 (물론 타 집단원의 개인적으로 내면의 탐색은 있었지만) 타 집단원의 참여가 미비하였던 점이 제기되었다. 따라서 핵심역동의 진단은 두 회기로 나누어 타 집단원의 질의와 피드백을 교환하면서, 발표자의 진단과정 중에 느끼는 타 집단원의 피드백을 통한 탐색 작업을 좀 더 여유있게 하도록 수정되었다.

둘째, 기초교육에서의 감정의 수용과 느낌표현에 대한 실습시간이 부족하였으므로 심화과정에서는 전 회기동안에 본격적인 실습과 좀 더 많은 시간의 필요성이 제기되었다. 따라서 집단상담의 형식의 기본인 감정의 수용과 느낌 표현을 통해서 자신의 전이감정을 체크해 볼 수 있도록 전 회기동안에 보완되었다. 따라서 앞의 사유에서 제기된 문제점을 함께 보완한다는 측면에서 회기를 10회에서 12회로 수정하였다.

셋째, 억압된 기억의 의식화작업인 직면활동에서 실제적인 정서적 경험을 위해 사이코드라마 기법의 일부가 활용되었으나 한 회기 동안 참가자 두 사람도 시간이 부족하여 실제적으로는 시간상의 어려움과 정신역동적인 접근의 교육으로서의 타당성이 제기되었다. 따라서 정서적인 경험을 위하여 정신역동적인 접근법의 주요 이슈인 지도자와 참가자(상담자-내담자 관계) 혹은 참가자와 참가자간의 전이감정을 통해서 기억나는 뚜렷한 인물간의 정서적인 관계를 연결시키는 작업등으로 활용하도록 수정하였다.

3. 3차 프로그램 개발

2차에서 수정·보완된 프로그램의 기초과정은 98. 3. 11. - 4 29.(매주 수요일 10:00-13:00) 울산 동부 청소년 상담실에서 10명의 부모를 대상으로 실시한 후 전문가들, 참관자와 참가자들의 의견을 종합한 결과 다음과 같은 몇 가지 사항이 제기되어 수정 · 보완되었다.

첫째, 대상관계이론을 통하여 부모가 자녀를 이해해야 할 부분이 정신역동이론에서 매우 많으므로 내용이 첨가될 필요가 있다. 따라서, Mahler 자아분화단계, Kohut 자아개념, Winnicott 등의 공격성 개념 등을 더 첨가하였다.

둘째, 부모-자녀관계향상을 위한 노력(1)(2)에서의 의사소통방법에서도 정신역동의 개념과의 연계성이 필요하다. 따라서, 장애적 대화방식이 생활 속의 방어기제와 어떤 관련성이 있었으며, 감정의 수용이 되지 않는 방어적인 힘이 무엇이며, 감정을 표현할 때 내면의 장애요소는 무엇인지 자신의 전이감정을 체크해 보는 점을 구체화시켜 내용과 '학습용 교재' 내용을 더 보완하였다.

셋째, 부모의 핵심역동의 진단을 통한 개별적 이해를 한 회기에 충분하게 다루어야 할 필요가 있다. 즉, 정신역동적 상담을 적용하는 가장 중요한 원인은 부모의 핵심감정이 자녀에게 어떻게 반복적으로 작용하는지에 대한 탐색이므로 시간을 더욱 더 할애할 필요가 있다. 따라서 다른 내용과 병행하여 수업하던 '부모의 감정세력' 내용을 한 회기로 따로 분리해 내어 '부모의 핵심역동의 이해'의 독립적인 시간으로 처리하였다. 그러므로 프로그램 전체의 시간이 1회기 3시간 총 10회 30시간으로 수정되었다.

넷째, 내용조직상에서 '전이감정에 대한 이해'가 6회기에서 다루어졌으나, 3회기로 옮겨서 '부모-자녀관향상을 위한 기본노력'을 다루기 전에 충분하게 전이감정을 인식하여 '부모-자녀… 노력'에서 전이감정과의 연결을 시도해야 한다는 의견이 대두되었다. 즉, 일반적인 의사소통기술이나 성격에 대한 이해방식을 '전이감정에 대한 탐색'을 통해서 접근한다는 것은 본 부모교육 프로그램의 이론적 근거인 정신역동적인 방식에 적절한 것이라고 보았다. 따라서 2회기의 '대상관계이론'과 연결시켜 '전이감정의 이해'를 다룸으로써 4회기부터는 전이감정과 연결하여 기본기술도 좀 더 심도있게 탐색할 수 있도록 회기의 변화를 시도하였다.

다섯째, 자녀의 성장과정을 부모가 직접 적어보는 내용에 대해서 구체화시킬 필요가 있다. 즉, 2차 프로그램에서는 자녀의 성장과정을 부모가 기록하는 내용이 다소 막연하고 지나치게 광범위하게 추상적일 수 있으므로 구체적인 상황을 첨가할 것이 제기되었다. 따라서 자녀의 현재의 행위를 이해하기 위하여 자녀성장내용을 기술함에 있어서 자녀의 나이별로 부모가 기억나는 사건, 부모가 인지하는 자녀의 자각정도, 주위사람들의 협조, 경제적인 여건, 부모의 감정상태 등을 구체적으로 기술하도록 보완하였다.

98. 5. 21-7. 30. (매주 목요일 10:00-13:00) 기초과정이 끝난 집단원 중 11명으로 대상으로 동일한 장소에서 심화과정을 실시한 결과, 다음과 같이 사항이 제기되어 수정·보완하였다.

첫째, 성격장애와 관련된 아동기 역동의 중요성이 더 강조되어 첨가되었다.

둘째, 집단의 역동성을 이용하므로 참가자-참가자, 참가자-지도자간의 정서적인 교류의 경험은 많으나, 부모-자녀간의 적용성에 대한 교육이 아쉽다는 점이 제기되었다. 따라서 집단 속에서 이루어지고 있는 정서적인 역동을 분석하고 해석하는 과정에서 부모-자녀간의 관계를 자연스럽게 접목시키면서 마무리

해 주는 점이 보완되었다.

셋째, 기초과정과는 달리 개인이 자율성과 주장성이 강조되는 구조적인 방식이면서도 비구조적인 접근이라 참가자 한 사람의 얘기가 너무 길어지는 등 시간안배의 문제가 제기되었다. 따라서 참가자 개인의 수준에 적절하게 시간이 길어질 경우 피드백을 통해서 직면하도록 도와주었으며, 집단 내의 행위가 부모-자녀관계에서 어떻게 관련되는지에 대한 해석을 해 주는 등 직접적인 도움이 되도록 유도하였다.

아래의 <부그림 1>은 위의 작업을 정리한 내용이다.

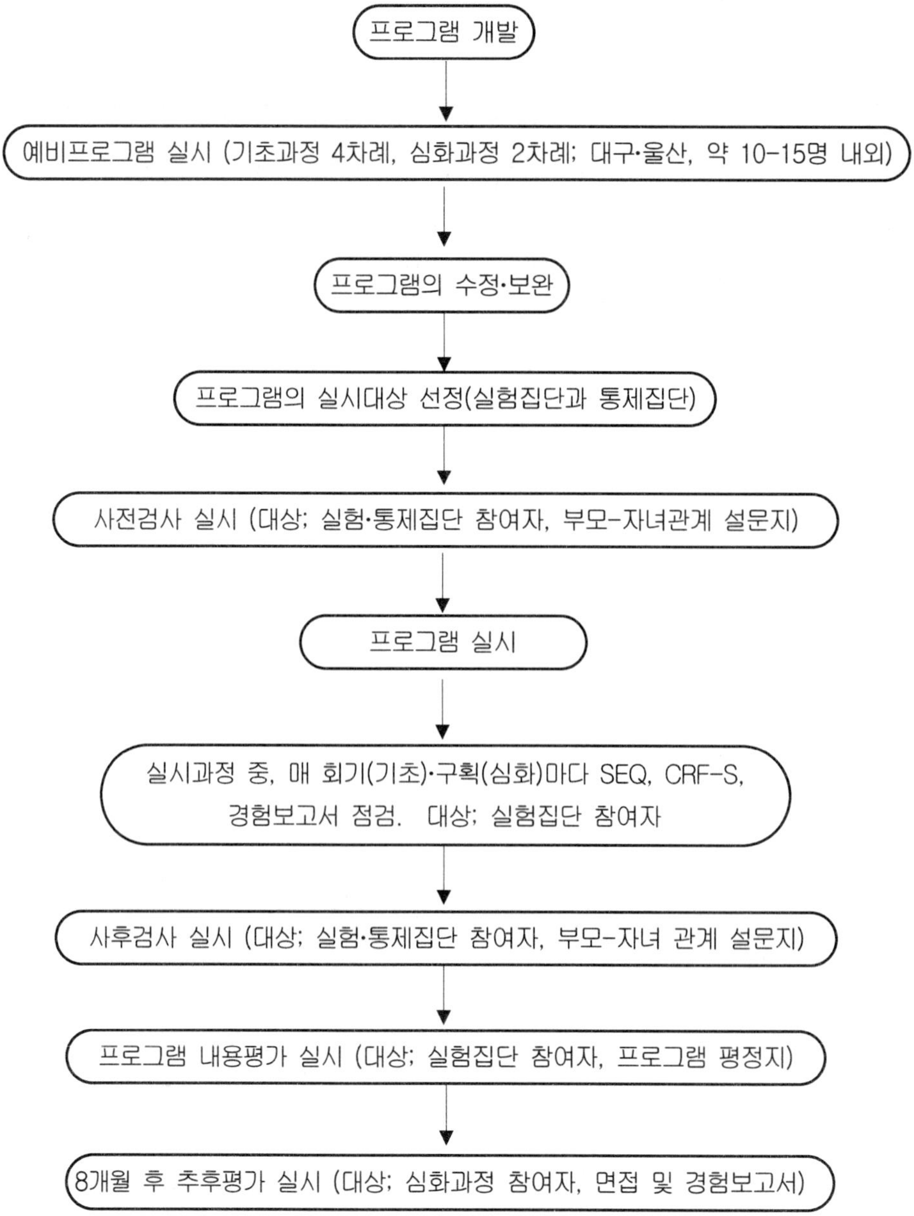

<부그림 1>정신역동적 상담을 적용한 부모교육 프로그램 실시절차

위와 같은 작업을 통하여 수정 보완된 프로그램 모형은 <부그림 2>와 같다.

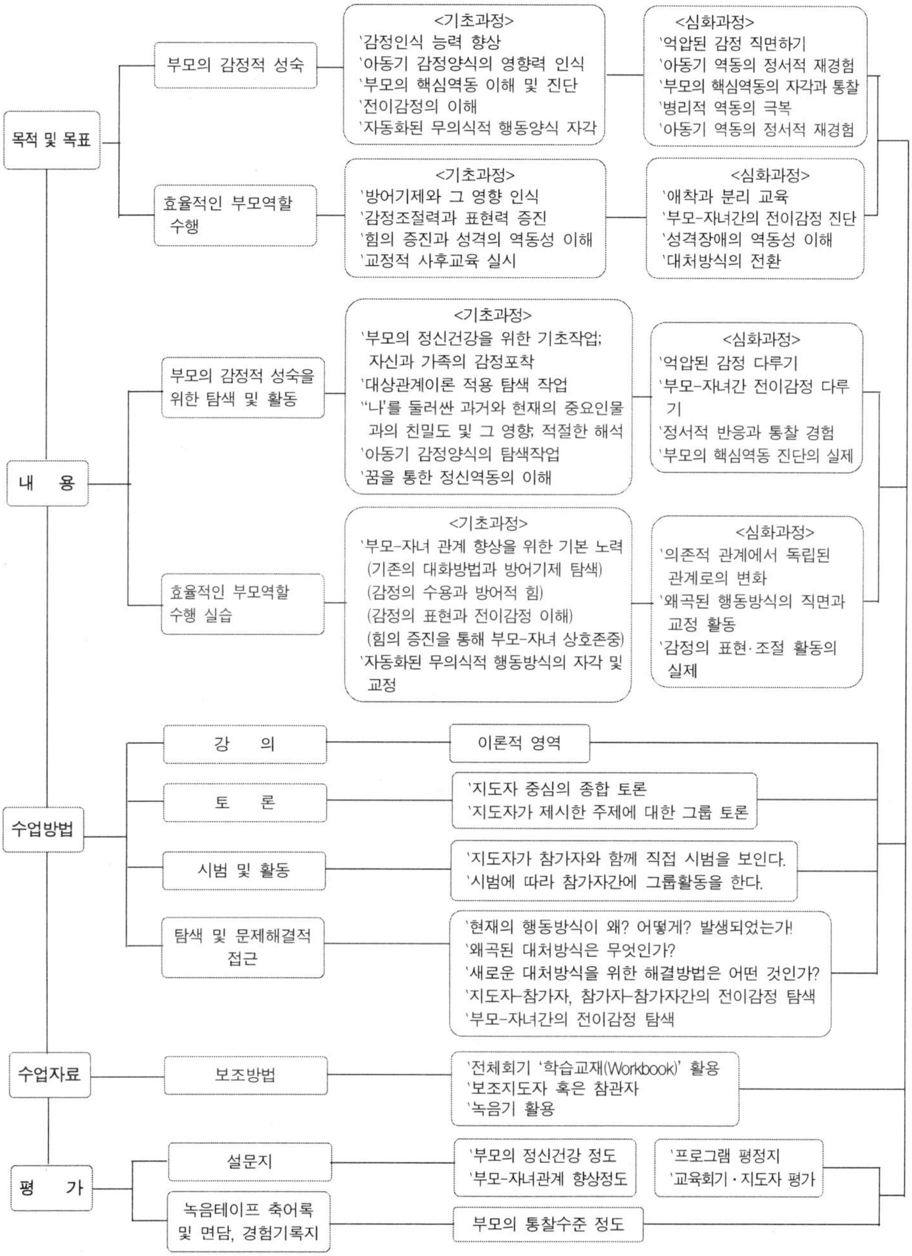

<부그림 2> 정신역동적 상담을 적용한 부모교육 프로그램 모형

[부록 3]

정신역동적 부모교육 프로그램의 조직

1. 기초과정 프로그램

<1 회기>

주 제 : 부모의 정신건강의 중요성과 감정포착	
학습목표	1) 부모-자녀간의 건강한 정서적 관계의 중요성을 인식한다. 2) 가족 상호간에 느끼는 감정을 인식하고 포착하는 능력을 배양한다. 3) 자동적이고 반복적인 감정을 인식한다.
도입과정	1) 프로그램의 진행자 및 참가자들의 자기소개 2) 프로그램에 대한 전반적인 orientation (교육과정, 구성, 전체교육의 목표, 시간, 지켜야할 준수사항, 과제물 등)
강 의	1) '정신역동적 상담이론'과 '정신역동적 접근의 부모교육이란?' 2) 정신역동적인 접근의 부모교육의 필요성 3) 부모의 정신건강과 감정포착의 필요성
활 동	1) 강의와 관련된 내용에 대한 참가자들의 질의, 토론 2) 자신의 행동양식 및 성격특성에 대한 자기감정 및 변화기대 (Workbook 기록) 3) 자녀와 배우자의 행동양식 및 성격특성에 대한 부모자신의 감정 및 변화기대 (Workbook 기록) 4) 2),3)의 내용을 중심으로 그룹토론(2인 1조 혹은 3인 1조) 및 발표 5) 자동적으로 반복되는 행동양식이나 감정포착의 연습 6) 개인적인 목표설정
마무리 과 정	1) 1회기의 주요점과 종합 토론한 내용을 정리하기 2) Workbook의 '그 외의 인물'에 대한 행동양식 및 성격특성에 대해 기록해 오기 3) 오늘의 수업내용을 통해서 수업의 개인적인 목표와 느낀 점 발표 4) 과제물 제시

<2 회기>

주 제 : 대상관계이론	
학습목표	1) 아동기 양식과 현재생활의 관련성을 이해한다. 2) 과거의 중요인물(대상)과의 관계방식과 현재 자녀와의 관계방식을 점검한다. 3) 융화되는 부분과 부딪치는 부분에서 과거(특히 아동기)와 현재의 관련성을 인식한다.
도입과정	1) 지난 주의 경험보고서 피드백 한 것을 나눠주고 읽어보게 한다. 2) 본 교육과 관련하여 한 주간의 생활 속에서의 느낀 점을 나눈다. 3) Workbook의 과제물을 중심으로 토론한다.
강 의	대상관계 이론의 개괄적 내용 (생애초기의 부모-자녀관계에서의 대상의 중요성) (자녀와의 관계방식 진단을 위한 부모의 대상관계 중요성)
활 동	1) 자녀와의 관계방식 이해를 위한 과거 아동기의 가족관계 그림 그리기 2) 부모의 유·아동기·청소년기의 경험에 대한 구체적 탐색작업을 위한 활동 3) 현재의 중요인물과의 관계방식 탐색 (Workbook 기록) 4) 융화되는 부분과 부딪치는 부분에서 과거와 현재의 관련성 탐색 5) 3인 1조 그룹활동; 기록 또는 그림에 대한 발표 및 피드백 교환
마무리 과 정	1) 2회기의 핵심부분에 대한 요약과 종합토론하기 2) 기록(Workbook)에서 부족한 부분 메워오기 3) '경험보고서' 제시

<3 회기>

주 제 : 전이감정 (부모-자녀간의 정신역동)	
학습목표	1) 자녀에 대한 부모의 전이감정을 이해한다. 2) 인간관계에서의 전이감정을 이해한다. 3) 성장과정에서의 중요한 감정들의 배경을 의식하고 표현한다. 4) 전이감정을 통한 감정조절능력을 배양한다.
도입과정	1) 지난 주 경험보고서 피드백 한 것을 나눠주고 읽어보게 한다. 2) 지난 한 주간의 생활 속의 경험들을 나눈다. 3) 과제물에서 나타난 중요부분에 대해 복습한다.
강 의 (Workbook 활 용)	1) 전이감정이란 무엇인가? (왜곡된 전이감정이 현재의 부모-자녀관계에서 미치는 영향) 2) '전이감정의 이해'를 통한 감정조절
활 동	1) 성장과정에서의 전이감정의 배경들을 살펴본다. (내 마음속의 사진첩 활용) 2) 자녀 또는 주변인에 대한 수용행위와 비수용 행위에 대한 자신의 전이감정을 탐색한다. (전이감정 (1) (2) (3)) 3) 1)2)에 대한 2인 1조 그룹토론을 실시한다. 4) '전이감정의 이해'를 통한 감정조절 가능성의 실례를 발표한다.
마무리 과 정	1) 3회기의 느낀 점을 발표한다. 2) 가정에서의 적용가능성에 대해 정리한다. 3) 과제물 제시; 일상생활에서의 지속적인 전이감정 탐색, 경험보고서 작성

<4 회기>

주 제 : 기존의 대처방식과 그 영향/자녀양육과정 탐색	
학습목표	1) 바람직하지 못한 기존의 생활방식(대화방식이나 행동양식 등)과 그 원인을 탐색한다. 2) 생활 속의 방어기제와 그 영향을 자각한다. 3) 자녀의 현재행위에 대한 이해를 통한 부모의 행동양식의 조절·통제의 폭을 넓힌다.
도입과정	1) 생활 속의 경험들을 나눈다. 2) 지난주까지의 전반기 내용을 정리·요약하면서 본 회기와 관련시킨다.
강 의 (Workbook 활 용)	1) 생활 속의 방어기제 2) 기존의 대처(대화 또는 행동)방식의 문제점 3) 자녀의 양육과정 탐색을 통한 현재 자녀의 이해
활 동	1) 나의 대화양식과 대처방식 탐색 (Workbook 기록) 2) 1)내용의 그룹토론 3) 생활 속에서 주로 사용하는 방어기제와 그 경우, 전이감정과의 관련성 (Workbook 기록) 4) 1)3)내용을 관련시킨 그룹토론 5) 자녀의 연령별 양육과정(기억나는 사건, 가정 분위기, 주위사람들의 협조, 부모의 정서적 상태, 부부관계, 경제적인 여건, 기타 등) 탐색 (Workbook 기록) 6) 1)3)5)내용의 관련성에 대한 그룹토론
마무리 과 정	1) 종합토론을 통해 소감을 표현한다. 2) 자녀에 대해 새롭게 발견된 시각을 표출한다. 3) 생활 속에서의 실행 가능한 상황을 점검해 본다. 4) 과제물 제시 : 경험보고서 작성 부모의 중요한 감정세력 적어보기 (역동진단을 위한 워밍업 작업)

<5 회기>

주　제 : 부모-자녀 관계향상을 위한 기본노력(1)(2) (감정의 수용과 방어적인 태도) (감정의 표현과 장해가 되는 전이감정)	
학습목표	1) 감정수용을 방해하는 내부의 방어적인 역동을 탐색한다. 2) 감정표현을 통한 전이감정 경험을 인식한다. 3) 수용하는 자세와 감정 표현을 실습한다.
도입과정	1) 지난 주 경험보고서 피드백 한 것을 나눠주고 읽어오게 한다. 2) 생활 속의 경험 나누기
강　의 (Workbook 활　용)	1) 부모-자녀 관계 향상을 위한 기본노력(1); 청취능력 향상과 그것을 방어하는 내부적인 역동탐색의 중요성 2) 부모-자녀 관계 향상을 위한 기본노력(2); 표현능력 향상과 전이감정 탐색의 중요성
활　동	1) 수용하는 태도와 방법의 실제 (Workbook의 내용으로 지도자 -참가자 1:1의 역할놀이) 2) 청취능력 향상의 실제를 위한 그룹 활동(참가자-참가자간의 역할놀이) 3) 내부의 방어적인 힘에 대한 토론 4) 표현능력의 중요성과 전이감정과의 관계 (Workbook 활용) 5) 가정에서의 응용 실습 (지도자: 참가자 시범) 6) 참가자: 참가자 등 그룹 역할놀이
마무리 과　정	1) 본 회기의 전체적인 요약정리 2) 전체적인 소감과 한 주간동안 실습할 것 발표하여 보기 3) 과제물; 가정에서의 실습한 내용을 경험보고서에 적어오기

<6 회기>

<table>
<tr><td colspan="2">주 제 : 부모-자녀 관계 향상을 위한 기본노력(3)(4)
(부모-자녀 상호간의 긍정적 힘의 발견)
(부모-자녀 상호간의 손댈 수 없는 고유한 부분에 대한 인식)</td></tr>
<tr><td>학습목표</td><td>1) 가족 특히 자녀존중에 대해 실습한다.
2) 문제되는 부분은 긍정적인 내부의 힘으로 극복한다.
3) 서로 다른 성격의 특성에 대해 인식한다.</td></tr>
<tr><td>도입과정</td><td>1) 지난 주 경험보고서 피드백 한 것을 나눠주고 읽어보게 한다.
2) 5회까지의 교육 복습
3) 가정에서의 실습경험 나누기</td></tr>
<tr><td>강 의
(Workbook
활 용)</td><td>1) 부모-자녀 상호간 긍정적인 힘의 발견
2) 부모-자녀간의 손댈 수 없는 부분</td></tr>
<tr><td>활 동</td><td>1) 부모자신과 자녀에 대한 새로운 인식; 긍정적인 힘 발견 (Workbook 기록)
2) 자신과 자녀에 대해 성취했던 경험, 자랑하고 싶은 것, 기대해도 좋은 것 등을 아동기부터 연령별로 기록해 보기 (Workbook 기록)
3) 1) 2)의 내용 2인 1조 교환해서 읽고 상호간에 긍정적인 부분 나누기
4) 부모-자녀 간에 서로의 같은면과 다른면을 토론해 보기
5) 각자의 손댈 수 없는 고유한 부분에 대한 탐색 활동 (Workbook 기록)</td></tr>
<tr><td>마무리
과 정</td><td>1) 본 회기의 교육내용에 대한 느낀 점 나누기
2) 과제물; 자신과 자녀의 긍정적인 부분 20가지씩 적어오기, 경험보고서 기록하여 오기</td></tr>
</table>

<7 회기>

주 제 : 부모의 주요 정신역동	
학습목표	1) 부모의 중요한 감정세력을 탐색하고 이해한다. 2) 부모의 역동이 자녀 및 모든 인간관계에 미치는 중요성을 인식한다. 3) 자녀에게 향하는 부모의 투사된 감정을 인식한다.
도입과정	1) 지난 주의 경험보고서 피드백 한 것을 나눠주고 읽어보게 한다. 2) 지난 주 과제물인 자신과 자녀에 대한 긍정적인 부분 20가지씩 적어 온 것 2인 1조가 되어 바꿔보기 3) 가정에서 장점을 써 보았을 때의 느낀 점 발표
강 의 (Workbook 활 용)	1) 부모-자녀간의 정신역동 2) 부모의 중요한 감정세력과 현재의 부모-자녀 관계와의 관련성
활 동	1) 부모의 중요한 감정세력(핵심역동)을 이해하기 위한 활동(Workbook 기록) 2) 적은 것을 토대로 한사람씩 발표하면서 지도자의 도움으로 탐색해 나간다. 타 참가자들은 피드백 한다. 3) 발표자에 대해 지도자와 타 참가자들은 피드백한다. (지지하고 공감하는 분위기 제공)
마무리 과 정	1) 상호 느낀 점 발표 2) 과제물; 본 회기 안에 부족한 기록은 보충해 넣기, 경험보고서 기록해 오기

<8 회기>

<table>
<tr><td colspan="2">주 제 : 꿈의 연상을 통한 개인역동 이해/
부모의 통찰수준과 자녀지도</td></tr>
<tr><td>학습목표</td><td>1) 지적·정서적 통찰의 중요성을 인식한다.
2) 욕구충족 시 발생되었던 자신의 역동을 탐색한다.
3) 욕구좌절 시 발생되었던 자신의 역동을 탐색한다.
4) 꿈의 연상을 통한 자신의 역동을 탐색한다.</td></tr>
<tr><td>도입과정</td><td>1) 지난 주 경험보고서 피드백 한 것을 나눠주고 읽어보게 한다.
2) 경험보고서를 중심으로 생활 속의 경험 나누기</td></tr>
<tr><td>강 의
(Workbook
활 용)</td><td>1) 반복되었던 꿈, 잊혀지지 않는 꿈, 최근의 꿈과 정신역동
2) 부모의 통찰수준 정도와 자녀지도</td></tr>
<tr><td>활 동</td><td>1) 꿈의 연상을 통한 정신역동 점검 (Workbook 활용)
2) 2인 1조 그룹토론으로 1)의 내용을 상호 나눈 후 종합적으로 토론
3) 부모의 통찰수준 정도에 따른 행동변화 토론
(있는 그대로의 자녀 모습 이해)
4) 욕구충족이 되었을 경우의 전이감정 탐색활동 (Workbook 기록)
5) 욕구좌절이 되었을 경우의 전이감정 탐색활동(Workbook 기록)
6) 2인 1조 형식으로 4)5)의 내용을 서로 토론한다.</td></tr>
<tr><td>마무리
과 정</td><td>1) 8회기의 내용을 정리 · 요약한다.
2) 본 회기 동안에 발견된 욕구와 관련 역동을 발표한다.
3) 과제물; 경험보고서에 통찰하였던 내용을 기록해 오기</td></tr>
</table>

<9회기>

주　제 : 교정적 사후교육 (왜곡된 대처방식에서 건강한 대처방식으로의 전환) (자동화된 무의식적 행동방식 자각)	
학습목표	1) 가족 상호간 비춰진 모습을 인식한다. 2) 부모-자녀 간 조건화된 행동방식에 대해 명료하게 인식한다. 3) 부모-자녀 관계를 비롯한 가족관계에서의 긍정적, 부정적인 대처방식의 발생 원인을 탐색한다. 4) 실행 가능한 새로운 대처방식을 찾아보고 실습한다.
도입과정	1) 지난 주 경험보고서 피드백 한 것을 나눠주고 읽어보게 한다. 2) 생활 속에서의 통찰경험을 나누기 3) 통찰 후 행동변화 과정에 대한 토론하기
강　의 (Workbook 활　용)	교정적 사후교육 (상호반응 양식의 분석; 건강한 대처방식)
활　동	1) 가족들에게 비춰진 나의 모습 그리기 2) 나에게 비춰진 가족의 모습 그리기 3) 자동화된 행동방식의 자각 활동 (조건화된 무의식적 행위, 대처방식의 발생원인, 새로운 대처방식, 현실적인 걸림돌, 실행 가능한 방식 등) (참가자-참가자간의 역할놀이) 4) 3)의 내용을 현실에 적용하는 방법 모색하기(예, 타 집단원의 도움 받기)
마무리 과　정	1) 실행 가능한 현실적인 대처방식을 위한 타인의 도움에 대한 종합토론 2) 과제물; 현실적인 대처방식 탐색해 오기 최종 소감문을 경험보고서 작성해 오기

<10 회기>

주 제 : 자녀행동과 예후/왜곡된 시각에서 건강한 시각으로	
학습목표	1) 과거가 아닌 현재에 사는 나를 인식한다. 2) 왜곡된 시각에서 건강한 시각으로 자녀를 바라본다. 3) 독립적인 인격체로서 부모-자녀관계를 자각한다.
도입과정	1) 지난 주 경험보고서 피드백 한 것을 나눠주고 읽어오게 한다. 2) 현실적인 대처방식을 방해하는 외·내적 요인에 대해 점검 3) 생활 속의 경험들 나누기
강 의 (Workbook 활 용)	1) 부모의 정신역동으로 인한 자녀양육과 예후 2) 왜곡된 시각에서 건강한 시각으로의 전환
활 동	1) 과거와 다른 현재의 나를 그림으로 표현해 보기 2) 나와 다른 자녀의 인생을 그림으로 표현해 보기 3) 1) 2)의 그림을 그룹에서 서로 발표한다. 4) 건강한 부모-자녀관계를 위한 추후 과제에 대해 토론해 보기
마무리 과 정	1) 전체적인 소감과 추후의 과제 종합토론 2) 프로그램 평가 및 심화과정에 대한 소개

2. 심화과정 프로그램

<1 회기>

주 제 : 자신의 역동진단 및 분석; 반복적 행위의 명료화	
학습목표	1) 기초과정에서 경험했던 자신의 역동에 대해 진단한다. 2) 무의식적으로 반복되었던 행위에 대해 명료화한다. 3) 심화과정에서의 개인적 목표를 설정한다.
도입과정	1) 기초과정과 연결시켜 자신에 대해 소개하기 2) 심화과정에 대한 orientation (교육과정, 전체적인 내용과 목표, 시간 등)
강 의 (Workbook 활 용)	1) 자신의 역동진단 2) 심화과정의 전 과정 속에서 감정표현의 중요성 3) 감정표현을 통한 자신의 전이감정 탐색의 중요성
활 동	1) 기초과정에서 알게 된 자신에 대해 탐색하고 발표한다. 2) 극복되었던 부분과 반복적으로 문제가 되는 부분에 대해 탐색해 본다. 3) 문제가 되는 부분에 대한 기대하는 변화에 대해 발표한다. 4) 탐색된 부분에 대해 개별적으로 발표한다.
마무리 과 정	1) 전체적인 소감을 나눈다. 2) 경험보고서를 배부하고 과제의 중요성을 인식시킨다. 3) 과제; 기초과정 시의 '부모의 중요 감정세력'을 더 보완하여 준비해서 복사물을 지도자에게 제출하기

<2-4 회기>

주　제 : 부모의 핵심감정 진단의 실제	
학습목표	1) 개인별 핵심감정을 심도 있게 탐색하면서 정리한다. 2) 타인의 피드백을 통한 자신의 역동을 명료화한다. 3) 자녀에게 영향이 가는 부모의 핵심감정에 대해 진단한다.
도입과정	1) 지난 주의 경험보고서 피드백 한 것을 나눠주고 읽어보게 한다. 2) 지난 시간 준비된 '개인별 중요 감정세력'을 지도자에게 제출하기 3) 1인당 적절한 시간 배당을 하면서(1인당 약 30분소요) 약 10-12명 정도의 인원을 두 회기동안 실시될 것이라는 점을 밝힌다.
강　의 (Workbook 활용)	부모의 핵심감정이 자녀를 비롯한 가장 가까운 가족에게 미치는 영향 (무의식적인 핵심감정이 순식간에 현실에 투사되는 것에 대한 지적 이해 및 실제)
활　동	1) 개인별로 '가장 어렸을 때의 기억'과 '그 당시 자주 들던 생각이나 느낌'을 발표한다. 연결하여 출생 후 6세까지의 중요기억, 초등학교·중등학교, 그 이후, 최근에 이르기까지의 중요한 가정 안팎에서의 일들이나 잊지 못할 기억들을 발표한다. 2) 적절하게 지도자와 타 집단원이 개입하면서 구체적으로 탐색할 수 있도록 질의, 공감 등을 통해 반응한다. 3) 가장 초기의 기억들과 느낌, 생각 등이 그 이후의 생활사에서 얼마만큼 접목되었는지 집중 탐색하도록 한다. 4) 아동기역동이 성장의 시기동안 충족되었는지, 좌절되었는지에 대해서도 탐색하도록 도와준다. 5) 지속적으로 반복된 주요한 감정세력(정신역동)에 대해 개인별 수준에 따라서 적절하게 해석을 가한다.
마무리 과　정	1) 발표자 개인에 대해 타 참가자들은 역동을 알기 전의 느낌과 알고 난 후의 느낌을 비교해 가면서 소감을 발표한다. 2) 경험보고서를 배부하고 교제의 중요성을 인식시킨다.

<5-6 회기>

주 제 : 억압된 감정의 표출 및 재 경험	
학습목표	1) 개인별 수준에 따라 억압된 감정을 직면한다. 2) 의식된 수준의 억압된 기억을 표출한다. 3) 타인을 통한 적절한 수용과 직면을 경험한다. 4) 왜곡된 인지체계의 원인을 진단한다. 5) 타 참가자들의 표출작업을 통하여 간접적인 정화작업을 경험한다. 6) 자녀에게 미치는 부모의 예후영향력을 정서적으로 직접 혹은 간접 경험한다. 7) 성격장애와 아동기역동과의 관계성을 이해한다. 8) 억압된 기억에 대한 재해석을 시도한다.
도입과정	1) 지난 주의 경험보고서 피드백 한 것을 나눠주고 읽어보게 한다. 2) 일주일동안 경험했던 일과 그 당시의 감정상태, 대처방식 등을 표현한다. 3) 1)을 4,5회기 동안에 실시할 교육내용과 연결되는 점을 설명한다.
강 의 (Workbook 활 용)	1) 억압된 감정의 표출의 중요성 2) 성격장애와 아동기 역동의 관련성
활 동	1) 둥글게 모여 있는 가운데 빈 의자나 방석 혹은 여러 가지 물건을 준비하여 놓는다. 2) 한 사람씩 가운데로 조금 나와, 가운데에 있는 것들 중 자신의 기억과 연관된 사건, 상황, 사람 등을 연상하여 그것을 앞에 두고 생각나는대로 자유연상한다. 3) 마치 실제의 대상이 앞에 있는 것처럼 대화를 시도한다. 4) 필요에 따라 지도자와 타 참가자가 그 대상이 되어 역할을 해 줄 수도 있다. 5) 같은 방법으로 두 회기동안 한 사람도 빠짐없이 자유스럽게 연상하면서 나타나는 억압된 기억을 직면하고 재 경험한다. 6) 타 참가자들은 적극적인 지지와 수용, 활동의 도움을 통하여 안정적으로 자신을 표출하도록 도와준다. 7) 주인공이 된 한 사람 한 사람에 대해 개인적인 수준에 따른 해석을 가한다. 8) 표출 후 지지로 안정감을 느끼게 도와준다.
마무리 과 정	1) 전체적인 소감을 나눈다. 2) 과제물 제시 ; 경험보고서

<7-10 회기>

<table>
<tr><td colspan="2">주 제 :자유연상을 통한 부모-자녀간의 전이감정 다루기
(감정의 수용과 표현의 실제)
(집단내의 역동을 통한 부모-자녀간의 전이감정 다루기)
(무의식적인 반복적 행위의 의식화 및 교정활동)</td></tr>
<tr><td>학습목표</td><td>1) 집단 내의 역동적인 관계를 통해 부모-자녀간의 전이감정을 경험한다.
2) 왜곡된 행위의 원인을 진단하고, 통제하기 위한 역할실습을 한다.
3) 무의식적인 부적절한 행동방식을 타인의 피드백을 통해 직면한다.
4) 반복적으로 직면된 부분을 점차 의식화하고 교정한다.
5) 감정의 수용과 표출의 실제를 통해 감수성을 향상시킨다.
6) 부모의 방어적인 힘과 전이감정과의 관계를 경험한다.
7) 가족관계를 비롯한 기타 인간관계에서의 전이감정을 예측한다.</td></tr>
<tr><td>도입과정</td><td>1) 지난 경험보고서 피드백 한 것을 나눠주고 읽어보게 한다.
2) 일주일동안의 경험했던 일과 그 당시의 감정상태, 대처방식 등을 표현한다.
3) 1) 2)를 자연스럽게 본 회기의 주제와 관련시킨다.</td></tr>
<tr><td>강 의
(Workbook
활 용)</td><td>1) 자유연상
2) 감정 표현과 수용의 실제</td></tr>
<tr><td>활 동</td><td>1) 참가자 전원이 지금 바로 이 자리에서 느끼는 자신의 감정을 탐색하고 스스로 포착한다.
2) 포착된 자신의 감정(이 감정은 타 참가자에게, 자기 자신에게, 이 자리에 없는 어떤 누구나 상황에게라도 느낄 수 있는 것이다)을 집단속에 드러낸다. 드러내기 어려울 때는 내부의 방어적인 힘을 탐색하면서 그것자체도 표현 가능하도록 돕는다.
3) 드러낸 자신의 감정이 내 자신의 역동에 의해 표출되는 경우와, 상대방의 역동에 의해 현재의 내 감정이 일어날 수 있는 경우에 대해서 타인의 피드백을 주고 받는다.
4) 지도자의 적절한 지지와 격려, 직면 등으로 발표자는 그 감정이 자신의 역동에 의해 많이 드러난 것이라면 자신의 전이감정을 살피기 위한 작업을 시도하고, 상대방의 역동에 의해 드러난 것이라면 상대를 이해하는 폭을 넓히는 작업을 시도한다. 이 구분은 명확하지는 않지만 주관적인 느낌과 타 참가자들의 피드백에 의하여 점진적으로 탐색해 나간다면 대체로 명료해진다.
5) 한 사람 한 사람 규칙적으로 감정이 드러나는 것이 아니므로 지도자는 예민하게 참가자들의 감정흐름과 집단 내의 역동을 살피면서, 집단 내의 저항과 방어적인 세력에 대해 점검하며, 때로는 그것을 표출한다.
6) 개인별 수준에 따라 적절한 해석을 시도한다.
7) 부모로서의 왜곡된 행동방식에 대한 변화를 요구하면 참가자가 자녀 혹은 상대방이 되어주어 역할놀이를 시도한다.
8) 전이감정의 탐색 시 과거아동기 경험에 대한 탐색활동을 하면서, 왜곡된 대처방식을 현재에 맞는 적절한 대처방식으로 전환하도록 과거의 경험을 재해석한다.
9) 매 회기마다 위와 같은 비구조적인 방식으로 참가자 개인별 시간을 적절히 안배하여 집단 내의 역동 속에서 부모-자녀 관계에서 발생하는 역동을 경험한다.</td></tr>
<tr><td>마무리
과 정</td><td>1) 전체적인 소감을 통해서, 가정에서 새롭게 대처해야 될 사항에 대해 발표한다.
2) 타 참가자들이 새로운 대처방식에 대한 도움을 보완해 준다.
3) 각 회기마다 깊은 탐색활동이 이루어지므로 서로서로 간에 긍정적인 역동을 함께 표출하며 격려해 준다.
4) 과제물; 통찰된 점을 경험보고서에 적도록 하기. 가정에서 실습했던 것을 보고하기</td></tr>
</table>

<11-12 회기>

주 제 : 긍정적인 역동진단/ 병리적 역동의 대처방식 전환	
학습목표	1) 긍정적인 역동을 진단해 보고 자신의 힘을 확인한다. 2) 무의식적인 감정과 대처방식에 대한 문제가 되는 부분을 건강한 방법으로 바꾸도록 한다. 3) 의존적인 관계에서 독립된 관계로의 변화를 경험한다.
도입과정	1) 지난 주 경험보고서 피드백 한 것을 나눠주고 읽어오게 한다. 2) 일주일동안 경험했던 일과 그 때의 변화된 감정과 대처방식을 표출한다.
강 의	1) 긍정적 역동의 발견 2) 병리적 역동/왜곡된 대처방식을 건강한 대처방식으로 전환
활 동	1) 한 사람씩 따로 자리를 마련하여 출연시킨다. 2) 그 사람에 대하여 지금까지 교육시간에 발견된 긍정적인 측면을 타 참가자들 모두가 종이에 적는다. 3) 다른 사람이 종이에 적고 있거나 말을 준비하고 있을 때 그 사람은 지금까지의 자신이 발견한 주요 정신역동-특히 병리적이 부분-과 그에 따른 대처방식에 대해 정리한다. 4) 종이에 적은 것은 한 사람씩 출연한 사람에게 읽어주고 직접 선물이라는 생각으로 준다. 다른 참가자들 모두가 같은 방법으로 읽어준다. 5) 다 읽고 받은 출연자는 자신이 발견한 부분에 대해서, 특히 병리적인 역동으로 인한 왜곡된 방식에 대해서 이야기하고, 어떻게 건강하게 대처하고 보완할 것인지를 발표한다. 6) 타인들의 긍정적인 역동에 대한 피드백에 대해 소감을 말하고, 자신의 발표에 대한 타인들의 피드백을 통해 보완할 점과 수정해야 할 점을 스스로 정리하여 본다. 7) 필요에 따라 지도자는 출연자의 수준에 따라 적절한 해석을 가미한다. 8) 교육 후의 훈습을 위한 과제와 그 방법에 대하여서 서로 의논해 준다. (* 타 참가자들도 이와 같은 방법으로 한 사람씩 마무리한다.)
마무리 과 정	1) 전체적인 소감을 발표한다. 2) 개인별 추후 훈습 활동에 대한 마음가짐을 표현하고 도와준다. 3) 프로그램 평가와 소감문을 작성한다.

저자 **최 경 희** (崔 庚 姬)

저자(1956년-)는 상담교육학 석·박사 학위 취득 후, 심리상담전문가(한국 상담 및 심리치료 학회 114호)로서의 활동과정에서의 대부분의 시간을, 정신역동적 입장의 상담 및 심리치료 관련 연구활동과 상담장면의 실제에 투입하였다. 현재, 대학원과 일반 교육 연수기관에서의 강의와 연구활동(대구대 대학원 등), 일반인들을 위한 교육과 심리치료(東方 심리상담·부모교육 연구소 대표) 활동을 하고 있다.

상담 및 심리치료 활동과정에서, 인간 내면의 고통과 아픔이 부모와 관련되지 않는 것이 거의 없으며, 그와 관련된 실존적 어려움이 많다는 것을 느끼면서, '정신역동적 부모교육(Psychodynamic Parents Education)' 프로그램을 연구 제작· 개발 실시하고 있다. 또한 교육과정에서 자신 스스로의 역동진단 후, 문제가 되는 영역에 대한 치료적인 활동의 필요성을 느껴서, '정신역동적 집단 심리치료(Psychodynamic Group Therapy)' 프로그램을 개발·실시하고 있으며, 치료 후 진정한 자신으로 돌아가는 '생활수행반' 프로그램을 개발하여 동·서양의 경전연구를 하고 있는 중이다. 말하자면, 교육-치료-수행 의 세 단계를 실시하고 있다.

대표저서: 「대인관계와 정신역동」, 2000, 이문출판사 외 다수

대표역서: 「정신역동적 상담의 실제」, 2001, 이문출판사 외 다수

대표논문 「사례로 본 핵심역동의 진단과 지관수행」,「동서문화의 조화와 창조(Harmony and Creation of East-West Culture)」, 2001년 한국동서정신과학회 제4차 춘계학술대회 외 다수

기타 연구업적 및 구체적인 사항의 알림방은 www.dongbang-pd.co.kr (052-264-0029)이다.

정신역동적 부모교육

펴낸곳／이문출판사
(변경등록:1994. 6. 3. 제7-20호)
발행인／지경원
지은이／최경희

초판 발행／2008년 1월 30일
초판 2쇄 / 2011년 3월 25일

주소／704-306 대구시 달서구 진천동 581-3
／121-844 서울 마포구 성산동 114-15
전화／02) 359-8250, 053) 624-3113
팩스／02) 359-8251

값 16,000 원

ISBN 978-89-7334-138-2 03180